DER HUBERWIRT

♡eichst

Alexander Huber

20.04.16

ALEXANDER HUBER

DER HUBERWIRT

Meine neue bayerische Wirtshausküche

FOTOGRAFIE | MATHIAS NEUBAUER

DER ELFTE HUBERWIRT | EINE ERFOLGSGESCHICHTE /10

STARTER /17

EWIGE KLASSIKER /35

FISCH & CO. /53

MEINE WIRTSHAUSKUCHL /71

TANZ IN DEN MAI /87

SOMMAGENUSS /101

SÜSSES FÜR SONNIGE TAGE /123

WILD NACH AROMA /135

WINTASONN-DESSERTS /157

KIRTA IN PLEISKIRCHEN /169

GRUNDREZEPTE /187

ANHANG /200

VORWORT VON HARALD RÜSSEL

Der elfte Huberwirt

Über unsere Vereinigung junger Spitzenköche habe ich Alexander kennengelernt. Der junge herzliche Typ gefiel mir sofort. Er steht für eine neue Epoche der JRE, der ich ehemals als Präsident vorstand. Unsere Vereinigung war mir immer eine Herzensangelegenheit und das ist es für Alexander heute auch. Beide betrachten wir es als unsere Pflicht, unsere rechten und linken Hände gut zu behandeln. Ausbilden und fördern lautet unsere Maxime. Ohne gute Mitarbeiter, die sich auch angenommen fühlen, können wir nicht arbeiten. Gastronomie mit Herz ist ein „Teamsport" – und das spürt man bei den Hubers.

Ich habe mich seinerzeit sehr gefreut, als Alexander mich als älteren JRE-„Hasen" nach Pleiskirchen zum Gastkochen einlud. Im Huberwirt wird bayerische Tradition gelebt. Vater Josef und Mutter Johanna Huber stehen ihrem Sohn zur Seite, überlassen ihm aber das Zepter in der Küche. Dadurch hat der generationsübergreifende, über 400 Jahre alte Gasthof eine neue, moderne Handschrift bekommen, ohne das Liebgewordene zu vernachlässigen. Wie sehr schätze ich Vater Josefs Milzwurst, die ich noch heute zu meiner Freude per Paketdienst erhalte!

Mir war nach meinem ersten Besuch in Pleiskirchen bereits klar, dass den Gästen im Huberwirt etwas außergewöhnlich Gutes geboten wird, etwas, das jeden Umweg lohnt. Kein Wunder also, dass der elfte Huberwirt recht schnell von den Kritikern gelobt, hoch bepunktet und schlussendlich besternt wurde. Ob Guide Michelin, Gault Millau oder Gusto, in jedem Führer hat man den sympathischen Familien-Landgasthof verewigt.

Trotz der Anzahl an Stunden, die Alexander in der Küche steht, kommen bei ihm bestimmt nicht zu kurz: seine geliebte Sandra und die Kinder Lilli und Ole. Dessen bin ich mir sicher.

Lieber Alexander, hab weiterhin viel Freude bei Deiner Aufgabe als Gastwirt und Koch. Deinem Buch wünsche ich viel Erfolg. Bleib vor allem gesund und geh Deinen Weg in der bewährten Weise weiter.

Dein Kochfreund Harald Rüssel
von Rüssels Landhaus

Alexander Huber

Kubeswirt
seit 1612

VORWORT VON ALEXANDER HUBER

**Liebe Leserin, lieber Leser,
liebe Freunde des Huberwirts,**

für mich als elften Huberwirt und quasi ersten „gelernten" Koch ist es ein tolles Gefühl, das eigene Kochbuch in Händen zu halten. Ich habe mir damit einen Traum erfüllen können, war es doch schon lange mein Wunsch, meine Küche vorzustellen und in Rezepten zu präsentieren. Dieses Buch ist nun eine Rezeptsammlung meiner Wirtshauskuchl 1612, kombiniert mit Gerichten aus meiner Genussküche.

Ich empfinde neue Herausforderungen und Aufgaben immer spannend, aufregend und allein schon aufgrund der täglichen Motivation auch sehr wichtig. Dieses Buch war für mich geradezu die Kür – ich habe aber jede Minute der Produktion geliebt und mein ganzes Herzblut hineingelegt. (Als Koch ist das aber wohl selbstverständlich.) Daher hat mir die Zusammenarbeit mit einem renommierten Bücherproduzententeam – mit Ria und Mathias – besonders gut gefallen. Bei der Entwicklung der Rezepte konnte ich zwar auf die Erfahrungen aus meiner Kochschule zurückgreifen. Doch meinen Küchenstil nachhaltig zu Papier zu bringen, erfordert eine andere Vorgehensweise. Dabei war es mir wichtig, die kompletten Gerichte zu beschreiben, herauszuarbeiten, worauf es ankommt, und nicht zuletzt die Facetten der Jahreszeiten aufzuzeigen. Dieses ist mir auch auf der Speisekarte beim Huberwirt wichtig. Es war mir auch ein Anliegen, meine Produzenten aus der Region vorzustellen, ohne deren herausragende Produkte meine Küche in dieser Form kaum möglich wäre.

Allen, die meine Rezepte nachkochen möchten, empfehle ich in erster Linie Sorgfalt und Rezepttreue. Dann gelingen sie auch nicht geübten Hobbyköchen. Haben Sie keine Angst vor langen Zutatenlisten! Nahezu alle Zutaten sind einfach zu besorgen und sollten in keiner guten Küche fehlen. Für etwas ausgefallenere Zutaten empfehle ich, sich im Internet schlau zu machen. Aufwendige Gerichte, die nach dem Baukastenprinzip aus mehreren Rezepten zusammengestellt sind, lassen sich problemlos in Einzelrezepte aufteilen. Manchmal macht es Sinn, ein Gericht erst in einer Art „Light"-Version auszuprobieren.
Noch ein Tipp: Saucen und Fonds lassen sich leicht in kleinen Mengen vorbereiten und gegebenenfalls einfrieren. Sie werden die Anleitungen dafür für Ihre Genussküche zuhause nützen können.

Ich wünsche Ihnen, meinen Leserinnen und Lesern, viel Spaß beim Entdecken und Nachkochen meiner regionalen Gourmetküche – und natürlich vor allem beim Genießen.

„Nix is so guad wia wos Guads."

Alexander Huber
Der elfte Huberwirt

DER ELFTE HUBERWIRT
EINE ERFOLGSGESCHICHTE

1

1.

DIE GESCHICHTE DES HUBERWIRTS

1612

DIE GESCHICHTE DES HUBERWIRTS

Pleiskirchner Dorfleben früher

Der Großvater mit seinen Schwestern

In der Mitte Alexander Hubers Großvater Josef mit dem Sohn gleichen Namens, Alexanders Vater, auf dem Arm, an seiner Seite Großmutter Anna, im Kreis von Tanten und Personal

400 Jahre bayerische Wirtshauskultur.

Darauf blickt der Huberwirt in der elften Generation stolz zurück. Mit Wolfgang Huber und seiner Frau Barbara nimmt 1612 eine gastronomische Erfolgsgeschichte ihren Anfang, die bis heute andauert.

Großmutter Anna mit zwei Küchenhilfen und der treuen Kellnerin Trudl

Großmutter Anna, die gerade Dampfnudeln macht

Alexander Huber als Zehnjähriger mit seiner Mutter Johanna und der Großmutter

Alexander Huber mit seinem Vater Josef

Dass ihr Wirtshaus ohne Unterbrechung immer noch in Familienbesitz ist, das empfinden die Hubers als ein großes und seltenes Glück. Doch Glück allein genügt nicht. Die Familien-Erfolgsgeschichte gründet sich auch darauf, dass alle vier Jahrhunderte stets an einem Strang gezogen haben – mit viel Begeisterung und Lebensfreude.

Zusammengehalten haben die Hubers von jeher. Elf Familien mit insgesamt 80 Kindern, darunter zwei mit je 13 Kindern, sind ein imposanter Stammbaum. Nicht alle sind Huberwirte geworden, viele waren Bauern oder heirateten in umliegende Gasthöfe ein. Doch eines haben sie gemeinsam: die Liebe zur Heimat, zum Land und den Traditionen.

1612 wird das Wirtshaus in Pleiskirchen erstmals urkundlich erwähnt, damals noch als Gastwirtschaft zur alten Post. Die Inschrift auf einer kleinen steinernen Tafel in der Hausmauer bezeugt: „HVT ZGUC 1612". Soll heißen: „Hochgrad von Taufkirchen zu Gutenburg und Clebing hat im Jahr 1612 dieses Haus erbaut." Zunächst wird die Gaststube, die zu einer großen Landwirtschaft gehört, nur als Nebenerwerb geführt. Vom alten Wirtshaus sind heute nur noch die Grundmauern, die Balken in der Decke der Gaststube 1612 und die Querbalken im Erdgeschoss erhalten. 700 Jahre alt sollen die schweren Kiefernholzbalken sein – 300 Jahre Wuchs und 400 Jahre Nutzen. Beim Saalneubau 1959 wird der Dachstuhl gedreht, so dass nun die Frontseite des Hauses zur Kirche hin ausgerichtet ist.

In den folgenden Jahrzehnten ändert sich noch manches beim Huberwirt. Die Großeltern Josef und Anna Huber erkennen die Zeichen der Zeit. Sie geben 1970 die große Landwirtschaft auf und konzentrieren sich nun mit aller Kraft auf das Kerngeschäft „Dorf-Wirtshaus mit Stammtisch und guter Gastronomie". 1979 werden das Gaststüberl und die Nebenräume zum ersten Mal umgebaut.

1981 übernimmt die zehnte Generation, Josef und Johanna Huber, die Gastwirtschaft. Im gleichen Jahr eröffnet Josef Huber beim Wirtshaus eine Metzgerei mit Laden. Mit Herzblut, viel Arbeit und großer Leidenschaft investieren und renovieren Josef und Johanna den Saal (1989), den Heurigenkeller (1990), das Huberwirtsstüberl (1997) und das Dorfstüberl (1999).

DIE GESCHICHTE DES HUBERWIRTS

Die zehnte, elfte und zwölfte Generation:
Von links nach rechts: Vater Josef Huber, Alexander Huber, Mutter Johanna Huber,
daneben Ole, Lilli Anna und Alexanders Lebensgefährtin Sandra

Die bodenständige, regionale Küche hat im Huberwirt Tradition.

Alexander Hubers Oma Anna war weit über die Region hinaus für ihre Dampfnudeln bekannt, seine Mutter Johanna ist berühmt für ihre grandiose bayerische Wirtshausküche. Bis heute steht sie ihrem Sohn, dem ersten „gelernten" Koch in der Huberwirtgeschichte, mit Rat und vor allem Tat in der Küche zur Seite.

Alexander Huber, der elfte Huberwirt, kommt 2005 nach langer Küchenwanderschaft zurück ins heimatliche Pleiskirchen. Er bringt frischen Schwung, neue Ideen und viel Erfahrung mit nach Hause. Aus dem Huberwirt wird in den folgenden Jahren ein Wirtshaus mit gehobener Küche, Restaurant, Kabarettbühne und Kochschule. Bayerische Wirtshauskultur der Spitzenklasse trifft auf Tradition und Moderne.

2008 bekommt der Huberwirt ein neues Konzept: Die Metzgerei wird für die Laufkundschaft geschlossen und produziert nur noch für die Küche von Alexander. Speise-, Getränke- und Weinkarte werden neu ausgerichtet, die Zusammenarbeit mit renommierten Weingütern wie Bründlmayer, Ott, Kollwentz, Johner, Umathum und Stahl ausgebaut. Umgebaut wird 2009 auch das Herzstück des Huberwirts, das Gaststüberl 1612, und die Küche.

DIE GESCHICHTE DES HUBERWIRTS

Die traditionelle Wirtshauskuchl als bayerisches Kulinarikerlebnis. Das lockt inzwischen nicht nur Gäste aus dem In- und Ausland, sondern auch bekannte bayerische Kabarettisten und Bands wie Andreas Giebel, Michael Altinger, Helmut Schleich, Martina Schwarzmann, Fredl Fesl, Christian Springer & Sigi Zimmerschied oder DaHuawadaMaierundI auf die Kleinkunstbühne im Huberwirt. Und weil Kunst belohnt werden will, verfeinert Alexander Huber die geistigen Genüsse mit einem kleinen, feinen Drei-Gänge-Menü.

„Genuss. Kultur. Lebensfreude." Ein schöner Dreiklang, der inzwischen auch internationale Anerkennung findet. 2012 wird Alexander Huber Mitglied bei den Jeunes Restaurateurs d'Europe, in den darauffolgenden Jahren kommen Auszeichnungen in den Gourmetführern Gault Millau, Gusto, Aral Schlemmer Atlas und vom Fachmagazin Feinschmecker hinzu.

2013 erkocht Alexander seinen ersten Michelin-Stern. Im gleichen Jahr bringt Lebensgefährtin Sandra die gemeinsame Tochter Lilli Anna auf die Welt. Die zwölfte Huberwirtgeneration?
Noch steht das in der Sternen.

STARTER
Klein & fein

TOMATENFISCH

EINGELEGTER BERGKÄSE MIT WEISSEN ZWIEBELN UND ROSINEN

SASHIMI VON DER FORELLE MIT RETTICH UND GURKEN

STRAMMER MAX VOM SAIBLING

SCHAUMSUPPE VON DER PETERSILIE „GRÜN-WEISS"

REHPFLANZERL MIT SCHWAMMERLN UND SCHNITTLAUCHSAUCE

FÜR 4 PERSONEN

TOMATENFISCH
1 Thymianzweig
2 Basilikumstängel
1 Schalotte
8 Wallerfilets à 30 g
1 EL Honig
2 EL natives Olivenöl extra
1 EL Sonnenblumenöl
80 ml Tomatensaft
4 EL Tomatenessig
(ersatzweise weißer Balsamessig)
Meersalz und
frisch gemahlener schwarzer Pfeffer

TOMATENSALAT
12 Datteltomaten
2 EL natives Olivenöl extra
einige Basilikumblätter
20 g Pinienkerne
1 Prise Zucker
grobes Meersalz

FERTIGSTELLEN
Basilikum
geschroteter schwarzer Pfeffer
Basilikumsorbet (Rezept Seite 133)
Parmesanspäne

TOMATENFISCH

TOMATENFISCH
Die Blättchen vom Thymianzweig abstreifen. Die Basilikumblätter von den Stängeln abzupfen und in feine Streifen schneiden. Die Schalotte schälen, fein hacken und blanchieren.
Die Wallerfilets mit Meersalz und Pfeffer würzen und in einen Gefrierbeutel schichten. Die restlichen genannten Zutaten hinzufügen und den Beutel möglichst ohne Luft mit einem Clip verschließen.
Den Fisch in einem Dämpfeinsatz über einem 65 °C heißen Wasserbad 15 Minuten garen. Anschließend herausnehmen und noch lauwarm in kleine Weckgläser füllen.

TOMATENSALAT
Die Tomaten in Viertel schneiden. Die Tomatenviertel mit Olivenöl, Basilikum und Pinienkernen vermengen und mit Zucker und Meersalz würzen.

FERTIGSTELLEN
Den Tomatensalat auf den lauwarmen Tomatenfisch geben und mit Basilikum, geschrotetem schwarzem Pfeffer, Basilikumsorbet und Parmesanspänen dekorieren.

EINGELEGTER BERGKÄSE MIT WEISSEN ZWIEBELN UND ROSINEN

FÜR 4 PERSONEN

350 g milder Bergkäse
2 kleine weiße Zwiebeln
1 Rosmarinzweig
60 ml natives Olivenöl extra
30 g Pinienkerne
2 EL Sonnenblumenöl
40 g Rosinen
2 EL weißer Portwein
2 EL Apfelsaft
4 EL Himbeeressig
Abrieb von ¼ Biozitrone
Puderzucker
Meersalz und
frisch gemahlener schwarzer Pfeffer

FERTIGSTELLEN
Wildkräuter
Honigvinaigrette (Rezept Seite 195)

Den Käse in grobe Würfel schneiden. Die Zwiebeln schälen, halbieren und in feine Streifen schneiden. Die Blättchen vom Rosmarinzweig abstreifen und fein hacken. Die Käsewürfel in eine Schüssel geben und mit einem Drittel des Olivenöls marinieren. Kurz beiseitestellen.
Die Pinienkerne in einer Pfanne ohne Fett rösten und sofort wieder herausnehmen. Die Pinienkerne beiseitestellen und die Pfanne wieder erhitzen. Das Sonnenblumenöl hinzufügen und die Zwiebelstreifen glasig anschwitzen, dabei etwas salzen. Anschließend mit Pfeffer übermahlen und mit ein wenig Puderzucker bestäuben. Die Rosinen hinzufügen und mit Portwein, Apfelsaft und Himbeeressig ablöschen.
Die Pfanne vom Herd nehmen und die Zwiebeln mit dem restlichen Olivenöl sowie Salz, Pfeffer und dem Zitronenabrieb abschmecken. Den Käse mit der Zwiebelmasse und den Pinienkernen etwa ½ Tag marinieren.

FERTIGSTELLEN
Die Wildkräuter mit Honigvinaigrette marinieren und den eingelegten Bergkäse damit dekorieren.

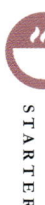

SASHIMI VON DER FORELLE MIT RETTICH UND GURKEN

FÜR 4 PERSONEN

SASHIMI
15 g Schnittlauch
15 g Korianderblätter
15 g helle und schwarze Sesamsamen
250 g Seeforellenfilet ohne Haut und Gräten
1 EL Sesamöl
1 EL geröstetes Sesamöl
Abrieb und Saft von ½ Biolimette
1 TL Sojasauce
1 Msp Wasabicreme
1 Msp Misocreme (s. rechte Seite)
Meersalz

SASHIMI

Den Schnittlauch und die Korianderblätter waschen. Den Schnittlauch in feine Röllchen schneiden. Die Korianderblätter fein hacken. Die Sesamsamen in einer Pfanne ohne Fett rösten.

Das Forellenfilet auf eventuell vorhandene Gräten prüfen und diese gegebenenfalls mit einer Pinzette entfernen.

Die beiden Sesamöle in einem Schälchen mit Limettenabrieb und -saft, Sojasauce, Wasabi und Misocreme verrühren.

Das Fischfilet in hauchdünne Scheiben schneiden. Scheibchen für Scheibchen durch die Sashimimarinade ziehen und auf den gekühlten Tellern auslegen.

Das Sashimi mit Schnittlauch, Koriander, Salz und Sesam bestreuen und nach Belieben noch etwas Würzöl darüberträufeln. Den Fisch etwa 10 Minuten ziehen lassen.

RETTICH UND GURKEN

½ Chilischote
150 g weißer Rettich
2 EL Sesamöl
2 EL Reisweinessig
1 kleine Freilandgurke
1 TL Sojasauce
1 EL Sweet-Chili-Sauce, durch ein Sieb passiert
Meersalz

MISOCREME

60 g Miso-Würzpaste
25 g Crème fraîche
1 Spritzer Sonnenblumenöl

FERTIGSTELLEN

Forellenkaviar
Koriander
rote Shisokresse
Bronzefenchel
Sesamsamen, geröstet
Erdnüsse

RETTICH UND GURKEN

Die Chilischote waschen, entkernen und in sehr feine Streifen schneiden.
Den Rettich schälen und mit einer Mandoline zu Spaghetti drehen oder ersatzweise in feine Streifen schneiden. Mit 1 Esslöffel Sesamöl, 1 Esslöffel Reisweinessig und Meersalz marinieren.
Die Gurke schälen, in etwa 1 cm dicke Scheiben schneiden und das Kernhaus ausstechen. Die Gurkenscheiben mit den restlichen Zutaten vermengen und ein wenig salzen.

MISOCREME

Die genannten Zutaten zu einer homogenen Paste verrühren und in einen Einweg-Spritzbeutel füllen.

FERTIGSTELLEN

Das marinierte Sashimi auf einer Platte anrichten. Mit Rettich und Gurken belegen. Die Misocreme neben dem Sashimi aufspritzen. Das Gericht mit Forellenkaviar, Koriander, Kresse, Bronzefenchel sowie Sesamsamen und Erdnüssen dekorieren.

MIT MICHAEL UND ANDREA VERBINDET MICH DER SINN FÜR GENUSS, GAUMENFREUDE UND QUALITÄT. WIR SIND SOZUSAGEN FOOD-SEELEN-VERWANDTE, GLEICHGESINNTE, DIE EINE LEIDENSCHAFT FÜR HOCHWERTIGE FEINKOSTPRODUKTE IN BESTER BIOQUALITÄT TEILEN.

Die Senf-, Essig- und Ölsorten von Byodo Naturkost begeistern mich immer wieder aufs Neue.

Bei ihren ersten Besuchen in unserem Restaurant wusste ich noch nicht, dass Michael und Andrea eine tolle Firma mit grandiosen Bioprodukten haben. Zunächst lernte ich sie nur als sehr angenehme Gäste kennen, die meine kreative Küche und ein gutes Glas Wein zu schätzen wissen. Bis heute sitzen meine Lebensgefährtin Sandra und ich gerne mit den beiden zusammen. Da kann es dann schon einmal sehr spät werden.

Aus unserer Freundschaft wurde inzwischen auch eine berufliche Partnerschaft. Wir arbeiten intensiv und auf höchstem Genussniveau zusammen. Denn wir sind der Meinung, dass bio einfach besser schmeckt und dies das beste Argument für ökologische Lebensmittel ist.

In meiner Küche und bei meinen Kochkursen setze ich viele Byodo-Produkte ein. Vor allem die breite Palette verschiedener Senf-, Essig- und Ölsorten begeistert mich. Alle sind von einer außergewöhnlichen Qualität, die man riechen und schmecken kann. Einfach bio pur. Und ich liebe das native Rapsöl – jeder Tropfen ist ein Stück Heimat.

STRAMMER MAX VOM SAIBLING

FÜR 4 PERSONEN

SAIBLING
4 Saiblingsfilets à 40 g
2 EL Olivenöl
10 g Perigord-Trüffel, fein gehackt
1 Spritzer Zitronensaft
1 TL Petersilie, fein gehackt
Meersalz und frisch gemahlener schwarzer Pfeffer

BROTCHIPS
60 ml Sonnenblumenöl
4 feine Scheiben altbackenes Graubrot

MARINIERTER LAUCH
8 Scheiben Lauch
80 ml Mineralwasser
3 EL natives Olivenöl extra
Salz und frisch gemahlener schwarzer Pfeffer

FERTIGSTELLEN
4 Wachteleier
8 Scheiben Rohschinken
Lauch
Daikonkresse
Bronzefenchel
Forellenkaviar
Trüffel

SAIBLING
Den Backofen auf 80 °C vorheizen.
Den Saibling mit den genannten Zutaten marinieren und auf einen Teller legen. Den Teller mit Klarsichtfolie überziehen und im warmen Ofen 8–10 Minuten glasig garen.

BROTCHIPS
Das Sonnenblumenöl in einer Pfanne erhitzen und die Brotscheiben von beiden Seiten rösten. Anschließend aus der Pfanne nehmen und auf Küchenpapier abtropfen lassen.

MARINIERTER LAUCH
Den Lauch sorgfältig waschen, in eine Pfanne geben, mit dem Mineralwasser übergießen und 8 Minuten weich kochen. Den Lauch abgießen, mit Salz und Pfeffer würzen und mit dem Olivenöl beträufeln.

FERTIGSTELLEN
Die Wachteleier zu kleinen Spiegeleiern braten. Diese ausstechen und leicht salzen. Den lauwarmen Fisch auf einen Teller geben und Brotchips sowie den Schinken darauflegen. Den Lauch dazu drapieren und mit den Kräutern, dem Forellenkaviar und gehobelten Trüffeln dekorieren.

SCHAUMSUPPE VON DER PETERSILIE „GRÜN-WEISS"

FÜR 4 PERSONEN

SCHAUMSUPPE
1 Schalotte
400 g Petersilienwurzeln
50–60 g Butter
100 ml Weißwein
1,2 l Geflügelfond (Rezept Seite 192)
200 g Sahne
1 EL Crème fraîche
Cayennepfeffer
Zitronensaft
Zucker
Meersalz und frisch gemahlener schwarzer Pfeffer

GRÜNE PETERSILIENPASTE
40 g Spinat
70 g glatte Petersilie
50 g zimmerwarme, weiche Butter
Salz

FERTIGSTELLEN
Kerbelblättchen
natives Olivenöl extra
4 Grissini
4 Scheiben Rohschinken

SCHAUMSUPPE
Die Schalotte schälen, halbieren und in Streifen schneiden. Die Petersilienwurzeln schälen und in feine Scheiben schneiden.
Die Butter in einem Topf zerlassen und die Schalotten anschwitzen. Die Petersilienwurzelscheiben hinzufügen und mit Meersalz und Zucker würzen. Das Gemüse sehr lange glasig schwitzen. Es darf keine Farbe annehmen.
Mit dem Weißwein ablöschen und nochmals mit Meersalz und Zucker abschmecken. Zum Schluss mit 1 l Geflügelfond auffüllen und die Wurzeln ca. 30 Minuten weich köcheln lassen. Während des Köchelns die Suppe ein erstes Mal mit Meersalz, Pfeffer, Cayennepfeffer und Zitronensaft abschmecken. Sahne und Crème fraîche dazugeben, einmal aufkochen lassen und die Suppe im Mixer pürieren. Nochmals mit den Gewürzen abschmecken. Nach Belieben mit dem restlichen Geflügelfond verdünnen.

PETERSILIENPASTE
Den Spinat verlesen und waschen. Die Blätter von den Petersilienstängeln abzupfen und zusammen mit dem Spinat in Salzwasser blanchieren. Anschließend abgießen, mit Eiswasser abschrecken und sorgfältig ausdrücken. Die Petersilie und den Spinat klein schneiden, mit der Butter verkneten und im Mixer pürieren.

FERTIGSTELLEN
Die Schaumsuppe erhitzen. Die Hälfte der Suppe in einen zweiten Topf geben und mit der Petersilienpaste mixen. Zum Schluss beide Suppen gegebenenfalls nochmals abschmecken.
Zum Servieren die Suppen gleichzeitig in einen tiefen Teller oder eine Tasse gießen. Nach Belieben mit Kerbelblättchen dekorieren und mit Olivenöl beträufeln. Grissini mit Rohschinken umwickeln und über die Tasse oder an den Rand des Tellers legen.

REHPFLANZERL MIT SCHWAMMERLN UND SCHNITTLAUCHSAUCE

FÜR 4 PERSONEN

REHPFLANZERL
1 Schalotte
1 Semmel
1 Rosmarinzweig
1 TL Butter
1 EL fein gehackte Petersilie
250 g Rehhackfleisch
100 g Schweinehackfleisch
1 Eigelb
1 EL Preiselbeeren
1 TL Estragonsenf
1 TL Ketchup
1 Prise Mole
1–2 EL Rapsöl
2 EL Sonnenblumenöl
30 g Butter
Milch
Salz und frisch gemahlener schwarzer Pfeffer

SCHNITTLAUCHSAUCE
1 EL Crème fraîche
2 EL Sauerrahm
1 TL Mayonnaise
1 EL Olivenöl
Schnittlauchröllchen
Zitronensaft
Cayennepfeffer
Salz und frisch gemahlener schwarzer Pfeffer

SCHWAMMERL
1 EL Maiskeimöl
12 Shiitakepilze
8 Pieds de mouton (Semmelstoppelpilze)
6 Egerlinge, halbiert
Zitronensaft
Salz und frisch gemahlener schwarzer Pfeffer

MARINADE
2 EL Honig
1 TL Estragonsenf (alternativ mittelscharfer Senf)
Zitronensaft
2 EL weißer Balsamessig
2 EL Rapsöl
1 EL natives Olivenöl extra
Mineralwasser nach Belieben
1 Rosmarinzweig
1 EL fein gehackte Petersilie
1 EL Schnittlauchröllchen
Salz und frisch gemahlener schwarzer Pfeffer

FERTIGSTELLEN
Feldsalat
Schnittlauchröllchen
rote Shisokresse
gehackte Haselnüsse

REHPFLANZERL
Die Schalotte schälen und fein hacken. Die Semmel in grobe Würfel schneiden und in etwas Milch einweichen. Die Blättchen vom Rosmarinzweig abstreifen und fein hacken. Die Butter in einer Pfanne aufschäumen lassen und Schalotten, Petersilie und die Hälfte des Rosmarins anschwitzen. Die Pfanne vom Herd nehmen und das Ganze abkühlen lassen. Die eingeweichten Semmelwürfel ausdrücken.
Die genannten Zutaten zusammen mit dem Hackfleisch, dem Eigelb, den Preiselbeeren sowie Senf, Ketchup, Mole und Rapsöl in eine Schüssel geben und mit der Hand gründlich vermengen. Die Pflanzerlmasse kräftig würzen. Die Masse 15 Minuten ziehen lassen, anschließend nochmals abschmecken.
Kleine Mengen von der Masse abnehmen und zu Pflanzerln formen. Das Sonnenblumenöl in einer Pfanne erhitzen und die Pflanzerl von beiden Seiten knusprig braun braten. Zuletzt Butter und den restlichen Rosmarin in die Pfanne geben und die Pflanzerl noch ein wenig ziehen lassen.

SCHNITTLAUCHSAUCE
Die genannten Zutaten bis auf das Olivenöl miteinander vermengen. Erst zum Schluss das Olivenöl hinzufügen.

SCHWAMMERL
Das Öl in einer hohen Pfanne erhitzen und Shiitakepilze, Semmelstoppelpilze und Egerlinge anbraten. Mit Salz, Pfeffer und Zitronensaft würzen.

MARINADE
Honig und Senf mit Zitronensaft, Essig und den beiden Ölsorten verrühren und mit Salz und Pfeffer kräftig würzen. Das Dressing nach Belieben mit ein wenig Mineralwasser verdünnen. Den Rosmarinzweig in das Dressing einlegen.
Die Pilze mit dem Honigdressing marinieren und mit Petersilie und Schnittlauch bestreuen. Zum Schluss den Rosmarinzweig entfernen.

FERTIGSTELLEN
Rehpflanzerl und Schwammerl auf dem Teller anrichten und mit Feldsalat, Schnittlauchröllchen und roter Shisokresse dekorieren. Mit gehackten Haselnüssen bestreuen.

EWIGE KLASSIKER
aus der Huberwirtküche

FORELLE MÜLLERIN

BEEF TATAR 1612

GEBACKENES BRIES, MILZWURST UND WIENER SCHNITZEL
MIT ERDÄPFEL-GURKEN-SALAT

MAMAS RINDSROULADEN MIT ERDÄPFEL-SENF-PÜREE
UND WURZELGEMÜSE

SPANFERKELRÜCKEN MIT LEBER UND ERDÄPFELGULASCH

FORELLE MÜLLERIN

FÜR 4 PERSONEN

FORELLE
10 g blanchierte Mandeln
4 Forellenfilets à 90 g
2 EL natives Olivenöl
Saft von ½ Zitrone
Butter
Meersalz und
frisch gemahlener schwarzer Pfeffer

SALZMANDELN
50 g geschälte Mandeln
15 g Zucker
10 g Salz

PETERSILIENÖL
100 g Petersilienblätter
Abrieb von ½ Biozitrone
2 EL natives Rapsöl
50 ml natives Olivenöl extra
Meersalz
Crushed Ice

MÜLLERINBUTTER
1 Schalotte
150 g Butter
Abrieb und ausgelöste Filets
von je 1 Biolimette und -zitrone
1 TL fein gehackter Estragon
1 TL fein gehackter Kerbel
1 EL fein gehackte Petersilie
1 EL Schnittlauchröllchen
Salzmandeln
Piment d'Espelette
Salz und frisch gemahlener
schwarzer Pfeffer

KARTOFFELWÜRFEL
3 große festkochende Kartoffeln
3 EL Sonnenblumenöl
1 Rosmarinzweig
10 g Butter
Salz und frisch gemahlener
schwarzer Pfeffer

FERTIGSTELLEN
Petersilienblätter, frittiert
Kartoffelchips
Petersilienkresse

FORELLE
Den Backofen auf 80 °C vorheizen.
Die Mandeln fein hacken und in einer Pfanne ohne Fett rösten.
Etwaige Gräten aus den Forellenfilets entfernen und den Fisch mit Meersalz und Pfeffer würzen. Mit dem Olivenöl und Zitronensaft beträufeln und mit den Mandeln bestreuen. Die Filets auf einen großzügig mit Butter bestrichenen Teller geben und mit Klarsichtfolie überziehen. Den Teller in den warmen Ofen stellen und die Filets 10 Minuten glasig garen.

SALZMANDELN
Die Mandeln mit dem Zucker in einer Pfanne langsam karamellisieren und leicht salzen.

PETERSILIENÖL
Die Petersilienblätter waschen, in Salzwasser blanchieren, abgießen und sorgfältig ausdrücken. Petersilie, Zitronenabrieb, etwas Meersalz und die beiden Ölsorten in einen Mixer geben und kräftig durchmixen. Das Öl durch ein feines Sieb passieren und auf Crushed Ice kalt stellen.

MÜLLERINBUTTER
Die Schalotte schälen, fein hacken und blanchieren. Die Butter in der Küchenmaschine schaumig schlagen. Die Schalotten sowie die restlichen genannten Zutaten unterrühren und mit den Gewürzen abschmecken.

KARTOFFELWÜRFEL
Die Kartoffeln schälen, in grobe Würfel schneiden und in Salzwasser weich kochen. Anschließend abgießen und auf ein Blech zum Ausdampfen geben. Mit 1 Esslöffel Sonnenblumenöl vermengen.
Die Blättchen vom Rosmarinzweig abstreifen und fein hacken. Das restliche Öl in einer Pfanne erhitzen und die Kartoffeln rundum knusprig braten. Kurz vor dem Anrichten Butter und Rosmarin in die Pfanne geben und kräftig mit Salz und Pfeffer würzen.

FERTIGSTELLEN
Das Forellenfilet auf dem Teller anrichten. Die Müllerinbutter darauf platzieren und mit Kartoffelwürfeln, frittierten Petersilienblättern, Kartoffelchips und Petersilienkresse dekorieren. Mit dem Petersilienöl beträufeln.

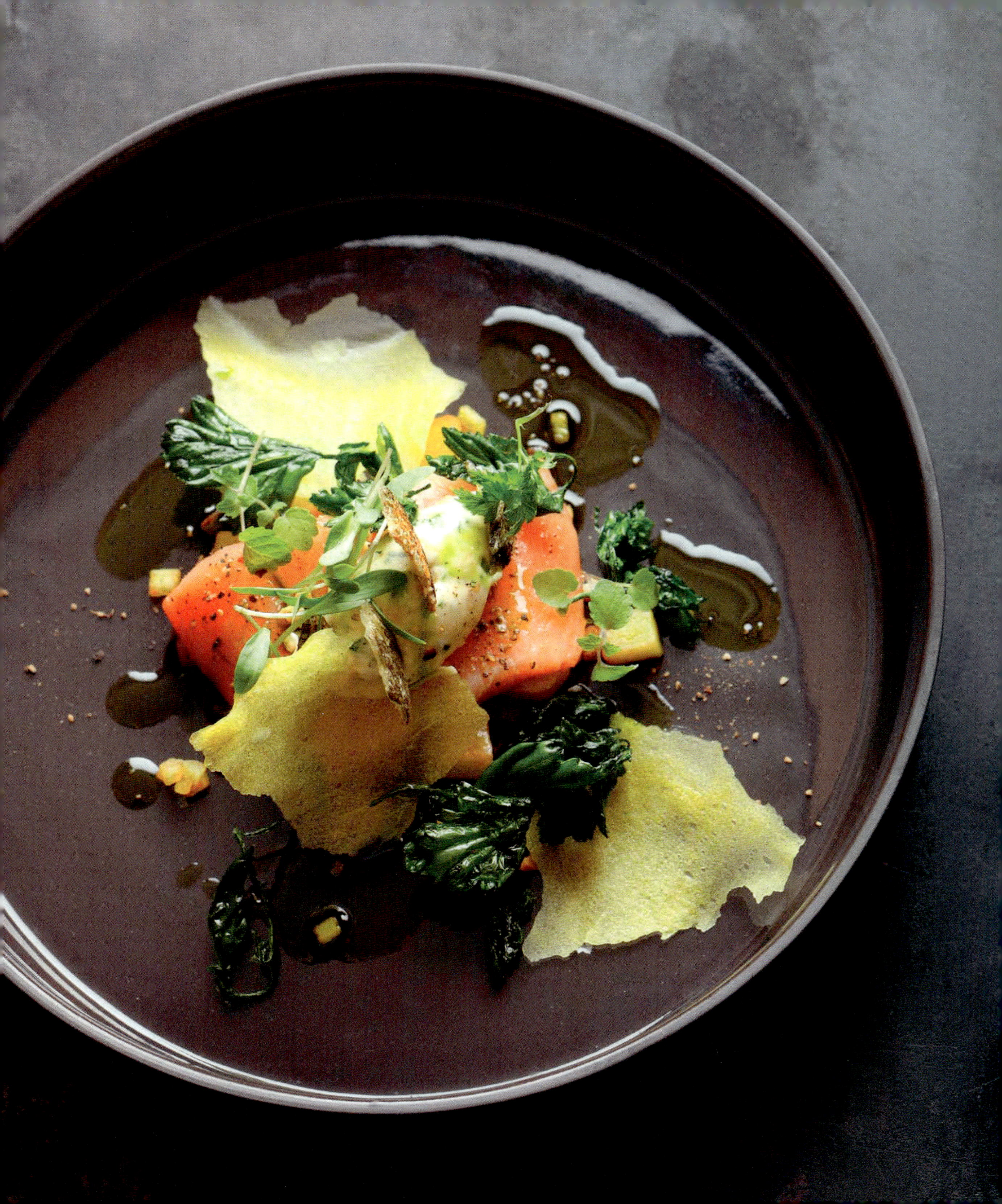

FÜR 4 PERSONEN

TATAR
2 Schalotten
5 Cornichons
10 kleine Kapern
400 g Rinderhackfleisch
(am besten aus der Oberschale)
3 EL natives Olivenöl
3 Eigelb
½ TL Worcestersauce
1 TL Estragonsenf
2 EL Tomatenketchup
1 TL edelsüßes Paprikapulver
1 Prise Pimentón de la Vera
1 Prise Piment d´Espelette
Cayennepfeffer
Salz und frisch gemahlener
schwarzer Pfeffer

OLIVENÖLMAYONNAISE
1 TL mittelscharfer Senf
1 EL guter Rotweinessig
1 Eigelb
80 ml natives Olivenöl extra
1 Spritzer Zitronensaft
Salz und frisch gemahlener
schwarzer Pfeffer

WACHTELSPIEGELEI
1 EL Sonnenblumenöl
Salz
4 Wachteleier

FERTIGSTELLEN
getrocknete Brotchips
Cherrytomaten
Forellenkaviar
Blutampfer
geschroteter schwarzer Pfeffer
nach Belieben

BEEF TATAR 1612

TATAR
Die Schalotten schälen, fein hacken und kurz blanchieren. Die Cornichons und die Kapern fein hacken.
Das Hackfleisch in eine Schüssel geben und mit Salz und Pfeffer würzen. Mit dem Olivenöl verrühren. Schalotten, Cornichons, Kapern sowie die restlichen genannten Zutaten hinzufügen und kräftig mit den Gewürzen abschmecken.

OLIVENÖLMAYONNAISE
Senf, Rotweinessig und das Eigelb verrühren. Das Olivenöl langsam in feinem Strahl nach und nach angießen und das Ganze zu einer Mayonnaise rühren. Mit Salz, Pfeffer und Zitronensaft würzen.

WACHTELSPIEGELEI
Das Öl in einer Pfanne erhitzen, dabei salzen. Die Wachteleier darin vorsichtig zu Spiegeleiern braten.

FERTIGSTELLEN
Einen Metallring (7 cm Ø) auf den Teller geben, innen leicht einölen und mit dem Tatar bis etwa ½ cm unterhalb des Randes befüllen. Den Ring abziehen. Auf das Küchlein das Wachtelei setzen und das Gericht mit den getrockneten Brotchips sowie Cherrytomaten, Forellenkaviar und Blutampfer dekorieren. Nach Belieben mit geschrotetem schwarzem Pfeffer bestreuen.

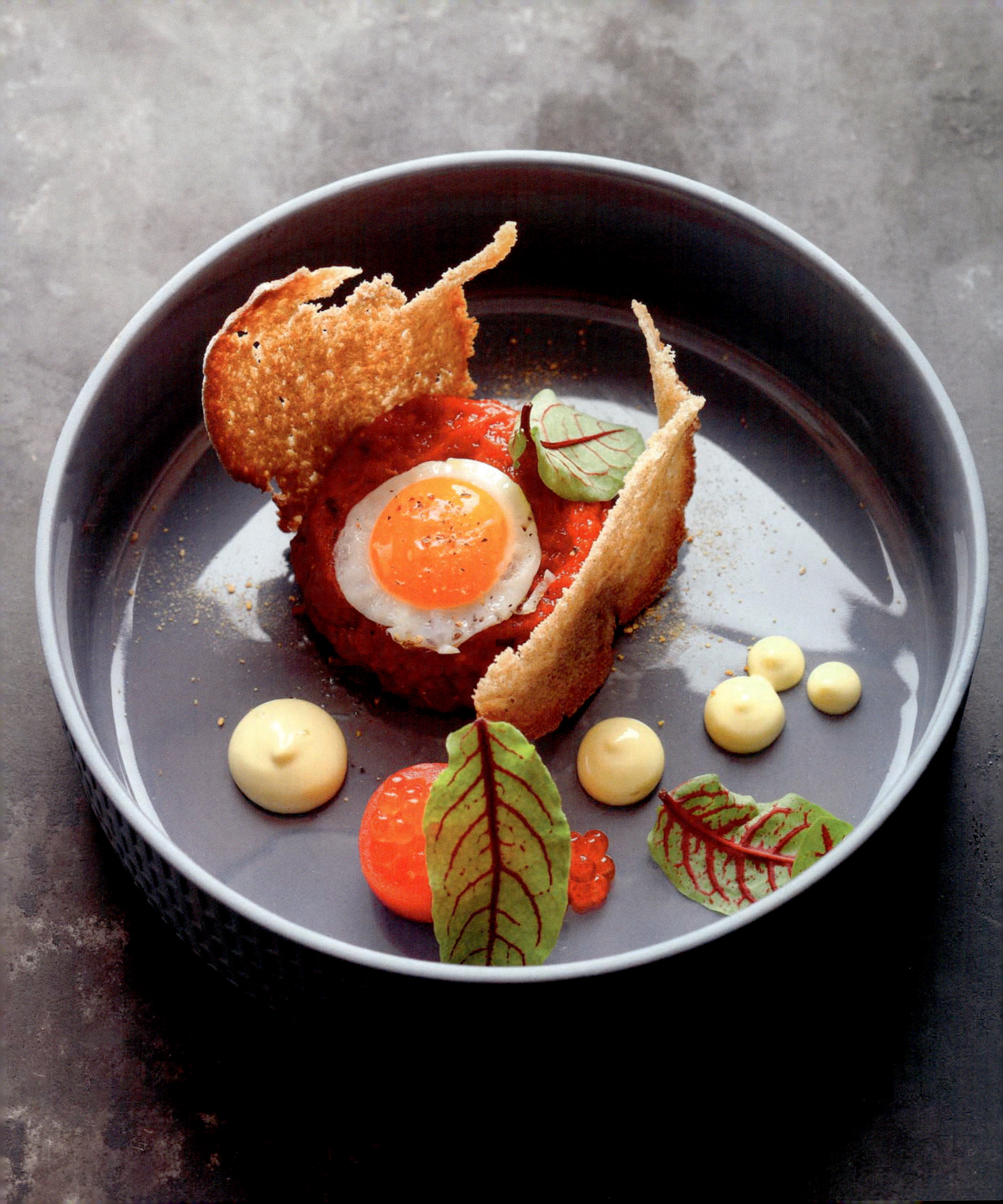

FEINHERBES BLATTGEMÜSE:
LOLLO BIANCO

WAS FÜR EIN GLÜCK FÜR MICH, DASS ICH NICHT IN MEINER KÜCHE FRÜCHTE UND GEMÜSE VERARBEITEN MUSS, DIE VORHER QUER DURCH DIE WELT GEKARRT, VERSCHIFFT UND GEFLOGEN WURDEN! MEIN „LIEFERSERVICE" IST MANFRED AUER.

> Es ist eine Riesenfreude, wenn nicht nur der Kopfsalat, sondern auch der Bauer ein großes Herz hat.

Seit mehr als zehn Jahren beliefert mich Manfred Auer mit frischen Salaten und Gemüse, Kartoffeln, Zwiebeln und Zwetschgen. Die Qualität seiner Produkte steht außer Frage. Er kennt meine Ansprüche sehr genau und versteht es, diese perfekt umzusetzen.

Das Beste daran: Manfreds Hof liegt gerade einmal fünf Minuten vom Huberwirt entfernt. Ich freue mich immer wieder, wenn ich an diesem bayerischen Bilderbuch-Bauernhof vorbeikomme und den Blick über die weiten Gemüsefelder streifen lassen kann. Hier baut Manfred auch alte Sorten an wie die Urkarotte oder Topinambur. Dennoch ist er stets für Neues zu begeistern.

Manfred Auer bringt Salat und Gemüse mehrmals in der Woche zum Huberwirt. Gerne halte ich bei dieser Gelegenheit einen kleinen Ratsch mit ihm – über Gott, die Welt und das Gemüse.

KÜNSTLER NATUR: SPITZKOHL

Salat 1 Stück 0,70 €

Kartoffeln 5kg 6,50 €
10kg 9,00 €

Weiß-/Blaukraut kg 1,00 €

Karotten, Wirsing kg 1,00 €

Sellerie - kg 1,00 €

Chinakohl, Spitzkraut 1,50 €

Zwiebeln, R. Beete kg 1,00 €

REICHE ERNTE:
LOLLO ROSSO UND LOLLO BIANCO

Tisch 5

Rinderrouladen

18:42 25.3.2015 KELLNER

HUBERWIRT

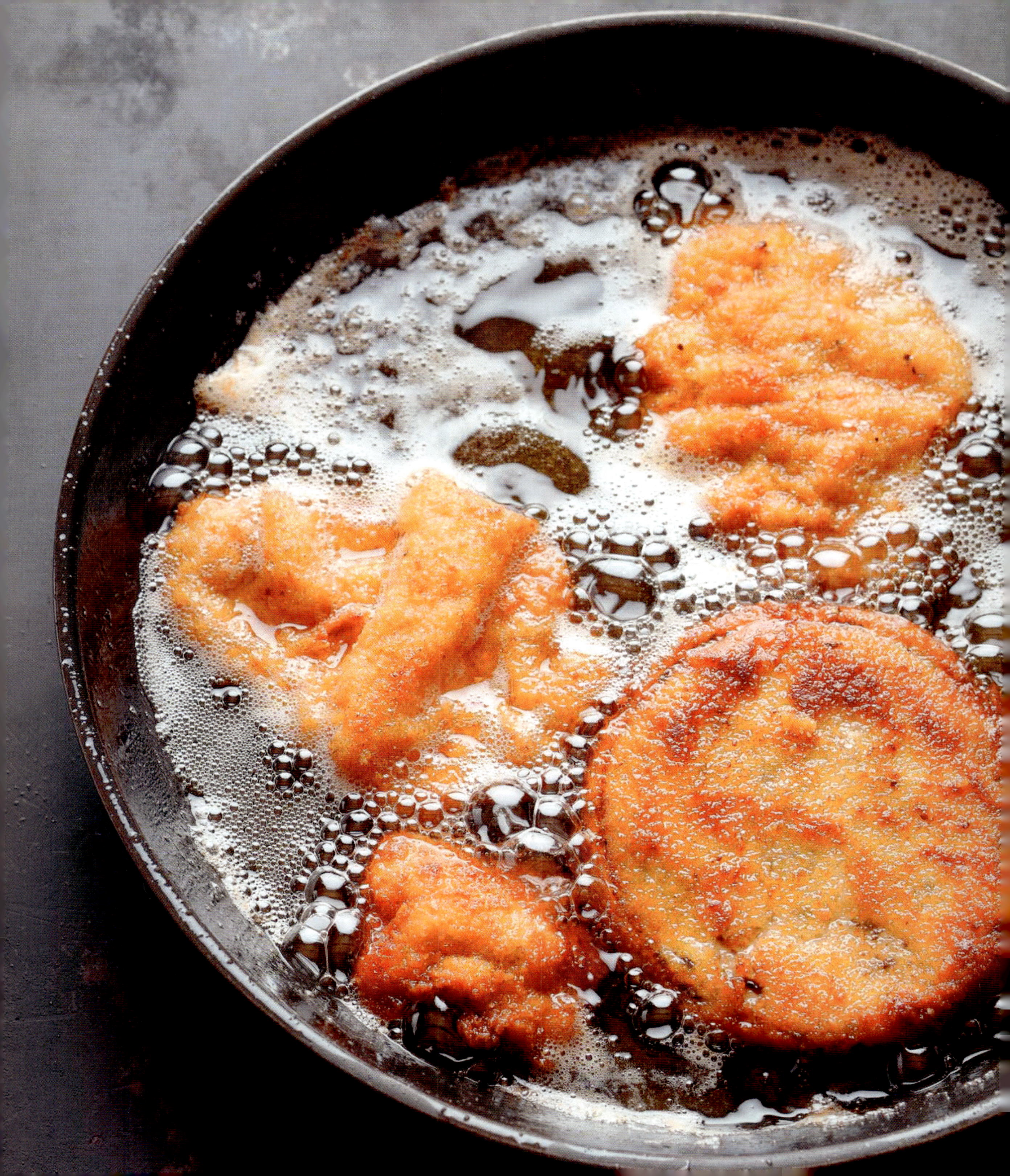

GEBACKENES BRIES, MILZWURST UND WIENER SCHNITZEL MIT ERDÄPFEL-GURKEN-SALAT

FÜR 4 PERSONEN

BRIES, MILZWURST UND WIENER SCHNITZEL

2–3 Eier
50 g Sahne
160 g Kalbsbries, geputzt (beim Metzger vorbestellen)
4 Schnitzel aus dem Kalbsrücken à 80 g, geklopft
4 Scheiben Milzwurst
200 ml Sonnenblumenöl
50 g kalte Butter
Mehl, vorzugsweise doppelgriffiges (z. B. Wiener Grießler)
Semmelbrösel
Salz und frisch gemahlener schwarzer Pfeffer

ERDÄPFEL-GURKEN-SALAT

1 weiße Zwiebel
½ Salatgurke
800 g festkochende Kartoffeln
1 EL Schnittlauchröllchen
80 ml Rotweinessig
120 ml Rindssuppe (Rezept Seite 192)
50 ml Sonnenblumenöl
2 EL natives Rapsöl
1 EL mittelscharfer Senf
Zucker
Muskatnuss, frisch gerieben
Salz und frisch gemahlener schwarzer Pfeffer

FERTIGSTELLEN

Zitronenviertel
Petersilienblätter, frittiert
Kerbelblättchen

BRIES, MILZWURST UND WIENER SCHNITZEL

Zuerst die Eier und die Sahne verrühren. Mehl und Semmelbrösel zum Panieren vorbereiten. Das Bries unter langsam fließendem kaltem Wasser etwa 30 Minuten wässern. Das Bries in acht Stücke gleicher Größe zerteilen, mit Salz und Pfeffer würzen, in Mehl wenden und in Ei sowie Semmelbröseln panieren. Ebenso die Kalbsschnitzel mit Salz und Pfeffer würzen, in Mehl wenden und in Ei sowie Semmelbröseln panieren. Die Milzwurst in Mehl wenden und alle Stücke nacheinander in Ei und Semmelbröseln panieren.

Das Sonnenblumenöl in einer großen Pfanne langsam erhitzen. Das Bries in das heiße Öl einlegen und langsam backen, nach 1 Minute wenden und etwa 3 Minuten weiterbacken. Die Pfanne dabei leicht in Bewegung halten. Wenn das Bries goldgelb gebacken ist, ein wenig kalte Butter dazugeben und in 1 Minute fertig backen. Das Bries aus der Pfanne nehmen und auf Küchenpapier abtropfen lassen.

Das Öl durch ein Sieb passieren, nochmals in einer Pfanne erhitzen und zuerst die Schnitzel und danach die Milzwurst ausbacken. Zum Schluss alle gebackenen Stücke mit einer Prise Salz bestreuen.

ERDÄPFEL-GURKEN-SALAT

Die Zwiebel schälen, fein hacken und blanchieren. Die Gurke schälen und in feine Scheiben schneiden.

Die Kartoffeln in Salzwasser weich kochen, abgießen und anschließend pellen. Die Kartoffeln ausdampfen lassen und in feine Scheiben schneiden. Die Kartoffelscheiben mit allen Zutaten – mit Ausnahme der Gurken und des Schnittlauchs – sorgfältig vermengen. Den Salat etwa 15 Minuten ziehen lassen und während dieser Zeit die Gurken leicht salzen. Kurz vor dem Anrichten die Gurken und den Schnittlauch unterheben und den Salat nochmals mit Muskat, einer Prise Zucker sowie Salz und Pfeffer abschmecken.

FERTIGSTELLEN

Bries, Milzwurst und Wiener Schnitzel auf dem Teller anrichten und mit Zitronenvierteln, frittierten Petersilienblättern und Kerbel dekorieren.

MAMAS RINDSROULADEN MIT ERDÄPFEL-SENF-PÜREE UND WURZELGEMÜSE

FÜR 4 PERSONEN

RINDSROULADEN
3 kleine Zwiebeln
8 dicke Stifte Karotte
8 dicke Stifte Knollensellerie
100 g Röstgemüse aus zwei Teilen Karotten und Knollensellerie und einem Teil Zwiebeln
50 g Butter
8 dünne Scheiben von der Rinderoberschale, plattiert (beim Metzger vorbestellen)
4 EL mittelscharfer Senf
8 Scheiben leicht geräucherter Bauchspeck
8 dicke Stifte Essiggurke
30 g fein gehackte Petersilie
1 Knoblauchzehe
2 EL Sonnenblumenöl
2 EL Tomatenmark
100 ml roter Portwein
200 ml Rotwein
1 EL Weizenmehl Type 405
1,2 l Kalbsjus (Rezept Seite 194)
10 schwarze Pfefferkörner
2 Lorbeerblätter
5 Wacholderbeeren
Zucker
Salz und frisch gemahlener schwarzer Pfeffer

ERDÄPFEL-SENF-PÜREE
400 g mehligkochende Kartoffeln
80 ml lauwarme Milch
1 EL Estragonsenf
1 TL körniger Senf
50 g Butter
Salz
Muskatnuss, frisch gerieben

WURZELGEMÜSE
1 Schalotte
50 g Karotten
30 g Kohlrabi
30 g Knollensellerie
50 g Butter
200 ml Mineralwasser
1 Lorbeerblatt
Cayennepfeffer
Zucker
fein gehackte Petersilie
Salz und frisch gemahlener schwarzer Pfeffer

FERTIGSTELLEN
Kartoffel- oder Speckchips
Schnittlauchröllchen
Blutampfer

RINDSROULADEN
Die Zwiebeln schälen, halbieren und in feine Streifen schneiden. Die Karotten- und Selleriestifte schälen und blanchieren. Das Röstgemüse schälen und in grobe Würfel schneiden.
Den Backofen auf 140 °C vorheizen.
Die Hälfte der Butter in einer Pfanne zerlassen und die Zwiebelstreifen glasig anschwitzen. Mit Salz und Zucker würzen.
Die Fleischscheiben mit Salz und Pfeffer würzen und mit jeweils ½ Esslöffel Senf dünn bestreichen. Mit dem Speck und den Zwiebelstreifen sowie den Gemüsestiften, der Essiggurke und Petersilie belegen und mit Küchengarn zu Rouladen binden. Nochmals leicht mit Salz und Pfeffer würzen.
Die Knoblauchzehe schälen und andrücken. Das Sonnenblumenöl in einem breiten feuerfesten Topf erhitzen und die Knoblauchzehe glasig anschwitzen. Wieder herausnehmen und die Rouladen rundum kräftig anbraten. Das Röstgemüse hinzufügen und mitbraten. Nochmals vorsichtig mit Salz und Pfeffer würzen. Das Tomatenmark dazugeben und mitrösten. Mit Portwein und Rotwein ablöschen. Die restliche Butter hinzufügen und das Ganze mit dem Mehl bestäuben. Die Kalbsjus angießen und die genannten Gewürze dazugeben.
Die Rouladen im heißen Ofen 1½ Stunden weich schmoren. Anschließend herausnehmen und die Sauce durch ein Spitzsieb passieren. Nochmals abschmecken.

ERDÄPFEL-SENF-PÜREE
Die Kartoffeln schälen und weich kochen. Anschließend durch die Kartoffelpresse drücken, mit Milch, Senf und Butter mit einem Holzlöffel zu einem Püree rühren und mit Salz und Muskat würzen. Zum Schluss das Püree durch ein Haarsieb streichen und nochmals abschmecken.

WURZELGEMÜSE
Die Schalotte schälen und fein hacken. Karotten, Kohlrabi und Knollensellerie schälen und in Würfel schneiden.
Die Hälfte der Butter in einem Topf zerlassen, aufschäumen lassen und die Schalotten glasig anschwitzen. Die Gemüsewürfel dazugeben und mit Salz, Pfeffer und Zucker würzen. Das Mineralwasser angießen, das Lorbeerblatt hinzufügen und das Ganze weich dünsten. Das Gemüse nochmals abschmecken, auch mit etwas Cayennepfeffer, und mit der restlichen Butter glasieren. Mit Petersilie bestreuen.

FERTIGSTELLEN
Die Rindsrouladen auf einem Saucenspiegel zusammen mit dem Püree und dem Wurzelgemüse auf dem Teller anrichten und mit Kartoffel- oder Speckchips, Schnittlauchröllchen und Blutampfer dekorieren.

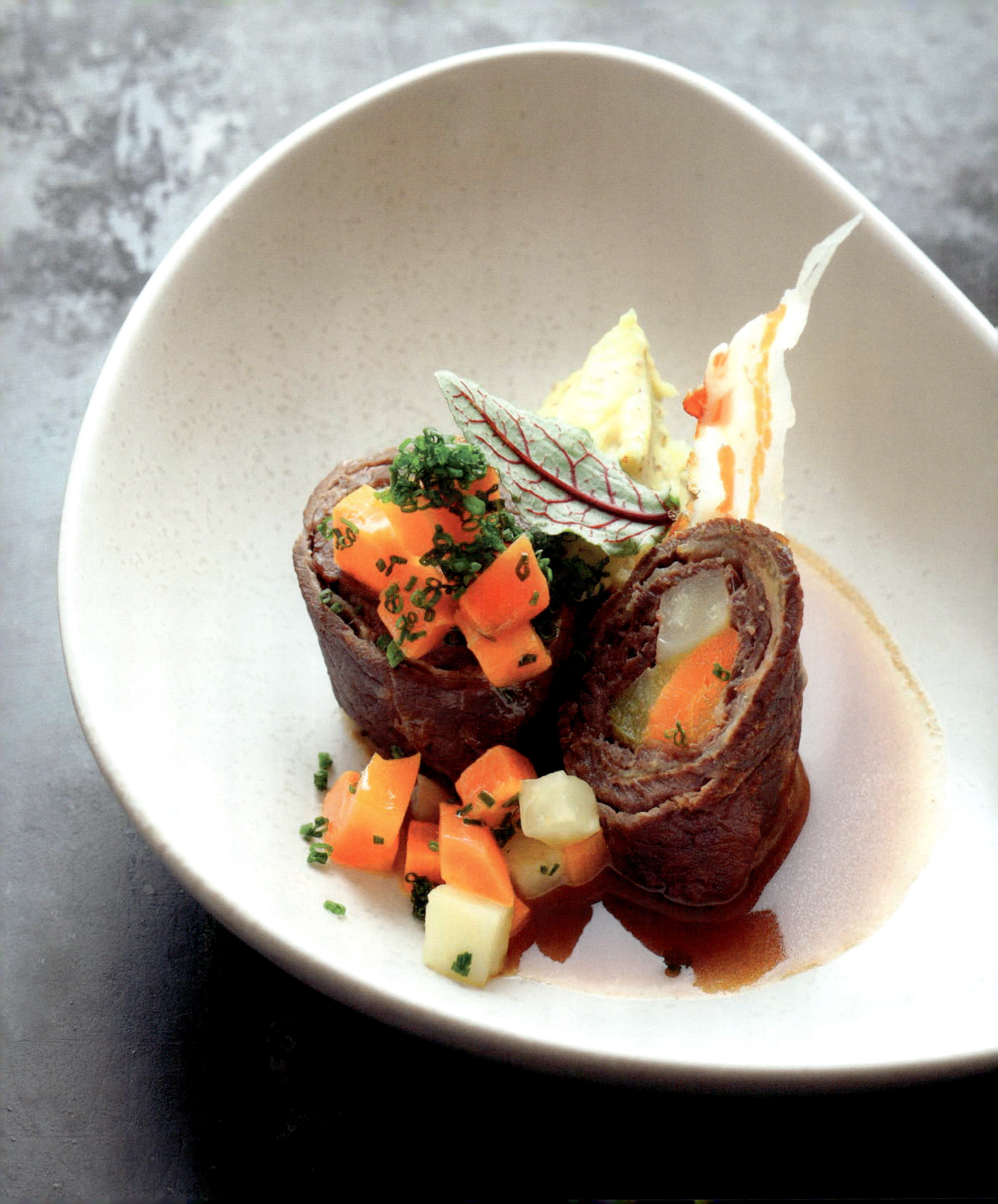

SPANFERKELRÜCKEN
MIT LEBER UND ERDÄPFELGULASCH

FÜR 4 PERSONEN

SPANFERKELRÜCKEN UND LEBER
400 g Spanferkelrücken mit Schwarte
4 kleine Scheiben Kalbsleber à 40 g
2 EL Sonnenblumenöl
30 g Butter
1 Thymianzweig
Salz und frisch gemahlener schwarzer Pfeffer

ERDÄPFELGULASCH
300 g festkochende Kartoffeln
1 Zwiebel
1 Knoblauchzehe
1 rote Paprikaschote
1 EL Sonnenblumenöl
60 g Tomatenmark
1 Msp Kreuzkümmelpulver
1 TL edelsüßes Paprikapulver
1 Msp Pimentón de la Vera
2 EL Rotwein
1 EL Weißweinessig
200 ml Gemüsefond (Rezept Seite 192)
1 Thymianzweig
40 g Butter
Abrieb von ¼ Biozitrone
1 Lorbeerblatt
Zucker
Salz und frisch gemahlener schwarzer Pfeffer

FERTIGSTELLEN
Thymian
Speckchips
Basilikum
Bauchspeck, kross gebraten

SPANFERKELRÜCKEN UND LEBER

Den Backofen auf 180 °C Oberhitze vorheizen.

Den Spanferkelrücken auf der Hautseite mit einem Messer einritzen und mit Salz und Pfeffer einreiben. Etwas Wasser in einer Pfanne aufkochen lassen und das Fleisch auf der Schwarte etwa 5 Minuten kochen.

Das Fleisch aus der Pfanne nehmen, die Pfanne ausleeren und mit Küchenpapier auswischen. Das Sonnenblumenöl in die Pfanne geben, erhitzen und das Fleisch auf allen Seiten kräftig anbraten. Das Fleisch mit der Schwarte nach oben auf ein Backofengitter legen und im heißen Ofen 20 Minuten überkrusten und fertig garen.

In der Zwischenzeit die Butter in einer Pfanne zerlassen. Sobald sie zu schäumen beginnt, die Kalbsleberscheiben einlegen und anbraten. Nach kurzer Zeit die Leber wenden und mit Salz und Pfeffer würzen. Den Thymianzweig einlegen. Die Temperatur reduzieren und die Leber bei niedriger Temperatur fertig braten.

ERDÄPFELGULASCH

Die Kartoffeln schälen und in grobe Würfel schneiden. Die Zwiebel und die Knoblauchzehe schälen und fein hacken. Die Paprikaschote mit einem Sparschäler schälen, entkernen und in grobe Würfel schneiden.

Das Sonnenblumenöl in einem flachen, breiten Topf erhitzen und die Zwiebeln sowie den Knoblauch glasig anschwitzen. Nach kurzer Zeit Salz und Zucker einstreuen. Die Paprika- und Kartoffelwürfel dazugeben und 6–8 Minuten schwitzen lassen – sie sollen allerdings keine Farbe annehmen. Bevor Paprika und Kartoffeln zu rösten beginnen, das Tomatenmark und sämtliche Gewürze hinzufügen und mitrösten lassen. Anschließend mit dem Rotwein und ein wenig Weinessig ablöschen und mit dem Gemüsefond auffüllen.

Das Gulasch zum Köcheln bringen. Die Blättchen von dem Thymianzweig abstreifen. Nach etwa 20 Minuten Butter, Zitronenabrieb, Thymian und das Lorbeerblatt zugeben. Das Gulasch weitere 20 Minuten fertig garen und zum Schluss nochmals mit Salz, Pfeffer und dem restlichen Weinessig abschmecken.

FERTIGSTELLEN

Den Spanferkelrücken in Scheiben schneiden. Das Fleisch zusammen mit der Leber und dem Erdäpfelgulasch auf dem Teller anrichten und mit einem Thymianzweig, Speckchips, Basilikumblättern und kross gebratenem Bauchspeck dekorieren.

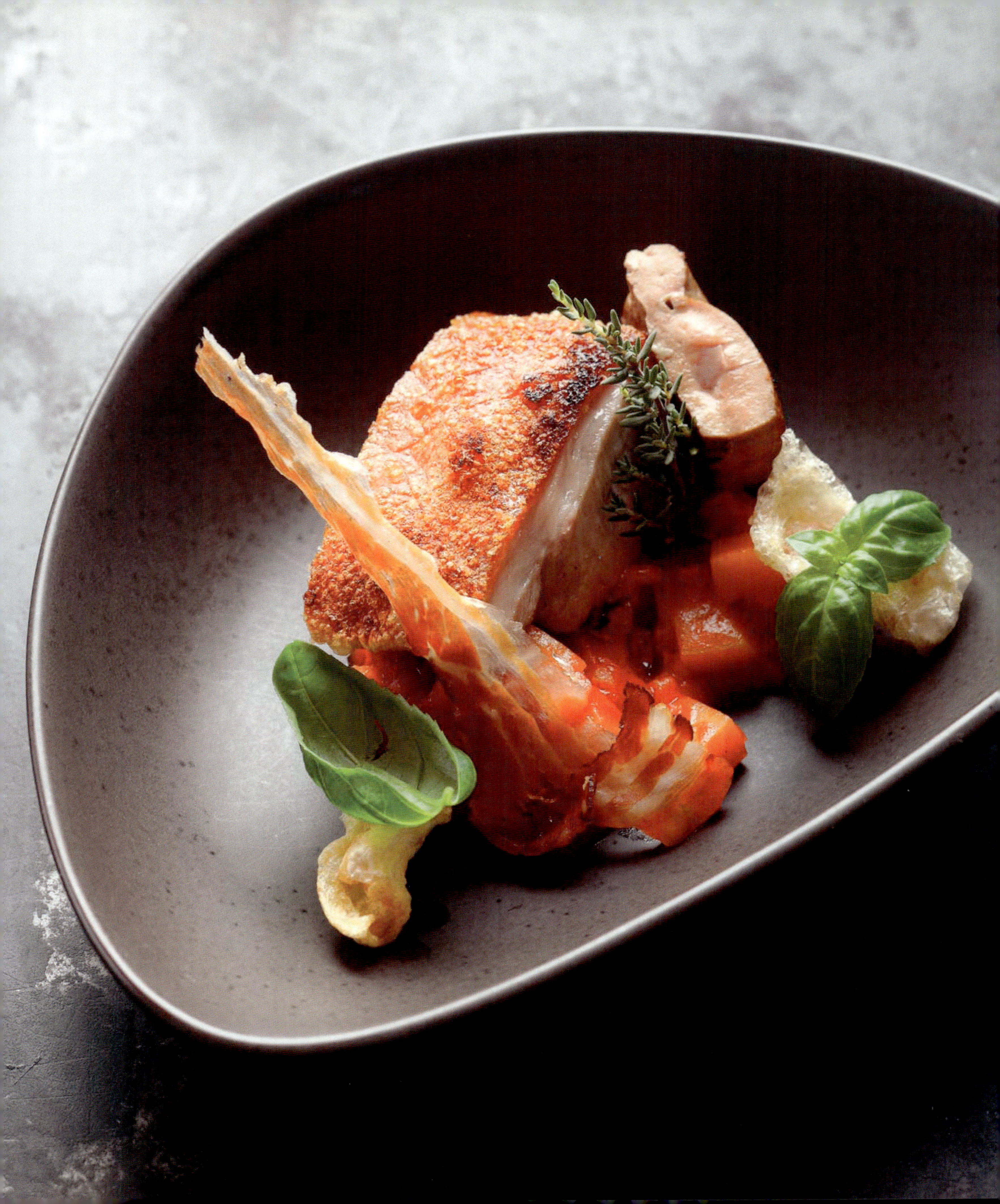

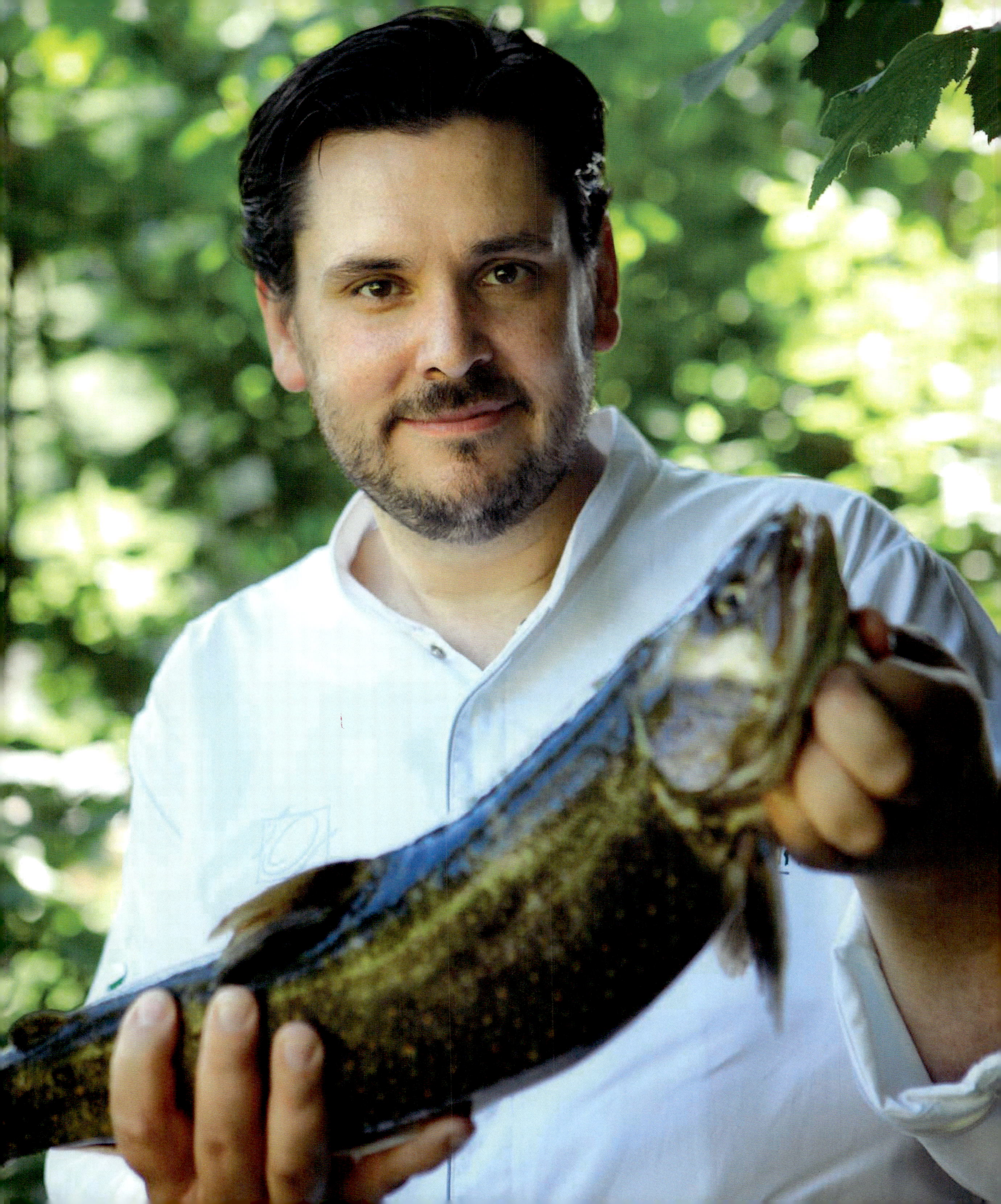

FISCH & CO.
Meine Lieblingsgerichte

FORELLENSUPPE MIT CURRY, ORANGEN UND KAROTTEN

LACHSFORELLE MIT SAUERRAHMMOUSSE, GRÜNEM APFEL
UND HONIGVINAIGRETTE

MAULTASCHEN VON ZANDER UND ERDÄPFELN
MIT SPINATSALAT UND SENFSAUCE

STEINKÖHLER AUF ERBSENPÜREE MIT HASELNUSSMILCH
UND EISZAPFENRADI

GEBACKENE SYLTER ROYAL UND KRABBENSALAT
MIT EINGESALZENER GURKE UND PUMPERNICKELERDE

FORELLENSUPPE MIT CURRY, ORANGEN UND KAROTTEN

FÜR 4 PERSONEN

FORELLENSUPPE
400 g Forellenkarkassen
1 Karotte
1 Zwiebel
2 EL Erdnussöl
15 g fruchtig-milder Curry
200 ml Kokosmilch
50 ml Sake
2 EL Reisessig
4 EL Sojasauce
4 EL Sweet-Chili-Sauce
4 EL Austernsauce
200 ml Orangensaft
Saft von 1 Limette
2 EL geröstetes Sesamöl
1 l Geflügelfond (Rezept Seite 192)
einige Koriander- und Petersilienstängel
Salz und frisch gemahlener schwarzer Pfeffer

DIM SUM
100 g Forellenfilet
1 kleines Stück Chilischote
30 g gekochter Reis
20 g Karottenwürfel
20 g Mangowürfel
10 g fein gehackte Korianderblätter
1 Spritzer Sojasauce
Abrieb von ¼ Bioorange
1 Eigelb
1 EL Chicken-Chili-Sauce
8 Blätter Wan-Tan-Teig
1 Eiweiß
Salz und frisch gemahlener schwarzer Pfeffer

EINLAGE & FERTIGSTELLEN
1 kleine Karotte
½ Lauchzwiebel
1 Orange
8 Forellenfilets à 20 g
20 gehackte Erdnüsse
geröstetes Sesamöl
Korianderblätter, klein gezupft
Salz

FORELLENSUPPE
Die Forellenkarkassen klein hacken. Die Karotte schälen und in Scheiben schneiden. Die Zwiebel schälen und in grobe Würfel schneiden.
Das Erdnussöl in einem Topf erhitzen. Die Forellenkarkassen, Karottenscheiben und Zwiebelwürfel darin langsam anbraten und mit Salz, Pfeffer und Curry würzen. Alles kräftig rösten und mit Kokosmilch, Sake und den asiatischen Saucen ablöschen. Auf Eiswürfeln abkühlen lassen.
Anschließend mit Orangensaft, Limettensaft, Sesamöl und Geflügelfond auffüllen. Langsam zum Köcheln bringen. Die Kräuterstängel dazugeben und in der Suppe ziehen lassen. Die Suppe 30 Minuten köcheln lassen, dabei immer wieder abschmecken. Zum Schluss die Suppe durch ein Tuch passieren.

DIM SUM
Das Forellenfilet fein hacken. Die Chilischote waschen, entkernen und in kleine Würfel schneiden. Aus den genannten Zutaten eine schmackhafte Füllung herstellen. Die Masse in einen Spritzbeutel geben und die Wan-Tan-Teigblätter mit dem Eiweiß bestreichen. Die Ecken jedes Teigblattes zu einer Spitze einschlagen und im Dampfkorb 5 Minuten garen.

EINLAGE
Die Karotte für die Einlage schälen, in feine Scheiben schneiden und in Salzwasser blanchieren. Herausnehmen und abtropfen lassen. Die Lauchzwiebel waschen und fein schneiden. Die Orange schälen und die Filets der Orange auslösen.

FERTIGSTELLEN
Die Forellensuppe aufkochen lassen. Die Forellenfilets leicht salzen und in der Suppe garen. Karotten, Orangenfilets und Erdnüsse dazugeben. Mit den Dim Sum anrichten. Mit etwas Sesamöl beträufeln und mit Lauchzwiebeln und Koriandergrün bestreuen.

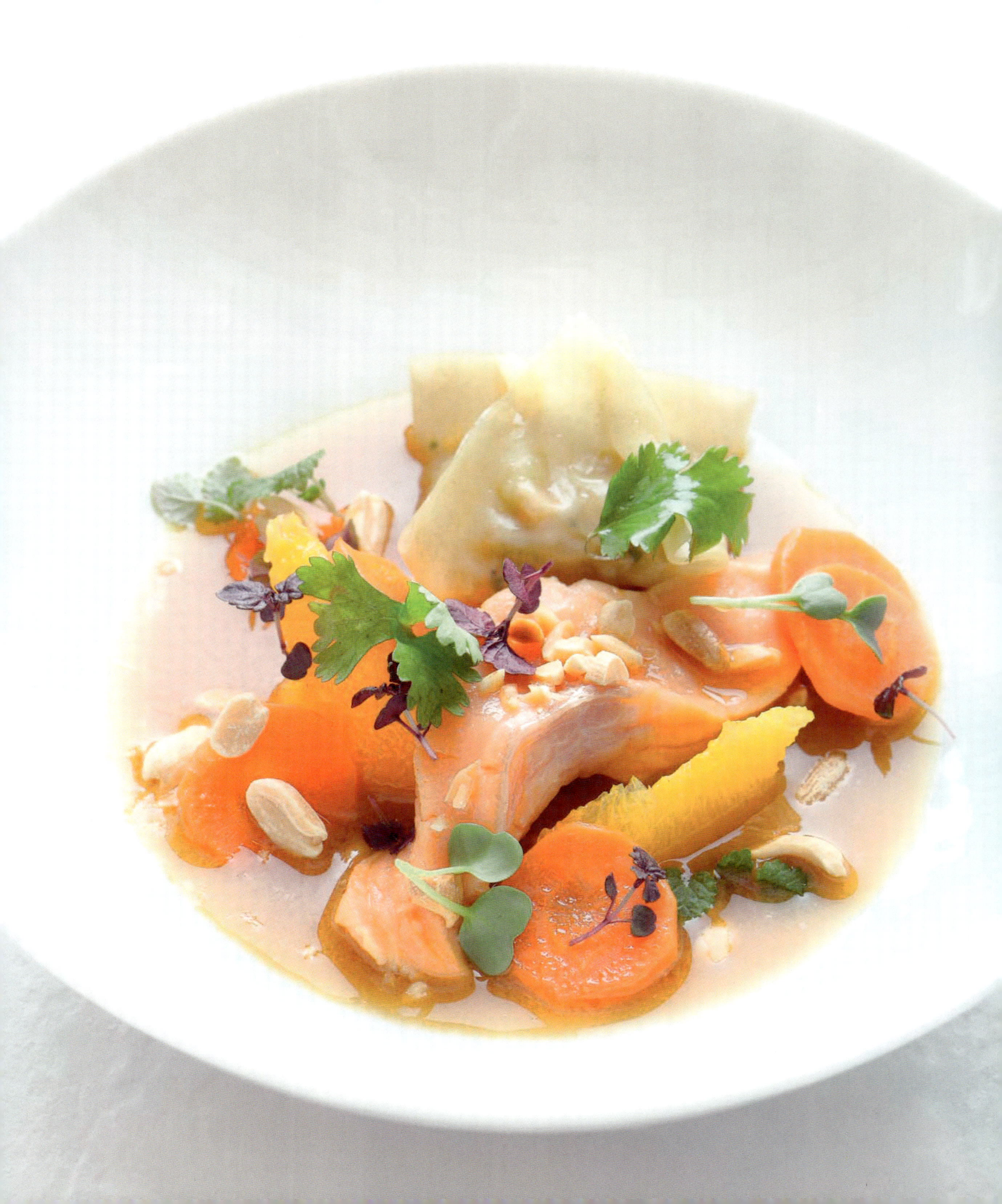

LACHSFORELLE MIT SAUERRAHMMOUSSE, GRÜNEM APFEL UND HONIGVINAIGRETTE

FÜR 4 PERSONEN

LACHSFORELLENTATAR
250 g Lachsforellenfilet
30 g grüner Apfel
2 EL Honigvinaigrette (Rezept Seite 195)
3 EL natives Olivenöl extra
2 EL Schnittlauchröllchen
Saft von ½ Limette
Salz und frisch gemahlener schwarzer Pfeffer

GEBRATENE LACHSFORELLE
1 EL Rapsöl
40 g Butter
4 Lachsforellenfilets à 50 g, ohne Haut
Meersalz und frisch gemahlener schwarzer Pfeffer

LACHSFORELLENCEVICHE
8 Scheiben Lachsforelle à 15 g, hauchdünn geschnitten
2 EL Honigvinaigrette (Rezept Seite 195)
Meersalz

SAUERRAHMMOUSSE
150 g Sauerrahm
100 g Crème fraîche
2 Blatt Gelatine
50 g Sahne, halbsteif geschlagen
Cayennepfeffer
Zitronensaft
Salz und frisch gemahlener schwarzer Pfeffer

GRÜNER APFEL
1 grüner Apfel
2 EL natives Olivenöl extra
1 EL Honigvinaigrette (Rezept Seite 195)

FERTIGSTELLEN
Korianderkresse
getrocknete Apfelchips
Saiblingskaviar
Honigvinaigrette (Rezept Seite 195)

LACHSFORELLENTATAR
Das Lachsforellenfilet hacken. Den Apfel waschen und in kleine Würfel schneiden. Aus dem Forellenfilet, den Äpfeln und den restlichen genannten Zutaten ein Tatar bereiten. Zum Schluss mit Salz, Pfeffer und Limettensaft nochmals fein abschmecken.

GEBRATENE LACHSFORELLE
Das Öl und die Butter in einer Pfanne erhitzen. Die Forellenfilets kräftig mit Meersalz und Pfeffer würzen. Sobald die Butter zu schäumen beginnt, die Fischfilets langsam bei nicht zu großer Hitze garen. Zum Schluss nochmals mit Meersalz bestreuen.

LACHSFORELLENCEVICHE
Die Lachsforellenscheiben dekorativ auf einen Teller legen und mit der Honigvinaigrette beträufeln. Mit Meersalz bestreuen und 5–10 Minuten ziehen lassen.

SAUERRAHMMOUSSE
Sauerrahm und Crème fraîche mit Salz, Pfeffer, Cayennepfeffer und ein wenig Zitronensaft kräftig würzen. Die Gelatine in kaltem Wasser 5–10 Minuten einweichen. Anschließend ausdrücken, mit 1 Teelöffel Sauerrahmmasse in einem Stieltopf auflösen und in die kalte Sauerrahmmasse einrühren. Zum Schluss die Sahne vorsichtig unterheben. Nochmals abschmecken und in vier Förmchen ohne Boden füllen. 2 Stunden kühl stellen.

GRÜNER APFEL
Den Apfel schälen, entkernen und das Fruchtfleisch in Würfel und schmale Streifen schneiden. In Olivenöl und Honigvinaigrette marinieren.

FERTIGSTELLEN
Ceviche, den gebratenen Fisch und das Tatar wie ein Dreieck auf dem Teller anordnen. Sauerrahmmousse und die marinierten Apfelwürfel und -streifen darauf anrichten. Mit Korianderkresse, getrockneten Apfelchips und Saiblingskaviar dekorieren und mit Honigvinaigrette beträufeln.

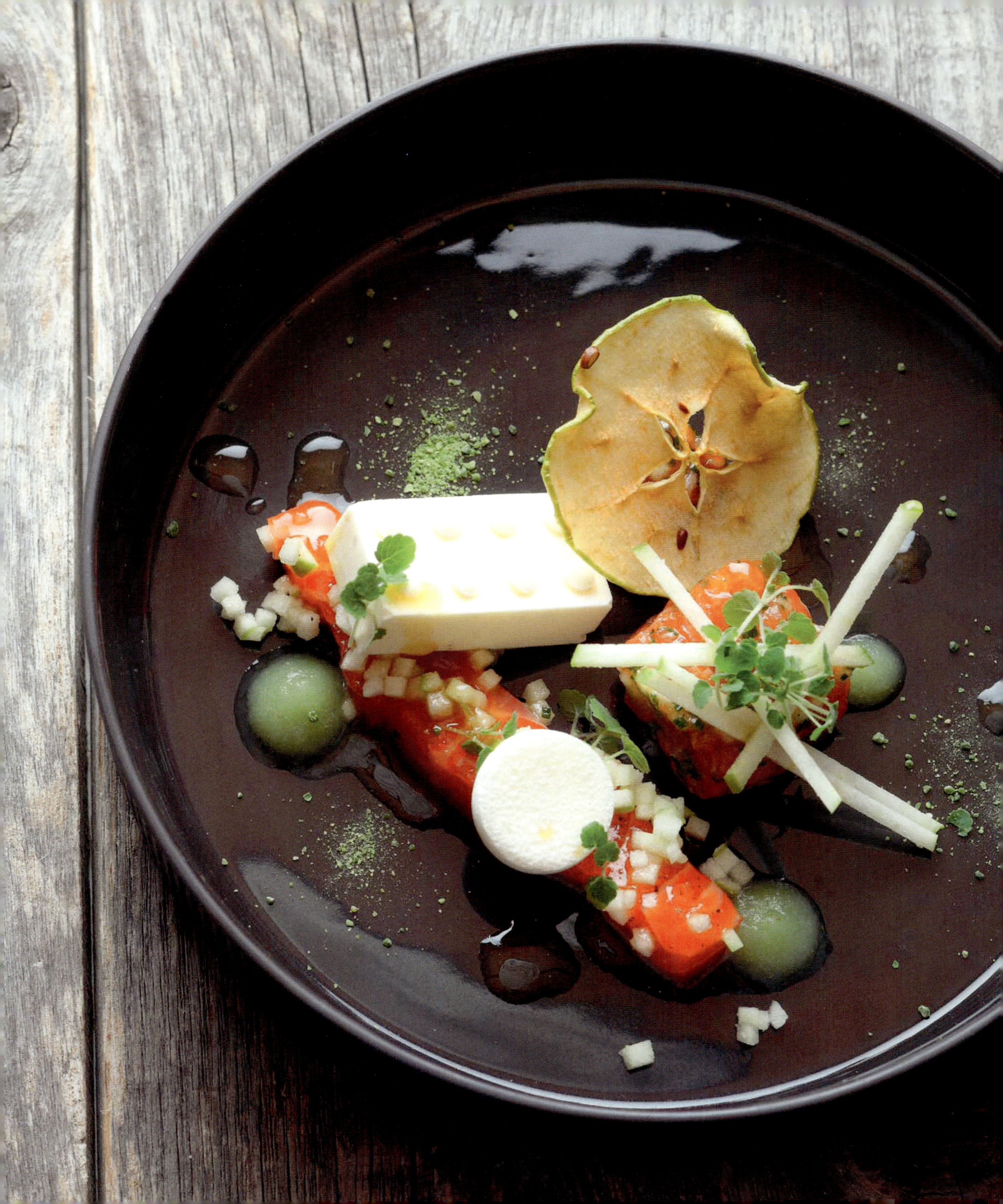

DER FISCHMEISTER DER BUCHMÜHLE:
WALTER HÖLLERICH

AUCH IN MEINER FISCHKÜCHE MÖCHTE ICH ALLERHÖCHSTE
QUALITÄTSANSPRÜCHE ERFÜLLEN. DAHER IST FÜR MICH
ABSOLUTE FRISCHE UND NACHHALTIGKEIT BEDINGUNG.

Es ist ein Geschenk, mit solchen Produkten kochen zu dürfen.

Gleich hinter Altötting liegt inmitten einer idyllischen Landschaft die Fischzucht Buchmühle. Reines Quellwasser und die ganzjährig kalten Wassertemperaturen sind die Grundlage für die außergewöhnlich hohe Qualität der Forellen, Saiblinge, Huchen, Tigerfische und Karpfen, die Walter Höllerich hier für den Huberwirt züchtet – mit viel Leidenschaft und noch mehr Fachwissen. Ich verwende in meiner Küche nahezu ausschließlich Fische aus seiner Zucht. Seefische und Meeresfrüchte kaufe ich natürlich bei einem anderen Anbieter.

Für mich ist es ein kulinarischer Luxus, jeden Tag heimische frische Fische fast vor der Haustür kaufen zu können. Das ist immer wieder ein großes Vergnügen, nicht zuletzt, weil man bei Walter auch immer auf einen seiner Freunde trifft. Gerne bringe ich dem Walter-Stammtisch Weißwürste und Leberkäs aus unserer Metzgerei mit. Dafür erfahre ich dann bei einer Nachmittagshalben alle Neuigkeiten aus dem Landkreis.

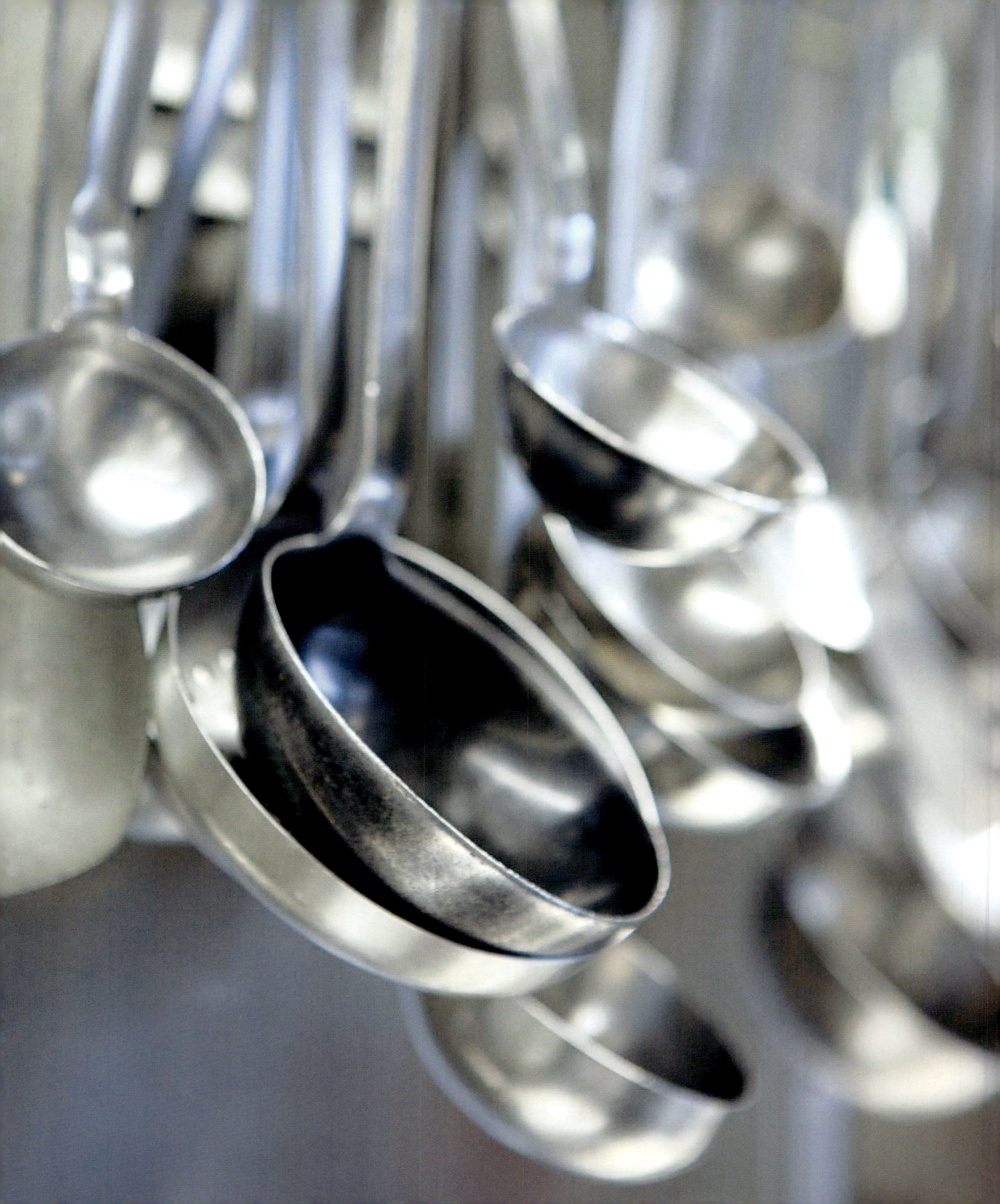

SCHÖNSTER VERTRETER DER SALMONIDEN:
DER BACHSAIBLING

MAULTASCHEN VON ZANDER UND ERDÄPFELN MIT SPINATSALAT UND SENFSAUCE

FÜR 4 PERSONEN

PASTA
250 g Hartweizenmehl (farina tipo 00)
6 Eigelb
1 EL natives Olivenöl
Salz

MAULTASCHENFÜLLUNG
2 festkochende Kartoffeln
1 Lauchzwiebel
250 g Zanderfilet ohne Haut
1 TL Crème fraîche
1 TL Estragonsenf
1 TL fein gehackte Petersilie
20 g Parmesan, frisch gerieben
1 Eigelb
1–2 EL natives Olivenöl
Muskatnuss, frisch gerieben
Abrieb von ½ Biozitrone
Salz und frisch gemahlener schwarzer Pfeffer

AUSSERDEM
1 EL Butter
fein gehackte Petersilie

SENFSAUCE
2 Schalotten
100 ml Weißwein
1 EL Crème fraîche
50 g Sahne
70 g Butter
150 ml Geflügelfond (Rezept Seite 192)
1 EL Dijonsenf
1 EL süßer Senf
1 EL Pommery-Senf
Abrieb von ½ Biozitrone
Salz und frisch gemahlener schwarzer Pfeffer

SPINATSALAT
100 g Babyspinat
50 g Kohlrabi
1 EL Schnittlauchröllchen

MARINADE
1 EL mittelscharfer Senf
1 EL Honig
80 ml Rotweinessig
50 ml natives Olivenöl extra
50 ml Sonnenblumenöl
2 EL natives Rapsöl
100 ml Mineralwasser
Zucker
Saft von ½ Limette
Salz und frisch gemahlener schwarzer Pfeffer

FERTIGSTELLEN
4 kleine Zanderfilets, mit Haut gebraten (Rezept Seite 183)
knusprige Kartoffelwürfel
Junglauch, fein geschnitten
Olivenölhollandaise (Rezept Seite 194)

PASTA
Für den Teig das Mehl auf eine Arbeitsfläche häufen und in der Mitte eine Mulde formen. Eigelbe, Olivenöl, 50 ml lauwarmes Wasser und eine Prise Salz in die Vertiefung geben. Mit einer Gabel von innen nach außen rühren und die Zutaten miteinander vermengen. Anschließend mit beiden Händen kräftig mindestens 10 Minuten zu einem glatten, elastischen und homogenen Teig kneten. Den Teig mindestens 30 Minuten ruhen lassen.

MAULTASCHENFÜLLUNG
Die Kartoffeln weich kochen, abgießen und ausdampfen lassen. Anschließend pellen und durch die Kartoffelpresse drücken. Die Lauchzwiebel waschen und fein schneiden. Das Zanderfilet fein hacken. Aus den genannten Zutaten die Füllung herstellen und kräftig mit den Gewürzen abschmecken. Die Füllung in einen Spritzbeutel füllen.

HERSTELLEN DER MAULTASCHEN
Den Pastateig mit dem Nudelholz auf etwa ½ cm ausrollen und anschließend mit der Nudelmaschine dünn ausrollen. Aus dem Teig 10 cm breite Nudelbänder schneiden. Die Zandermasse jeweils im Abstand von 2 cm an einer Seite aufspritzen. Das zweite Band auflegen und an den Stellen ohne Füllung mit einem Kochlöffel zusammendrücken. Mit einem kleinen Messer an dieser Stelle trennen.
Reichlich Salzwasser in einem möglichst großen Topf zum Kochen bringen und die Maultaschen einlegen. Die Hitze reduzieren. Wenn die Maultaschen nach etwa 5 Minuten an die Oberfläche steigen, mit einem Schaumlöffel herausnehmen und auf Küchenpapier abtropfen lassen. Die Butter in einer Pfanne zerlassen, Petersilie hinzufügen und die Maultaschen darin schwenken.

SENFSAUCE
Die Schalotten schälen, halbieren und in Streifen schneiden. Die Schalottenstreifen in einen Topf geben, den Weißwein hinzufügen und auf die Hälfte einkochen lassen. Crème fraîche und Sahne angießen und aufkochen lassen. Die Butter in die Sauce einmontieren und den Geflügelfond dazugeben.
Die Sauce durch ein Sieb passieren und mit den drei Senfsorten, dem Zitronenabrieb sowie Salz und Pfeffer abschmecken. Kurz vor dem Anrichten nochmals erhitzen und aufschäumen lassen.

SPINATSALAT & MARINADE
Den Spinat waschen und trocken schleudern. Den Kohlrabi schälen, in Würfel schneiden und blanchieren. Abgießen und abtropfen lassen.
Für die Marinade die genannten Zutaten verrühren und mit den Gewürzen abschmecken. Den Salat in der Marinade ziehen lassen und mit den Schnittlauchröllchen bestreuen.

FERTIGSTELLEN
Die Maultaschen auf dem Teller anrichten und mit der Senfsauce überziehen. Mit dem Spinatsalat, den Zanderfilets, Kartoffelwürfeln und fein geschnittenem Junglauch umlegen und mit Olivenölhollandaise dekorieren.

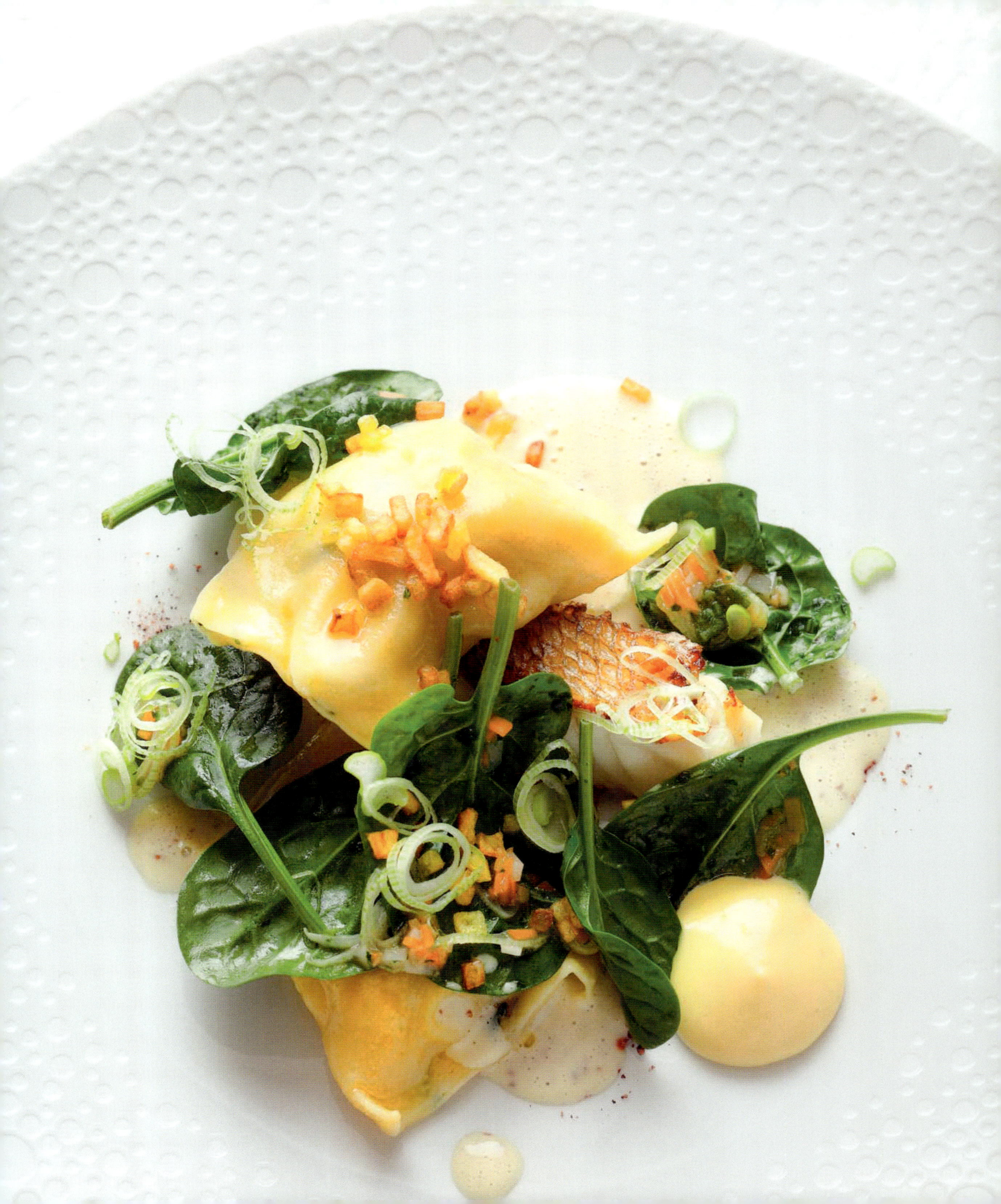

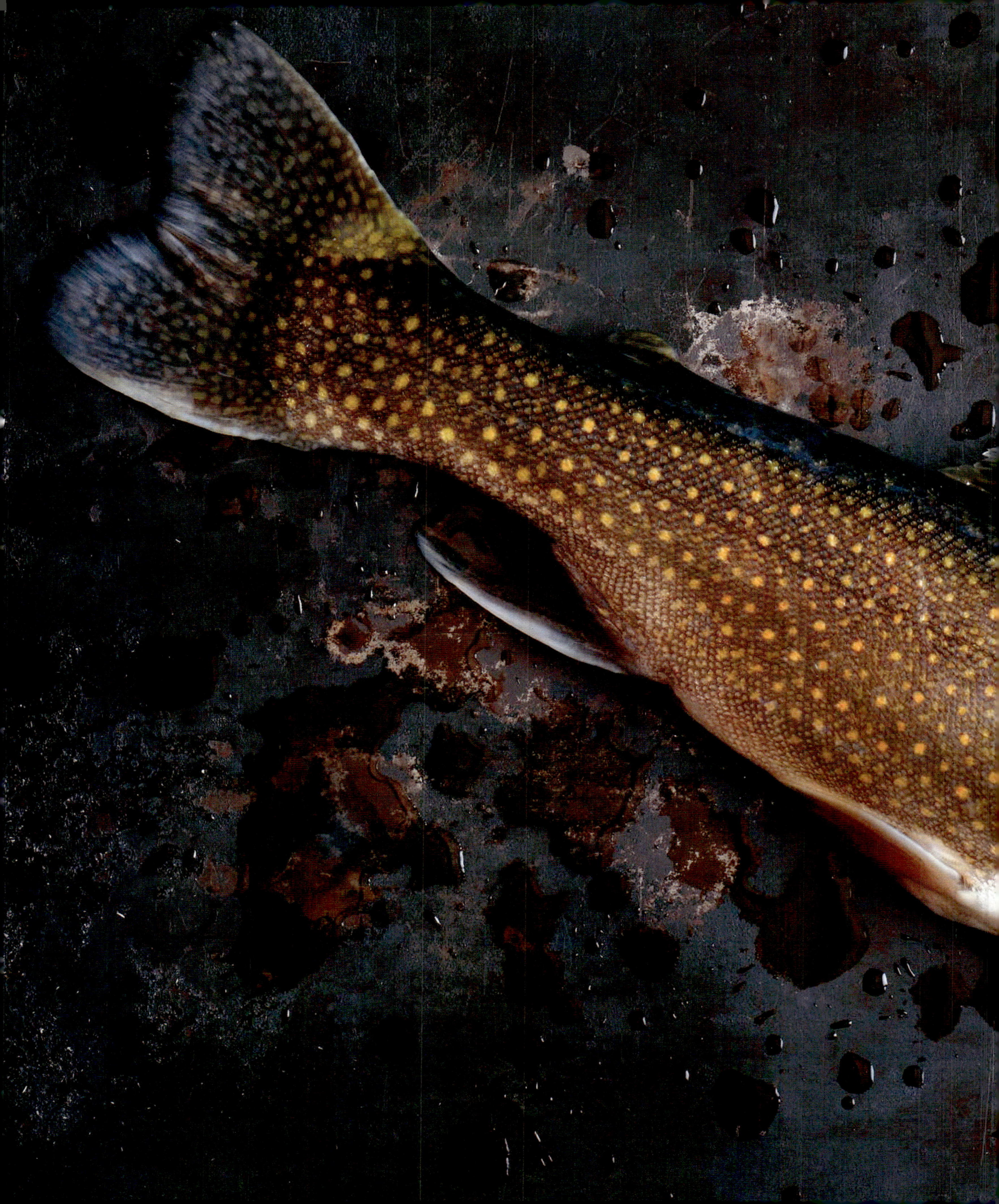

FÜHLT SICH NUR IN KALTEM,
SAUBEREM UND SAUERSTOFFREICHEM WASSER WOHL:
DER BACHSAIBLING

STEINKÖHLER AUF ERBSENPÜREE MIT HASELNUSSMILCH UND EISZAPFENRADI

FÜR 4 PERSONEN

STEINKÖHLER
1 EL Sonnenblumenöl
4 Steinköhlerfilets à 100 g, mit Haut
20 g Butter
1 Thymianzweig
Meersalz und frisch gemahlener schwarzer Pfeffer

HASELNUSSMILCH
30 g Butter
40 g zerstoßene Haselnüsse
200 ml kalte Milch
4 EL Nussöl
Salz und frisch gemahlener schwarzer Pfeffer

ERBSENPÜREE
250 g Erbsen (TK)
100 g Sahne
1 TL Crème fraîche
4–5 Minzeblätter
20 g braune Butter
Muskatnuss, frisch gerieben
Zucker
Salz und frisch gemahlener schwarzer Pfeffer

EISZAPFENRADI
60 g frische Erbsen, ausgelöst
8 kleine Eiszapfenrettiche
Abrieb von ¼ Biozitrone
10 g Butter
100 ml Mineralwasser
1 EL natives Rapsöl
Salz
Langer Pfeffer

ERBSENSPONGE
50 g Erbsen (TK)
2 Eier
1 Eigelb
15 g Zucker
1 Prise Salz
20 g Butter, zerlassen
25 g Weizenmehl Type 405

FERTIGSTELLEN
Haselnüsse, geröstet
Erbsenkresse
Micro Blutampfer

STEINKÖHLER
Das Sonnenblumenöl in einer Pfanne erhitzen. Die Fischfilets trocken tupfen und mit etwas Meersalz und Pfeffer würzen. Die Fischfilets auf der Hautseite in die Pfanne legen und etwa 5 Minuten braten. Anschließend den Steinköhler wenden und die Herdplatte abschalten.
Die Butter und den Thymianzweig hinzufügen und den Fisch in der Resthitze garen. Abschließend mit etwas Butter aus der Pfanne beträufeln und mit Meersalz bestreuen.

HASELNUSSMILCH
Die Butter in einem Topf zerlassen und die Haselnüsse kräftig rösten. Die kalte Milch angießen und einmal aufkochen lassen. Den Topf abdecken und die Nüsse in der Milch etwa 2 Stunden ziehen lassen. Anschließend die Milch durch ein Sieb passieren, mit dem Nussöl montieren und mit Salz und Pfeffer würzen.

ERBSENPÜREE
Die Erbsen 2 Minuten in sprudelndem Salzwasser blanchieren, abgießen. Anschließend mit Sahne, Crème fraîche und Minze in der Küchenmaschine zu Püree mixen und mit Salz, Pfeffer, Muskat und einer Prise Zucker mixen. Zum Schluss ein wenig braune Butter zum Verfeinern unterziehen.

EISZAPFENRADI
Die Erbsen in Salzwasser blanchieren, abgießen. Die Rettiche schälen und mit Salz, Langem Pfeffer und Zitronenabrieb würzen. Die Butter in einer Stielpfanne zerlassen. Sobald sie aufschäumt, den Rettich hinzufügen und sautieren. Das Mineralwasser angießen und einkochen lassen.
Kurz bevor das Wasser reduziert ist, die Erbsen hinzufügen und durchschwenken. Zum Schluss mit Rapsöl leicht marinieren und etwas salzen.

ERBSENSPONGE
Die Erbsen nach Packungsanweisung weich kochen und zusammen mit den restlichen genannten Zutaten, mit Ausnahme des Mehls, fein pürieren. Danach das Mehl hinzufügen und 5 Minuten mixen. Den Teig passieren und in einen Sahnesiphon geben. Den Siphon verschließen, zwei Kapseln aufschrauben und kräftig schütteln. Einen Plastikbecher zur Hälfte mit Teig füllen und diesen 50 Sekunden in der Mikrowelle bei voller Kraft garen.
Achtung: Dieser grüne Schwamm lässt sich nur in der Mikrowelle zubereiten.

FERTIGSTELLEN
Das Erbsenpüree auf einem Teller aufstreichen und den Fisch darauflegen. Erbsensponge und Eiszapfenradi daneben drapieren.
Die Haselnussmilch aufschäumen und darüberlöffeln. Das Gericht mit gerösteten Haselnüssen, Erbsenkresse und Blutampfer dekorieren.

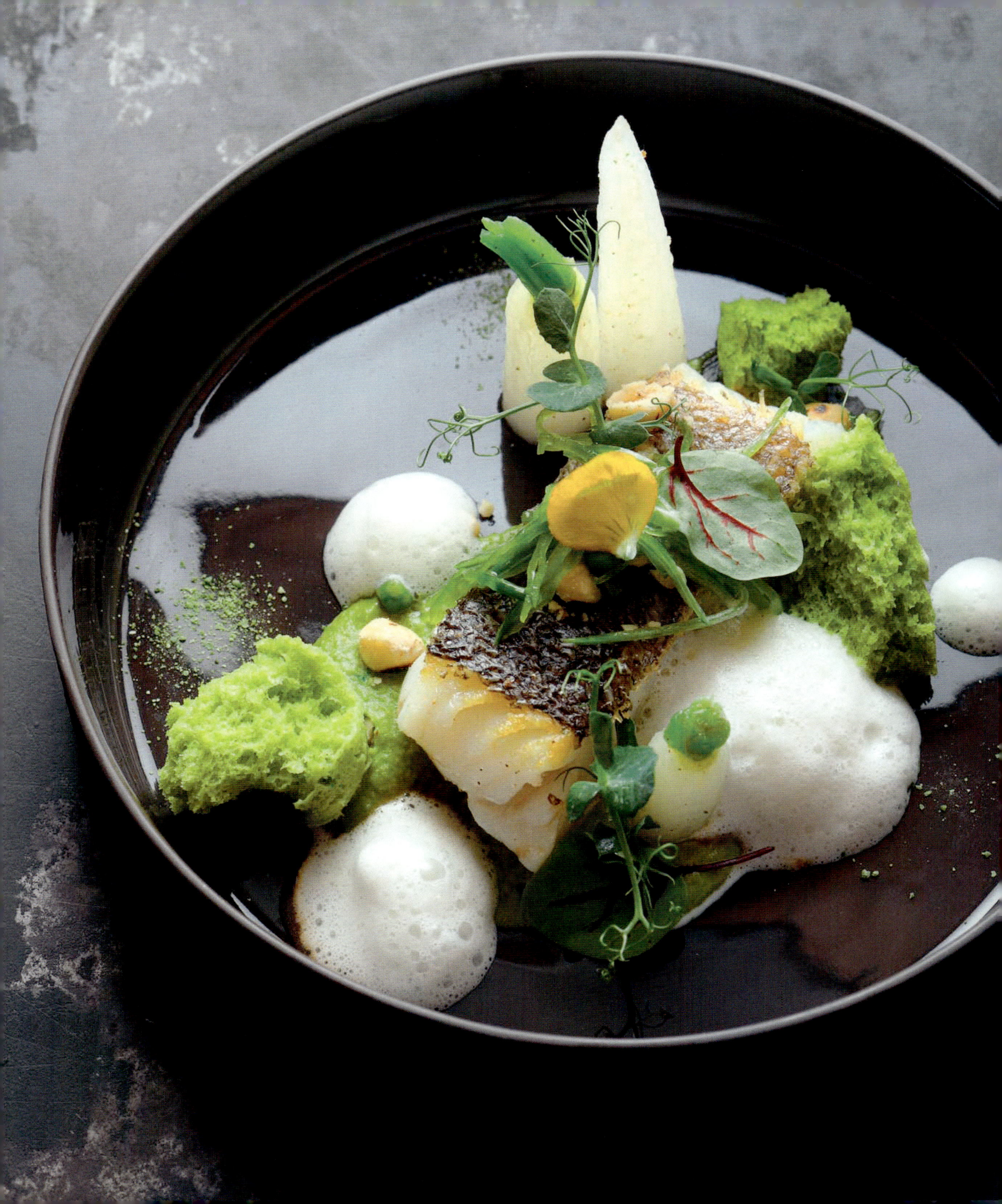

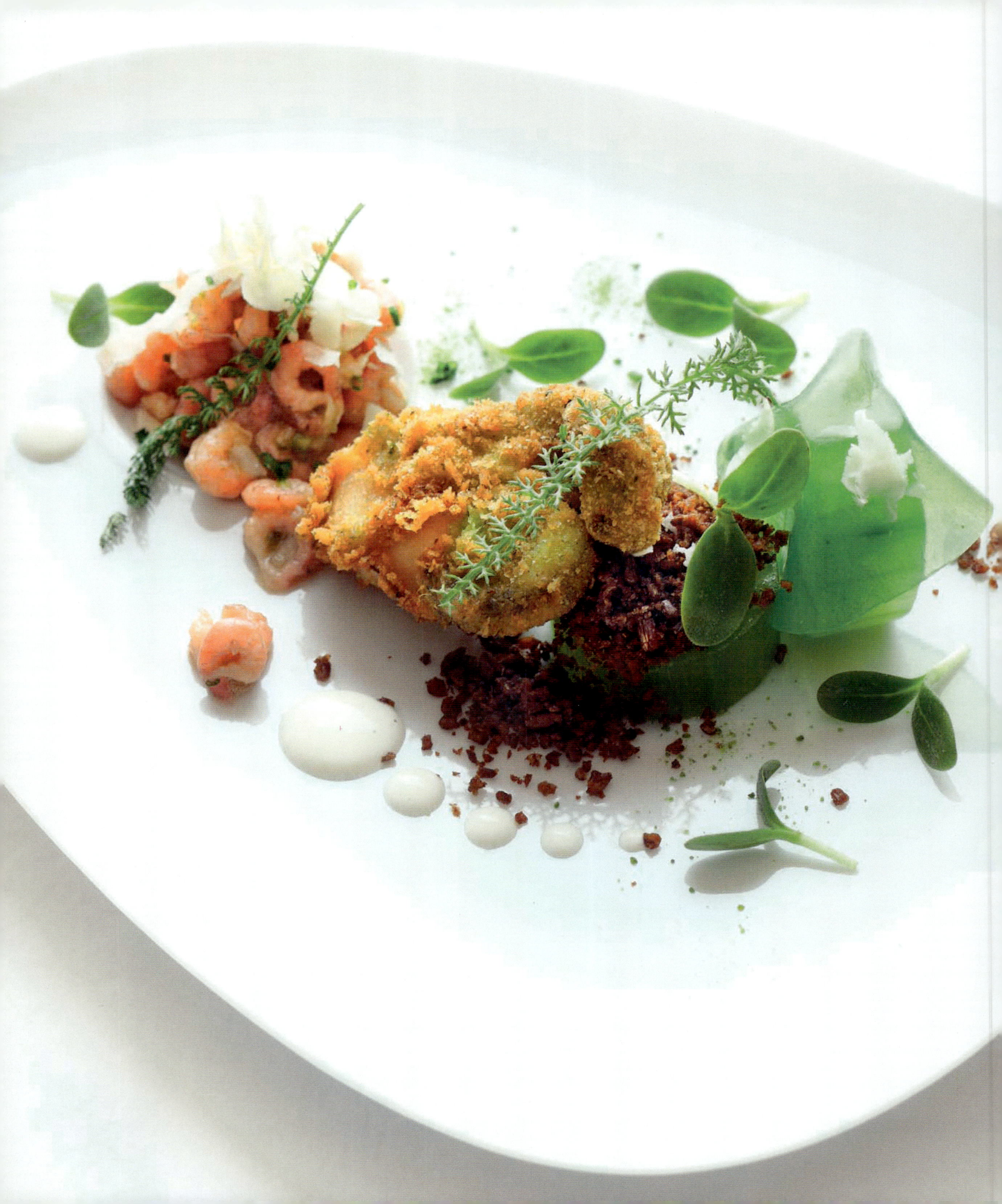

GEBACKENE SYLTER ROYAL UND KRABBENSALAT MIT EINGESALZENER GURKE UND PUMPERNICKELERDE

FÜR 4 PERSONEN

SYLTER ROYAL
30 g Semmelbrösel
15 g Petersilienblätter
100 ml Sonnenblumenöl
4 Sylter-Royal-Austern, ausgelöst
30 g doppelgriffiges Mehl
(z. B. Wiener Grießler)
1 Ei
Meersalzflocken

KRABBENSALAT
½ Schalotte
40 g Salatgurke, Karotte
und Petersilienwurzel
240 g Büsumer Krabben
(ersatzweise kleine Shrimps)
1 TL Dijonsenf
1 EL Weißweinessig
1 EL natives Olivenöl extra
1 EL natives Rapsöl
10 g Honig
1 TL Schnittlauchröllchen
Mineralwasser
Zitronensaft
Salz und frisch gemahlener
schwarzer Pfeffer

EINGESALZENE GURKEN
1 kleine Salatgurke
1 EL natives Rapsöl
Zitronensaft
Meersalz und
frisch gemahlener schwarzer Pfeffer

PUMPERNICKELERDE
70 g Pumpernickel
1 EL natives Rapsöl
10 g fein gehackte Mandeln

GURKENGELEE
2 Blatt Gelatine
80 g Salatgurke
2 EL Mineralwasser
1 EL Weißweinessig
1 Msp Wasabi
5 g Salz
Cayennepfeffer

FERTIGSTELLEN
Gurkenkresse
gehobelter frischer Meerrettich
Sauerrahmsauce (Rezept Seite 196)
Schafgarbe

SYLTER ROYAL
Zuerst die Semmelbrösel mit der Petersilie in einer Küchenmaschine fein mixen. In der Zwischenzeit das Sonnenblumenöl in einer Stielpfanne auf 170 °C erhitzen. Die Austernfilets vorsichtig in Mehl, Ei und Petersilienbrösel panieren und anschließend im heißen Öl ausbacken. Aus der Pfanne nehmen, auf Küchenpapier abtropfen lassen und mit Meersalz würzen.

KRABBENSALAT
Die Schalotte schälen, fein hacken und blanchieren. Das Gemüse putzen bzw. schälen, in kleine Würfel schneiden und blanchieren. Die Krabben mit dem Gemüse und den Schalotten vermengen.
Senf und Weißweinessig mit Olivenöl und Rapsöl sämig schlagen. Eventuell mit etwas Mineralwasser verdünnen und mit Honig, Zitronensaft, Salz und Pfeffer abschmecken. Die Schnittlauchröllchen hinzufügen. Die Krabben in der Marinade ziehen lassen.

EINGESALZENE GURKEN
Zuerst die Gurke schälen, in acht 1 cm große Stücke schneiden und das Kernhaus ausstechen. Die Ringe mit den restlichen genannten Zutaten marinieren und etwa 20 Minuten ziehen lassen.

PUMPERNICKELERDE
Die Zutaten für die Pumpernickelerde in der Küchenmaschine fein mixen.

GURKENGELEE
Die Gelatine 5–10 Minuten in kaltem Wasser einweichen. Die Gurke waschen und in Scheiben schneiden. Die Gurkenscheiben in einem Mixer mit Mineralwasser, Weißweinessig, Wasabi, Salz und Cayennepfeffer mixen und den Gurkensaft durch ein feines Sieb passieren. Beiseitestellen.
Die Gelatine aus dem Wasser nehmen und ausdrücken. 2 Esslöffel Gurkensaft leicht erwärmen und die Gelatine darin auflösen. Anschließend mit dem restlichen Saft verrühren. Das Gurkengelee auf ein kleines Küchenblech gießen und gelieren lassen. Zum Anrichten mit einem Ring Geleekreise ausstechen.

FERTIGSTELLEN
Das Gericht mit sämtlichen Komponenten auf dem Teller anrichten und mit Gurkenkresse, Meerrettich, Sauerrahmsauce und Schafgarbe dekorieren.

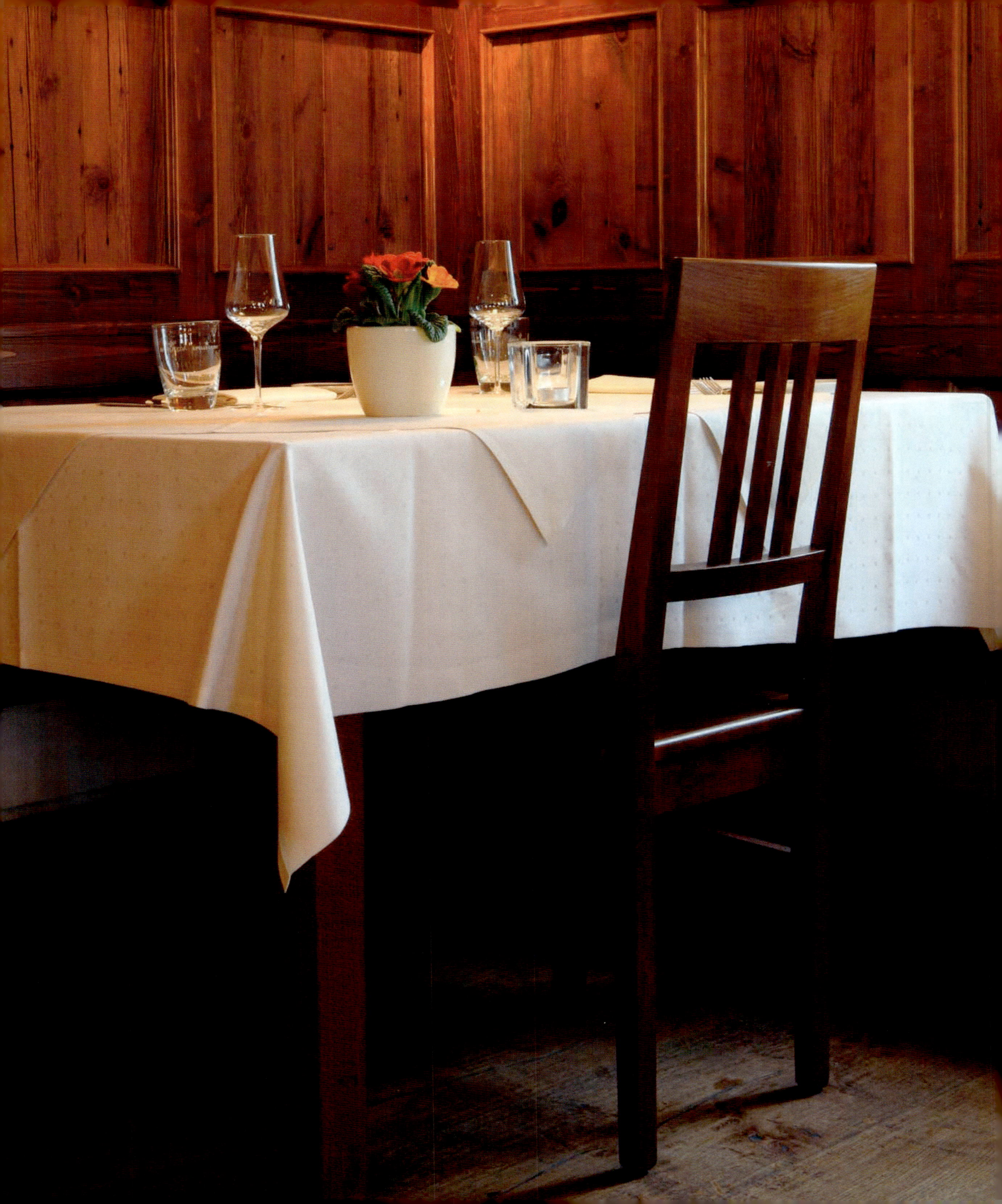

MEINE WIRTSHAUSKUCHL

Echt und gut

BLUTWURSTGRÖSTL

BÖFFLAMOTT MIT ERDÄPFEL-ROSINEN-KÜCHERLN,
KAROTTEN UND SCHMORZWIEBERLN

SCHAUMSUPPE VON ERDÄPFELN UND SELLERIE MIT
ENTENPFLANZERL UND ENGLISCH SELLERIE

SZEGEDINER GULASCH VOM SCHWEINESCHOPF MIT
PETERSILIENKARTOFFELN UND SAUERRAHMSCHAUM

WELSFILET ESTERHAZY MIT RÖSTERDÄPFELN, KRENSAUCE
UND FEINEM GEMÜSE

FÜR 4 PERSONEN

300 g festkochende Kartoffeln
1 kleine Zwiebel
1 Lauchzwiebel
30 g Speck
60 g Apfel
1 ½ EL Sonnenblumenöl
40 g Butter
200 g Blutwurst
fein gehackte Majoranblättchen
Schnittlauchröllchen
Salz und frisch gemahlener schwarzer Pfeffer

FERTIGSTELLEN

4 Spiegeleier
4 Cornichons, in Scheiben geschnitten
Schnittlauchröllchen
Kerbelblättchen
Radieschen, fein geschnitten
Brotcroûtons

BLUTWURSTGRÖSTL

Die Kartoffeln vorzugsweise am Vortag kochen. Anschließend pellen und in Scheiben schneiden. Die Zwiebel schälen und fein hacken. Die Lauchzwiebel putzen, waschen und fein schneiden.

Den Speck in Würfel schneiden. Den Apfel schälen, entkernen und das Fruchtfleisch in Würfel schneiden.

Das Sonnenblumenöl in einer beschichteten Pfanne erhitzen und die Kartoffelscheiben darin anbraten. Nach ca. 2 Minuten Zwiebeln, Speck und die Apfelwürfel dazugeben und mitbraten.

Sobald das Gröstl etwas Farbe angenommen hat, die Butter hinzufügen. Mit Salz und Pfeffer würzen und die Kräuter darüberstreuen. Die Blutwurst in Würfel schneiden und unterheben.

FERTIGSTELLEN

Das Gröstl auf dem Teller anrichten. Das Spiegelei daraufsetzen und mit den Cornichons belegen. Mit Schnittlauchröllchen, Kerbel, Radieschenscheiben und Brotcroûtons dekorieren.

Tipp: Dieses Gericht kann auch perfekt in einer Pfanne serviert werden.

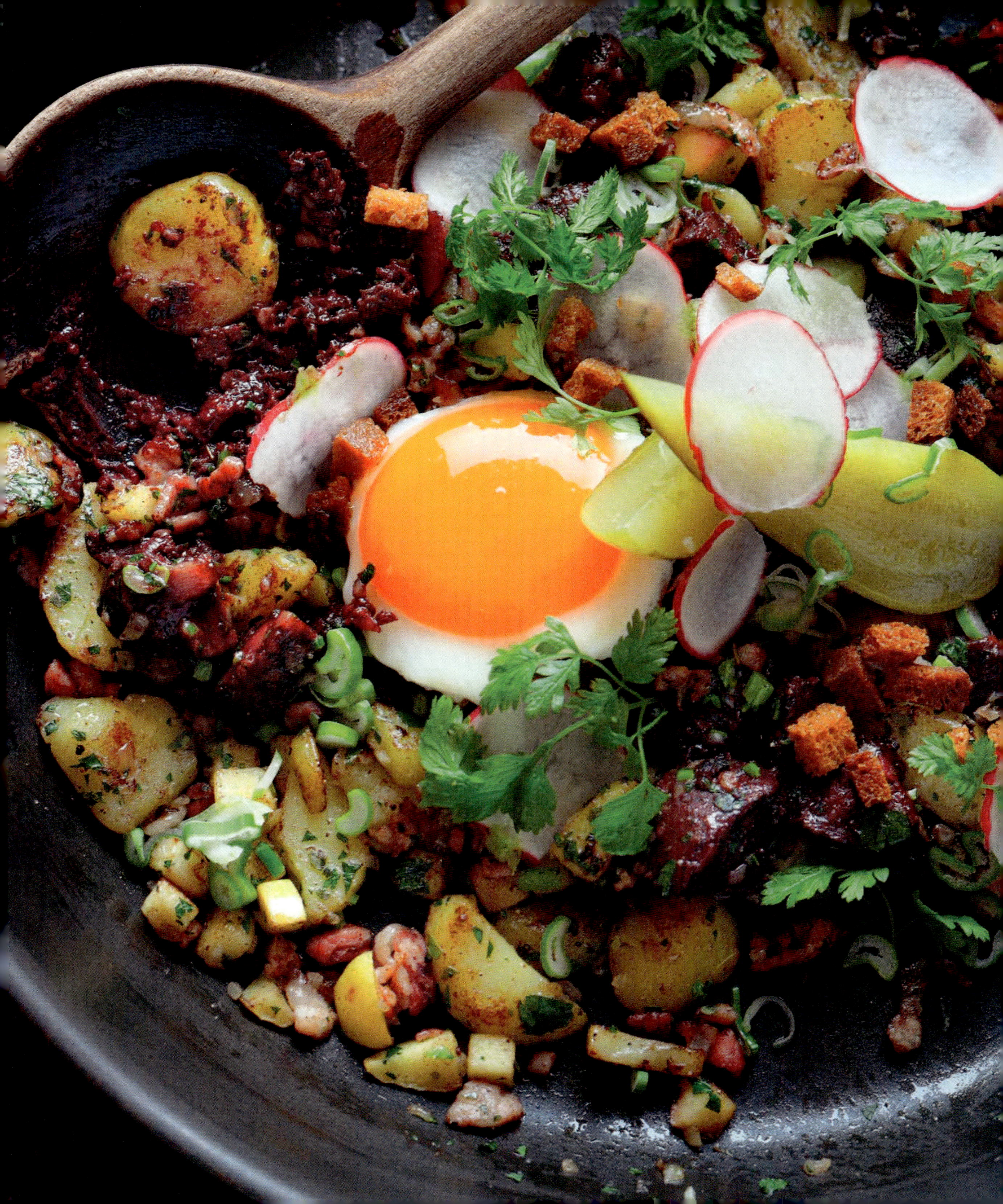

BÖFFLAMOTT MIT ERDÄPFEL-ROSINEN-KÜCHERLN, KAROTTEN UND SCHMORZWIEBERLN

FÜR 4 PERSONEN

GESCHMORTE RINDERSCHULTER
- 100 g Röstgemüse aus zwei Teilen Zwiebeln und einem Teil Karotten und Knollensellerie
- 2–2,5 kg flache Rinderschulter (küchenfertig)
- 2 EL Sonnenblumenöl
- 50 g Butter
- 2 EL Tomatenmark
- 100 ml roter Portwein
- 200 ml Rotwein
- 1 l Rindssuppe (Rezept Seite 192), ersatzweise Kalbsjus (Rezept Seite 194)
- 2 EL Preiselbeeren
- ½ Stange Junglauch
- 1 Knoblauchzehe
- einige Petersilienstängel
- 2 Lorbeerblätter
- 5 Wacholderbeeren
- 1 Rosmarinzweig
- 60 g Mehlbutter (Rezept Seite 194)
- schwarze Pfefferkörner
- Zucker
- kalte Butter
- Salz und frisch gemahlener schwarzer Pfeffer

ERDÄPFEL-ROSINEN-KÜCHERL
- 300 g festkochende Kartoffeln
- 20 g Schalottenwürfel
- 30 g Hartweizengrieß
- 20 g Weizenmehl Type 405
- 50 g Rosinen
- Abrieb von je ¼ Biozitrone und -orange
- 2 EL Sonnenblumenöl
- 10 g Butter
- Semmelbrösel
- Cayennpfeffer
- Salz und frisch gemahlener schwarzer Pfeffer

KAROTTENGEMÜSE
- 2 Karotten
- 30 g kalte Butter
- 150 ml Mineralwasser
- Abrieb von ½ Biozitrone
- Salz
- Zucker
- Cayennpfeffer

SCHMORZWIEBERL
- 2 kleine rote Zwiebeln
- 1 EL Sonnenblumenöl
- 30 g Butter
- Zucker
- Salz und frisch gemahlener schwarzer Pfeffer

FERTIGSTELLEN
- Speckchips
- Petersilienkresse
- Schafgarbe

GESCHMORTE RINDERSCHULTER

Das Röstgemüse schälen und fein hacken bzw. in kleine Würfel schneiden.
Die Rinderschulter mit Salz und Pfeffer würzen. Das Sonnenblumenöl in einem breiten Topf erhitzen und das Fleisch darin von allen Seiten scharf anbraten. Das Röstgemüse hinzufügen und mitbraten, mit Salz und Pfeffer würzen.
Die Butter dazugeben und aufschäumen lassen. Das Tomatenmark einrühren und mitrösten lassen. Mit Portwein und Rotwein abwechselnd immer wieder ablöschen und reduzieren. Die Rindssuppe angießen, die Preiselbeeren hinzufügen und zum Kochen bringen.
Den Lauch putzen, längs halbieren und waschen, anschließend in kleine Stücke schneiden. Die Knoblauchzehe schälen. Lauchstücke, Petersilienstängel, Lorbeerblätter, Wacholderbeeren, Knoblauchzehe und den Rosmarin zum Fleisch geben und das Ganze 2–3 Stunden bei niedriger Hitze weich schmoren.
Das Fleisch herausnehmen und warm stellen. Die Sauce mit der Mehlbutter binden. Kräftig durchkochen lassen und anschließend durch ein Haarsieb passieren. Zum Schluss die Sauce nochmals mit Salz, Pfeffer und Zucker abschmecken und mit etwas kalter Butter verfeinern.

ERDÄPFEL-ROSINEN-KÜCHERL

Die Kartoffeln vorzugsweise am Vortag weich kochen, pellen und abkühlen lassen. Die Schalottenwürfel blanchieren.
Die Kartoffeln durch die Kartoffelpresse drücken und mit Grieß, Mehl, Rosinen und Schalottenwürfeln einen festen Teig herstellen. Kräftig mit Salz, Pfeffer, Cayennepfeffer und ein wenig Zitronen- sowie Orangenabrieb würzen. Aus dem Teig kleine Kücherl formen und diese in Semmelbröseln wälzen.
Das Sonnenblumenöl in einer Pfanne erhitzen und die Butter darin aufschäumen lassen. Die Kücherl hineingeben und von beiden Seiten goldbraun ausbacken. Herausnehmen und auf Küchenpapier abtropfen lassen.

KAROTTENGEMÜSE

Die Karotten schälen und in Scheiben schneiden. Die Hälfte der Butter in einem Topf zerlassen und die Karotten anschwitzen. Mit Salz, Zucker, Cayennepfeffer und Zitronenabrieb würzen. Das Mineralwasser hinzufügen und die Karotten weich dünsten. Zum Schluss mit der restlichen kalten Butter binden und nochmals abschmecken.

SCHMORZWIEBERL

Den Backofen auf 150 °C vorheizen.
Die Zwiebeln schälen und halbieren. Das Sonnenblumenöl in einer ofenfesten Pfanne erhitzen und die Zwiebeln auf der Schnittseite scharf anbraten. Während des Bratens kräftig mit Salz, Zucker und Pfeffer würzen. Nach kurzer Zeit die Zwiebeln umdrehen und die Butter dazugeben. Die Pfanne in den heißen Ofen schieben und die Zwiebeln 25 Minuten garen. Heiß anrichten.

FERTIGSTELLEN

Das Fleisch in Scheiben schneiden und auf den vorgewärmten Teller legen. Die Sauce über das Fleisch löffeln. Erdäpfel-Rosinen-Kücherl, Karottengemüse und Schmorzwieberl auf dem Teller anrichten und mit Speckchips, Petersilienkresse und Schafgarbe dekorieren.

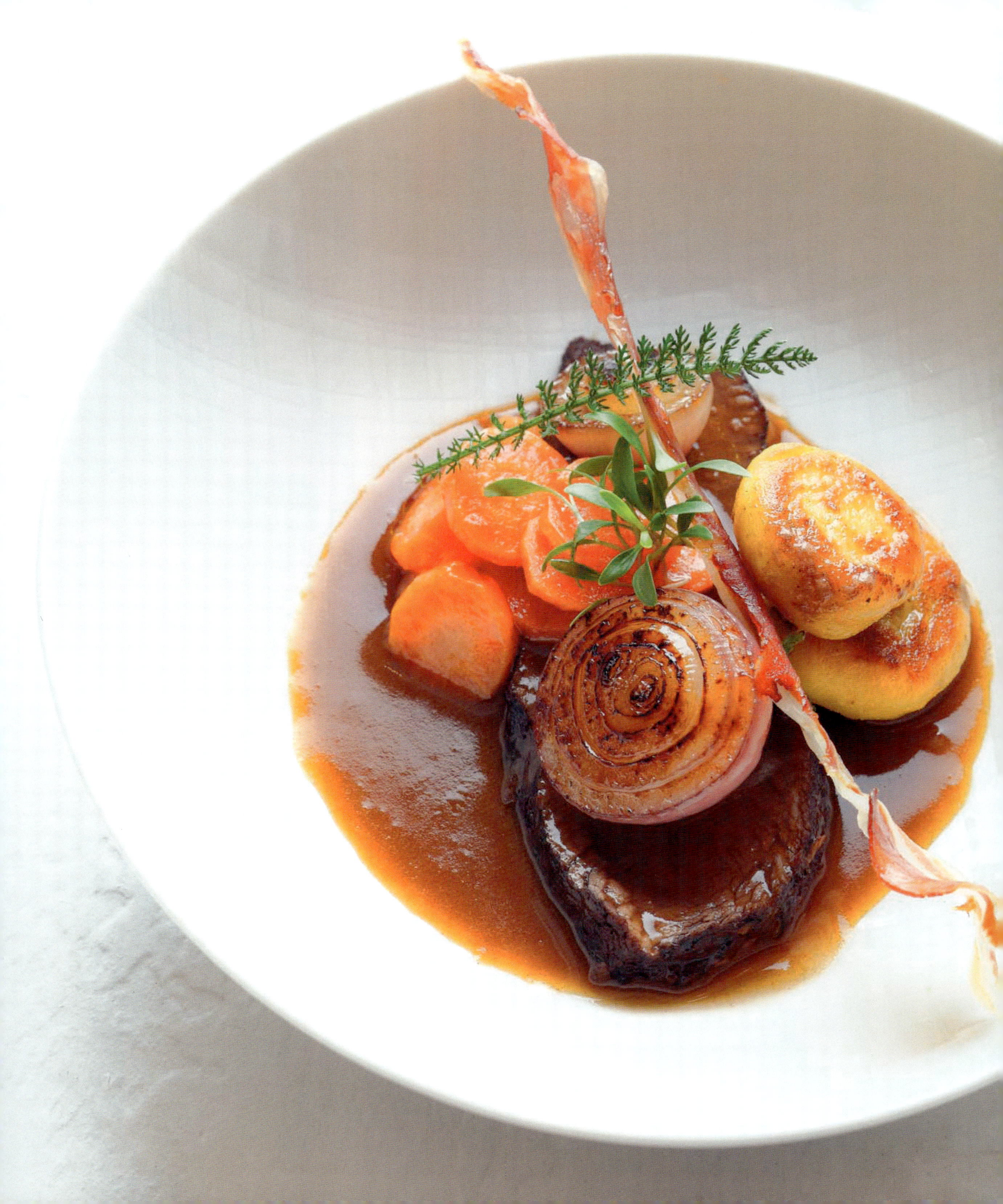

DER ZEHNTE HUBERWIRT,
METZGERMEISTER UND VATER:
JOSEF HUBER

DIE KINDHEIT UND JUGEND IN DER ELTERLICHEN METZGEREI
VERBRINGEN ZU DÜRFEN, IST EIN GLÜCKSFALL. ALL DIE HERRLICHEN
WURST- UND FLEISCHWAREN PRÄGTEN MICH SCHON FRÜH UND SIND
BIS HEUTE EINE WICHTIGE KOMPONENTE MEINES KÜCHENSTILS.

> Die Wurstküche ist das Reich meines Vaters. Aus ihr kommen die Hausspezialitäten und Grundprodukte für meine Küche.

Ich bin froh, dass mein Vater immer noch viele Spezialitäten in seiner Wurstküche selbst herstellt. Für mich und mein Küchenteam ist es daher immer noch etwas ganz Besonderes, wenn der Senior in der Wurstküche steht. Im Huberwirt gibt es neben den Klassikern wie Presssack, Leberkäs, Milzwurst, Weiß- und Wollwürsten auch Reh- und Lammbratwürstl sowie Chili-Käsekrainer, dazu viele Schinken- und Streichwurstsorten, Kochsalami, Zungenwurst und Tafelspitzsülzchen. Alles aus eigener Produktion.

Die hauseigene Metzgerei hat für mich viele Vorteile. Von dort bekomme ich jederzeit perfekt zugeschnittene, parierte Fleischteile und fertig vorbereitete Kleinigkeiten. Mein größter Dank gilt meinem Vater, der mir immer den Rücken gestärkt hat und mich bis heute in einzigartiger Weise unterstützt.

SCHAUMSUPPE VON ERDÄPFELN UND SELLERIE MIT ENTENPFLANZERLN UND ENGLISCH SELLERIE

FÜR 4 PERSONEN

SCHAUMSUPPE VON ERDÄPFELN UND SELLERIE
200 g festkochende Kartoffeln
100 g Knollensellerie
2 Zwiebeln
2 EL Sonnenblumenöl
50 g Butter
100 ml Weißwein
1,2 l Rindssuppe (Rezept Seite 192)
200 g Sahne
70 g Crème fraîche
Cayennepfeffer
Salz und frisch gemahlener schwarzer Pfeffer

ENTENPFLANZERL
1 Zwiebel
250 g Entenbrust ohne Fett und Haut
50 g Schweinebauch
1 Semmel, in Milch eingeweicht
1 Ei
1 TL Tomatenketchup
1 EL mittelscharfer Senf
1 EL Sonnenblumenöl
10 g Butter
Cayennepfeffer
Mole
fein gehackte Petersilie
Salz und frisch gemahlener schwarzer Pfeffer

ENGLISCH SELLERIE
2 dicke Staudenselleriestangen
20 Walnüsse, gehackt
3 EL Walnussöl
Zitronensaft
Salz und frisch gemahlener schwarzer Pfeffer

FERTIGSTELLEN
Amaranthkresse
Macadamianüsse, gestoßen

SCHAUMSUPPE VON ERDÄPFELN UND SELLERIE
Die Kartoffeln schälen und in Scheiben schneiden. Den Sellerie schälen und in Stücke schneiden. Die Zwiebeln schälen, halbieren und in Streifen schneiden. Das Sonnenblumenöl in einem Topf erhitzen und die Zwiebelstreifen glasig anschwitzen. Die Kartoffeln, Butter und Sellerie hinzufügen und ca. 8 Minuten anschwitzen. Mit Salz und Pfeffer würzen. Mit dem Weißwein ablöschen und mit der Rindssuppe auffüllen.
Die Suppe leicht köcheln lassen, bis das Gemüse weich ist, und nochmals abschmecken. Kurz vor dem Mixen Sahne und Crème fraîche hinzufügen.
Die Suppe mit dem Stabmixer pürieren und ein letztes Mal mit Salz, Pfeffer und Cayennepfeffer abschmecken.

ENTENPFLANZERL
Die Zwiebel schälen und fein hacken. Die Entenbrust und den Schweinebauch nacheinander durch den Fleischwolf drehen. Aus Entenbrust und Schweinebauch sowie der ausgedrückten Semmel, dem Ei, den Zwiebeln sowie Ketchup, Senf und Petersilie einen Teig herstellen und mit Salz, Pfeffer, Cayennepfeffer und Mole würzen.
Das Sonnenblumenöl erhitzen und die Butter aufschäumen lassen. Aus dem Fleischteig kleine Pflanzerl formen und diese im heißen Fett ausbraten.

ENGLISCH SELLERIE
Den Staudensellerie waschen und fein hobeln. Mit den Walnüssen und dem Walnussöl vermengen und mit Salz, Pfeffer und Zitronensaft würzen.

FERTIGSTELLEN
Die Suppe mit dem Stabmixer aufschäumen und in einen tiefen Teller füllen. Den Staudensellerie und die Entenpflanzerl an einer Seite platzieren. Mit Amaranthkresse und gestoßenen Macadamianüssen dekorieren.

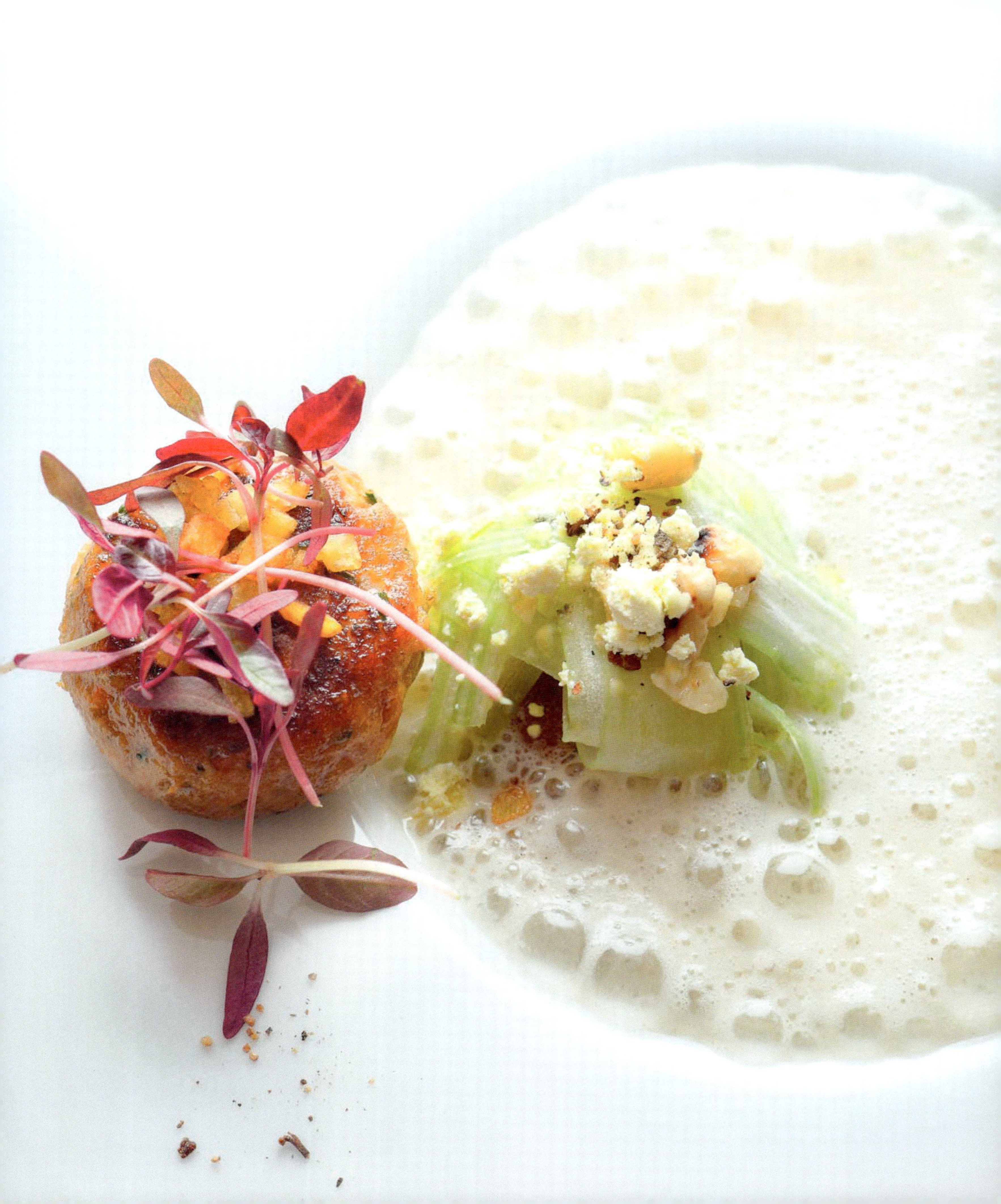

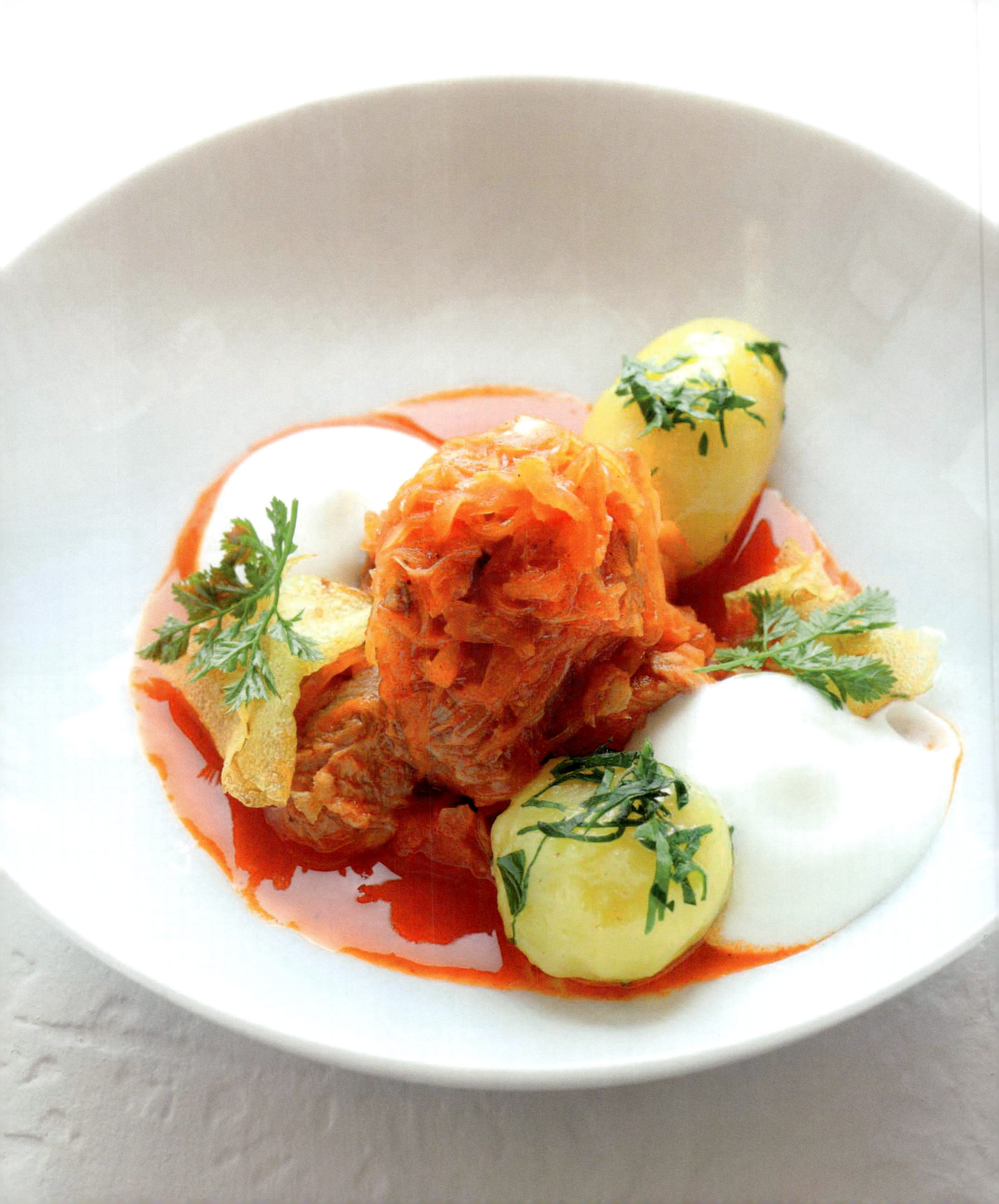

SZEGEDINER GULASCH VOM SCHWEINESCHOPF MIT PETERSILIENKARTOFFELN UND SAUERRAHMSCHAUM

FÜR 4 PERSONEN

SZEGEDINER GULASCH
750 g Schweinehals
4 Zwiebeln
2 Knoblauchzehen
2 EL Sonnenblumenöl
50 g Tomatenmark
20 g Gulaschgewürz (Rezept Seite 188)
1 Lorbeerblatt
20 g edelsüßes Paprikapulver
50 ml Rotwein
1 l Rindssuppe (Rezept Seite 192)
50 g Schwarzbrot ohne Rinde, klein gewürfelt
400 g Sauerkraut
50 g Butter
1 EL Rotweinessig
Zucker
Salz und frisch gemahlener schwarzer Pfeffer

PETERSILIENKARTOFFELN
12–16 kleine festkochende Kartoffeln
30 g Butter
natives Olivenöl
fein gehackte Petersilie
Salz

SAUERRAHMSCHAUM
200 g Sauerrahm
50 g Sahne
3 g Xanthan
Zitronensaft
Salz
Cayennepfeffer

FERTIGSTELLEN
Kerbelblättchen
Erdäpfelchips

SZEGEDINER GULASCH
Das Fleisch in Würfel schneiden und mit Salz und Pfeffer würzen. Die Zwiebeln und die Knoblauchzehen schälen und fein hacken.
Das Sonnenblumenöl in einem flachen Topf erhitzen und die Zwiebeln sowie den Knoblauch darin glasig anschwitzen. Nach kurzer Zeit die Fleischwürfel dazugeben und langsam mitbraten lassen. Unter ständigem Rühren Tomatenmark, Gulaschgewürz, Lorbeerblatt und Paprikapulver hinzufügen und rösten. Anschließend mit Rotwein und Rindssuppe auffüllen und die Brotwürfel einrühren.
Das Gulasch zum Köcheln bringen und ca. 1 Stunde schmoren. Nun das Sauerkraut mit der Butter sowie Zucker und Salz dazugeben. Das Gulasch weitere 30 Minuten garen. Wenn das Fleisch weich ist, mit Rotweinessig, Zucker und eventuell Salz nochmals abschmecken.

PETERSILIENKARTOFFELN
Die Kartoffeln in kräftig gesalzenem Wasser weich kochen, abgießen und pellen. Die Butter in einer kleinen Stielpfanne aufschäumen lassen und die Kartoffeln durchschwenken. Petersilie darüberstreuen, ein klein wenig salzen und mit ein wenig Olivenöl beträufeln.

SAUERRAHMSCHAUM
Sauerrahm und Sahne mit dem Pürierstab mixen und mit Salz, Cayennepfeffer und Zitronensaft würzen. Xanthan hinzufügen.
Die Sauerrahmmasse in einen Siphon füllen. Den Siphon fest verschließen und zwei Kapseln aufschrauben. Vor dem Servieren 30 Minuten im Kühlschrank ruhen lassen.

FERTIGSTELLEN
Das Gulasch etwas getürmt, dabei aber mit ein wenig Sauce auf einem tiefen Teller drapieren. Petersilienkartoffeln und Sauerrahmschaum daneben anrichten. Mit Kerbel und Erdäpfelchips dekorieren.

FRISCH GEPFLÜCKTER BÄRLAUCH
AUS DEM PLEISKIRCHNER WALD

BÄRLAUCHPESTO

WELSFILET ESTERHAZY MIT RÖSTERDÄPFELN, KRENSAUCE UND FEINEM GEMÜSE

FÜR 4 PERSONEN

WELSFILET
4 Welsfilets à 150 g, küchenfertig, ohne Haut
1 EL Rapsöl
40 g Butter
Salz und frisch gemahlener schwarzer Pfeffer

KRENSAUCE
200 ml Rindssuppe (Rezept Seite 192)
100 g Sahne
30 g Crème fraîche
50 g Meerrettich (Glas)
20 g Meerrettich, frisch gerieben
10 g Butter
Cayennepfeffer
Zitronensaft
Salz und frisch gemahlener schwarzer Pfeffer

RÖSTERDÄPFEL
400 g festkochende Kartoffeln
1 Zwiebel
2 EL Rapsöl
20 g Butter
Muskatnuss, frisch gerieben
fein gehackte Petersilie
Salz und frisch gemahlener schwarzer Pfeffer

FEINES GEMÜSE
200 g Gemüse (Karotten, Knollensellerie und gelbe Rüben)
30 g Butter
1 EL natives Rapsöl
Zitronensaft
Salz und frisch gemahlener schwarzer Pfeffer

FERTIGSTELLEN
Erdäpfelchips
Schnittlauchröllchen
gehobelter frischer Meerrettich
Rapsöl

WELSFILET
Die Fischfilets mit Salz und Pfeffer würzen. Das Öl erhitzen, die Butter hinzufügen und aufschäumen lassen. Den Fisch einlegen und von jeder Seite 2–3 Minuten braten.

KRENSAUCE
Die genannten Zutaten in einem Topf zum Kochen bringen. Anschließend mit dem Stabmixer fein pürieren und würzig-scharf, jedoch nicht zu sauer, abschmecken.

RÖSTERDÄPFEL
Die Kartoffeln weich kochen, abgießen und ausdampfen lassen, anschließend pellen und in Scheiben schneiden. Die Zwiebel schälen und fein hacken.
Das Öl in einer Pfanne erhitzen und die Kartoffeln knusprig braun braten. Die Butter und die Zwiebeln hinzufügen und mitbraten. Kurz vor dem Anrichten die Kartoffeln mit Salz, Pfeffer und Muskat würzen und mit Petersilie bestreuen.

FEINES GEMÜSE
Das Gemüse schälen und in schmale Stifte schneiden. Salzwasser in einem Topf zum Kochen bringen und das Gemüse blanchieren. Anschließend mit einem Schaumlöffel herausnehmen und in der zerlassenen Butter schwenken. Mit Pfeffer und einem Spritzer Zitronensaft würzen und mit dem Rapsöl beträufeln.

FERTIGSTELLEN
Das Gericht mit Welsfilet, Rösterdäpfeln und dem feinen Gemüse auf dem Teller anrichten. Mit der Krensauce löffelweise umlegen und mit Erdäpfelchips, Schnittlauchröllchen und Meerrettich dekorieren. Mit Rapsöl beträufeln.

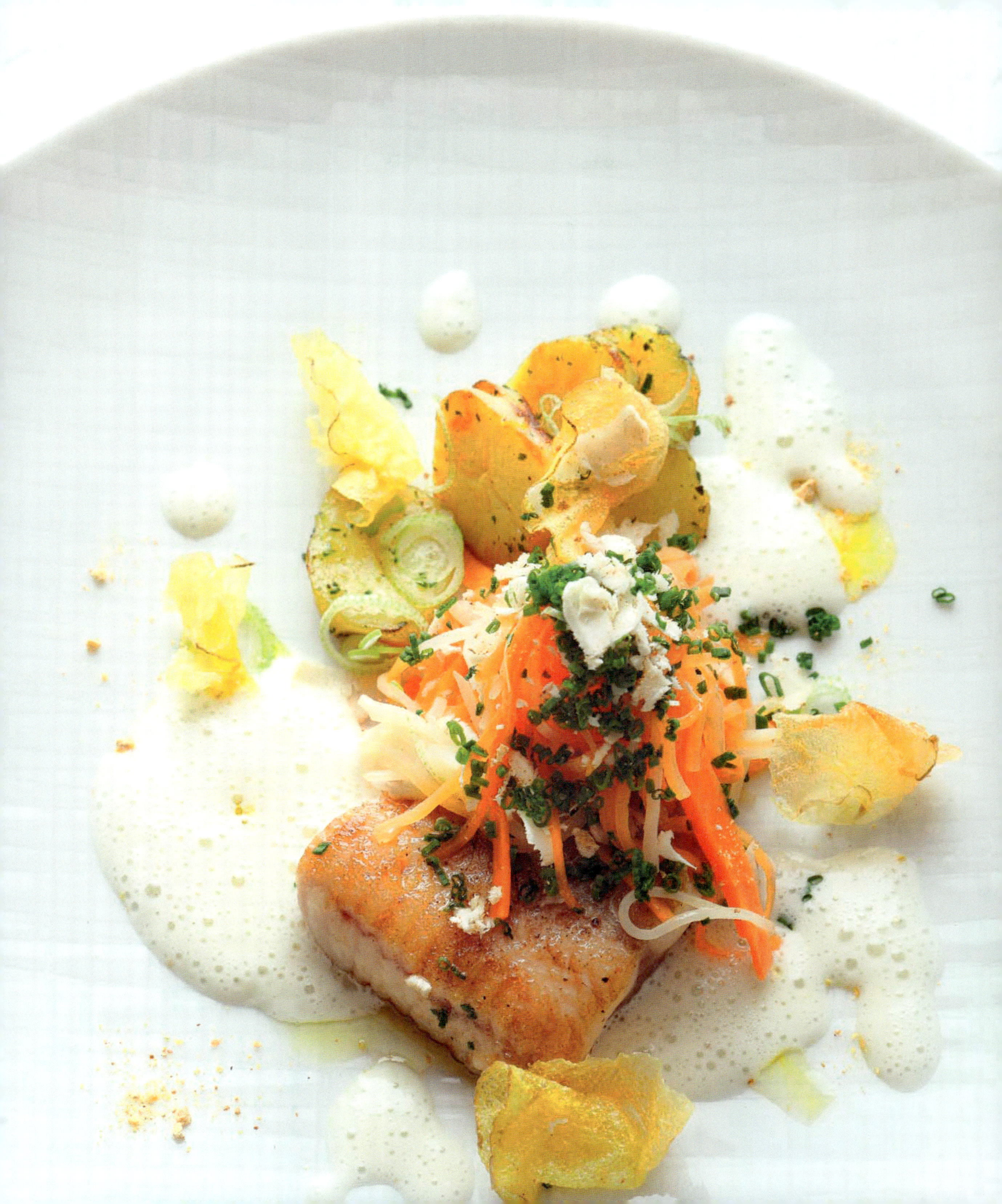

xxxxxxxxxxx
Zanderfilet
xxxxxxxxxxxxxxx
Rib Eye
xxxxxxxxxxxxx
Maibowle
xxxxxxxxxxxxxx

TANZ IN DEN MAI
Köstlichkeiten für Genießer

PASTA MIT WEISSEM SPARGEL, GAMBAS UND BRIES

LAUWARME SEEFORELLE IM KRÄUTERFOND MIT REHERLN
UND GRÜNEM SPARGEL

KNUSPERSPARGEL MIT MORCHELN, GRÜNER SAUCE UND KRÄUTERSALAT

MAISHENDERLBRUST MIT SCHWARZEM KNOBLAUCH,
CHINAKOHL UND NUSSBUTTERSCHAUM

LAMMSCHULTER MIT
BÄRLAUCHGRAUPEN, SCHMORTOMATEN UND MOZZARELLA

PASTA MIT WEISSEM SPARGEL, GAMBAS UND BRIES

FÜR 4 PERSONEN

PASTA
TEIG
250 g Hartweizenmehl
(farina tipo 00)
6 Eigelb
1 EL natives Olivenöl
Salz
(ersatzweise Hartweizenpasta
bester Qualität aus Gragnano)

SUGO
8 mittelgroße Garnelen bester Qualität
120 g Herzbries, küchenfertig
(beim Metzger vorbestellen)
1 Schalotte
8 Stangen weißer Spargel
½ Lauchzwiebel
2 EL Sonnenblumenöl
Saft von ½ Zitrone
1 TL fein gehackte Petersilie
100 ml Gemüsefond (Rezept Seite 192)
20 g Butter
30 g Parmesan, frisch gerieben
2 Eigelb
2 EL natives Olivenöl extra
Cayennepfeffer
Salz und frisch gemahlener
schwarzer Pfeffer

FERTIGSTELLEN
rohes Wachteleigelb in der Schale
Blutampfer
Kerbelblättchen

PASTA
Für den Teig das Mehl auf eine Arbeitsfläche häufen und in der Mitte eine Mulde formen. Eigelbe, Olivenöl, 50 ml lauwarmes Wasser und eine Prise Salz in die Vertiefung geben. Mit einer Gabel von innen nach außen rühren und die Zutaten miteinander vermengen. Anschließend mit beiden Händen kräftig mindestens 10 Minuten zu einem glatten, elastischen und homogenen Teig kneten. Den Teig mindestens 30 Minuten ruhen lassen.
Anschließend den Teig in drei Teile schneiden und mit dem Nudelholz ausrollen. Mit einer Nudelmaschine aus dem Teig feine Nudeln herstellen.

SUGO
Die Garnelen schälen und den am Rücken entlanglaufenden schwarzen Darm entfernen.
Das Bries in langsam fließendem kaltem Wasser etwa 30 Minuten wässern. Danach in 16 gleich große Stücke zerteilen.
Die Schalotte schälen und fein hacken, anschließend kurz blanchieren. Den Spargel schälen, in Salzwasser weich kochen und in Stücke schneiden. Die Lauchzwiebel waschen und fein schneiden.
Das Sonnenblumenöl in einer Pfanne erhitzen und die Schalotten glasig anschwitzen. Das Bries und die Garnelen hinzufügen. Die Pfanne kräftig schwenken. Anschließend den Pfanneninhalt mit Salz, Pfeffer, Cayennepfeffer und Zitronensaft würzen.

FERTIGSTELLEN
In der Zwischenzeit reichlich Salzwasser zum Kochen bringen und die Pasta bissfest garen. Spargelstücke, Lauchzwiebeln und Petersilie in die Pfanne mit den Garnelen und dem Bries geben und mit dem Gemüsefond ablöschen. Mit Butter, Parmesan, den Eigelben und Olivenöl binden und nochmals kräftig abschmecken. Die Pasta durch ein Sieb abgießen, abtropfen lassen und mit den Zutaten in der Pfanne sorgfältig verrühren.
Die Pasta mit einer Gabel zu kleinen Körbchen aufwickeln und auf dem Teller anrichten. Gambas, Bries und Gemüse sowie etwas Sauce darüberlöffeln und mit dem Wachtelei, Blutampfer und Kerbel dekorieren.

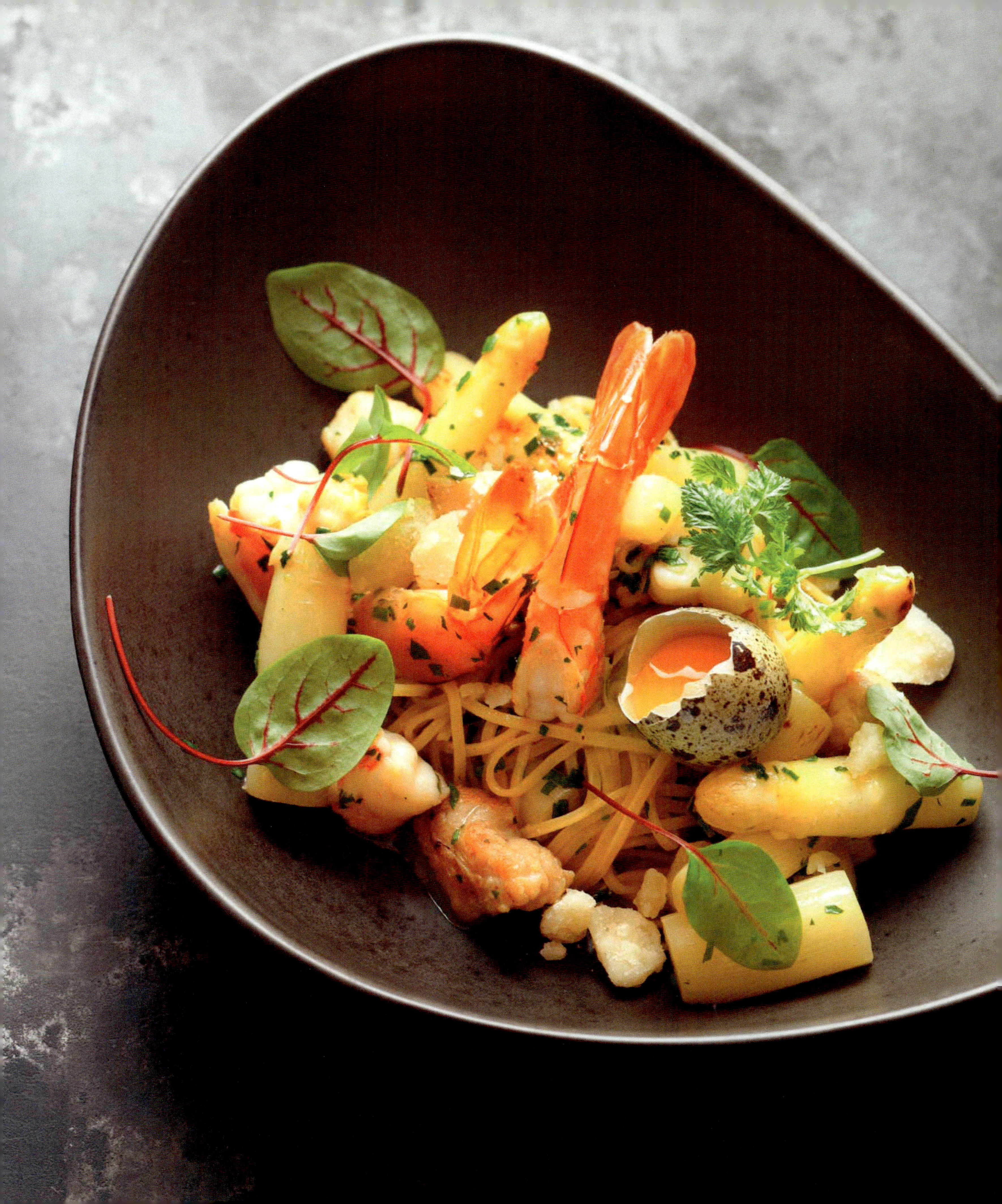

LAUWARME SEEFORELLE IM KRÄUTERFOND MIT REHERLN UND GRÜNEM SPARGEL

FÜR 4 PERSONEN

SEEFORELLE
4 Forellenfilets à 60–70 g, ohne Haut und Gräten
2 EL natives Olivenöl
Kubebenpfefferkörner, gestoßen
Abrieb von ¼ Bioorange
grobes Meersalz und frisch gemahlener schwarzer Pfeffer

REHERL UND GRÜNER SPARGEL
1 Schalotte
120 g Pfifferlinge
12 frische Morcheln (alternativ TK)
8 Stangen grüner Spargel
20 g Butter
Saft von 1 Zitrone
1 EL Hanföl
1 EL natives Olivenöl extra
2 EL fein gehackte Petersilie
Meersalz und frisch gemahlener schwarzer Pfeffer

KRÄUTERFOND
1 Schalotte
50 g Petersilienblätter
50 g Spinatblätter
10 g Estragonblätter
10 g Kerbelblätter
5 g Thymian
10 g Vogelmiere
5 g Sauerklee
1 EL Maiskeimöl
10 g helle Misopaste
100 ml Weißwein
250 ml Gemüsefond (Rezept Seite 192)
100 g Butter
Saft von ½ Limette
Piment d´Espelette
Salz und frisch gemahlener schwarzer Pfeffer

ERDÄPFELESPUMA
180 g mehligkochende Kartoffeln
30 g zerlassene Butter
100 ml lauwarme Milch
60 ml heißer Geflügelfond (Rezept Seite 192)
1 EL natives Olivenöl
1 EL Sahne
Salz
Muskatnuss, frisch gerieben
Cayennepfeffer

FERTIGSTELLEN
Erbsenkresse
Minze
Mandelöl

SEEFORELLE
Den Backofen auf 60 °C vorheizen.
Die Fischfilets auf eventuell noch vorhandene Gräten untersuchen und diese mit einer Pinzette entfernen. Anschließend mit den restlichen genannten Zutaten einreiben und auf einen vorgewärmten großen Teller legen. Die Fischfilets mit Klarsichtfolie überziehen und im warmen Ofen etwa 20 Minuten glasig ziehen lassen. Nach Belieben zum Schluss die Filets nochmals mit Meersalz würzen.

REHERL UND GRÜNER SPARGEL
Die Schalotte schälen, fein hacken und blanchieren. Die Pfifferlinge sorgfältig putzen und gegebenenfalls feucht säubern. Die Morcheln von den erdigen Stielen befreien und in reichlich kaltes Wasser geben. Jede einzelne Morchel zusätzlich unter fließendem kaltem Wasser ausspülen. Große Morcheln in Stücke schneiden, kleine ganz lassen. Danach das untere Ende vom grünen Spargel entfernen und die Stangen im unteren Drittel schälen. In Salzwasser blanchieren und anschließend in Eiswasser abschrecken. Den Spargel in 2–3 cm große Stücke schneiden.
Die Butter in einer Pfanne zerlassen und die Schalotten zusammen mit den Pfifferlingen und Morcheln anbraten, leicht mit Meersalz und Pfeffer würzen und die Spargelstücke hinzufügen. Die Pfanne schwenken und den Inhalt mit ein wenig Zitronensaft sowie den beiden Ölsorten marinieren und durchziehen lassen.
Kurz vor dem Anrichten die Petersilie unterheben und eventuell nochmals mit etwas Meersalz abschmecken.

KRÄUTERFOND
Die Schalotte schälen und fein hacken. Reichlich Salzwasser in einem großen Topf zum Kochen bringen und die Kräuter blanchieren. Mit einem Schaumlöffel herausnehmen, in Eiswasser abschrecken und danach zum Abtropfen auf ein Sieb geben.
Das Öl in einer hohen Pfanne erhitzen und die Schalotten glasig anschwitzen. Die Misopaste und den Weißwein hinzufügen und den Gemüsefond angießen. Die Butter dazugeben und mit Limettensaft, Piment d'Espelette sowie Salz und Pfeffer würzen. Den Topf vom Herd nehmen und den Fond einige Minuten ziehen lassen. Danach den Fond in einen Standmixer geben und 6–8 Minuten mixen. Zum Schluss nochmals abschmecken.

ERDÄPFELESPUMA
Die Kartoffeln schälen und in Salzwasser weich kochen. Anschließend abgießen, ausdampfen lassen und durch die Kartoffelpresse drücken. Mit den restlichen genannten Zutaten verrühren und mit den Gewürzen abschmecken.
Die Kartoffelmasse in einen Siphon füllen. Den Siphon fest verschließen und zwei Kapseln aufschrauben.

FERTIGSTELLEN
Den Kräuterfond als Spiegel auf den Teller geben und Forelle, Reherl und grünen Spargel darauf anrichten. Einen Klecks Erdäpfelspuma danebenspritzen und mit Erbsenkresse und Minze dekorieren. Mit Mandelöl beträufeln.

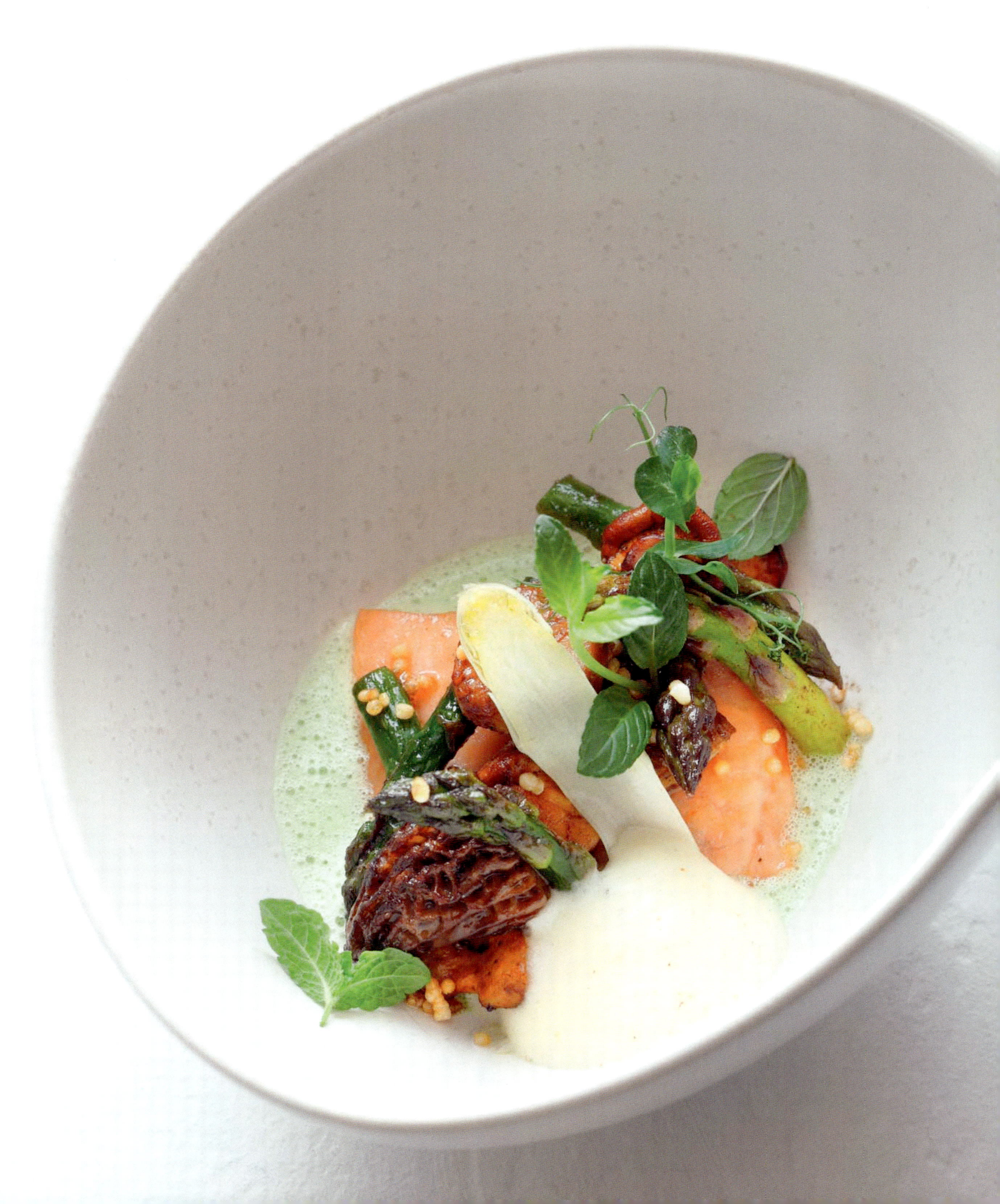

KNUSPERSPARGEL MIT MORCHELN, GRÜNER SAUCE UND KRÄUTERSALAT

FÜR 4 PERSONEN

KNUSPERSPARGEL
6 Stangen weißer Spargel
1 EL grobes Meersalz
2 EL Zucker
Saft von 1 Zitrone
30 g Butter
1 Ei
300 ml Sonnenblumenöl
Weizenmehl Type 405
Pankomehl
gehobelte Mandeln

MORCHELN
16–20 Morcheln
20 g Butter
1 Prise Zucker
1 EL Zweigeltessig
1 EL natives Sonnenblumenöl
1 EL natives Rapsöl
Salz und frisch gemahlener schwarzer Pfeffer

GRÜNE SAUCE
20 g Petersilienblätter
20 g Babyspinatblätter
10 g Korianderblätter
10 g Kerbelblätter
10 g Estragon
5 g Minze
10 g Schnittlauchröllchen
80 ml heißer Geflügelfond (Rezept Seite 192)
1 Eigelb
20 g mittelscharfer Senf
3 g Xanthan
3 EL natives Rapsöl
3 EL Sonnenblumenöl
1 EL natives Olivenöl
1 EL Zitronensaft
10 g helle Misopaste
Cayennepfeffer
Salz und frisch gemahlener schwarzer Pfeffer

KRÄUTERSALAT
80 g Wildkräutersalat
(z. B. Schafgarbe, Senfkohl, Blutampfer, Vogelmiere, wilde Rauke und Pimpernelle gemischt)
2 EL Honigvinaigrette (Rezept Seite 195)
1 EL natives Olivenöl
grobes Meersalz

FERTIGSTELLEN
Veilchenblüten
getrocknetes Erbsenpulver

KNUSPERSPARGEL
Vom Spargel die holzigen Enden entfernen und die Stangen schälen. Die Schalen beiseitestellen.
750 ml Wasser zum Kochen bringen. Salz, Zucker und Zitronensaft dazugeben und die Spargelschalen etwa 20 Minuten kochen. Anschließend die Schalen aus dem Fond nehmen. Den Spargel einlegen, die Butter hinzufügen und 6–7 Minuten garen.
Die Spargelstangen aus dem Fond nehmen und auf Küchenpapier abtropfen lassen. Die Stangen nacheinander in Mehl, verquirltem Ei, Pankomehl und gehobelten Mandeln panieren. Das Sonnenblumenöl in einer hohen Pfanne erhitzen und die Spargelstangen knusprig goldbraun ausbacken. Die Stangen herausnehmen und auf Küchenpapier abtropfen lassen.

MORCHELN
Die Morcheln von den erdigen Stielen befreien und in reichlich kaltes Wasser geben. Jede einzelne Morchel zusätzlich unter fließendem kaltem Wasser ausspülen. Das ist zwar eine langwierige Arbeit, aber die einzige Garantie, den Sand zu entfernen. Große Morcheln in Stücke schneiden, kleine ganz lassen. Die Morcheln trocken tupfen.
Die Butter in einer Pfanne zerlassen und die Morcheln sautieren. Anschließend kräftig mit Salz, Pfeffer und Zucker würzen und in Essig und den beiden Ölsorten marinieren.

GRÜNE SAUCE
Sämtliche Kräuter in einen Mixbehälter geben und mit dem heißen Geflügelfond übergießen. Anschließend die restlichen Zutaten dazugeben und alles zu einer homogenen grünen Sauce mixen. Kräftig mit Salz, Pfeffer und Cayennepfeffer abschmecken.

KRÄUTERSALAT
Die Wildkräuter mit Salz, Honigvinaigrette und Olivenöl marinieren.

FERTIGSTELLEN
Die grüne Sauce auf den Teller geben und Spargel, Morcheln und den Kräutersalat darauf anrichten. Mit Veilchenblüten dekorieren. Den Rand des Tellers mit getrocknetem Erbsenpulver bestreuen.

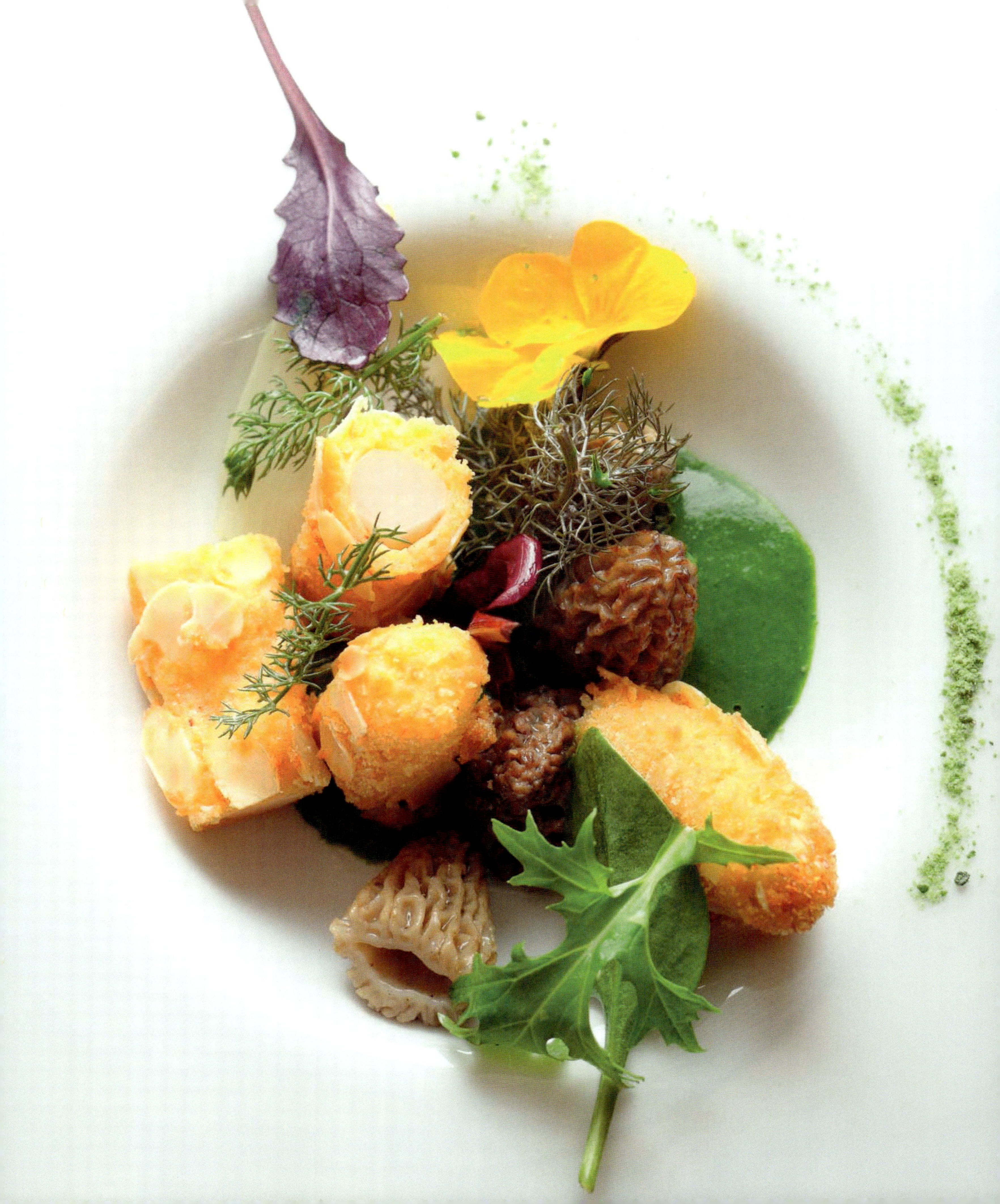

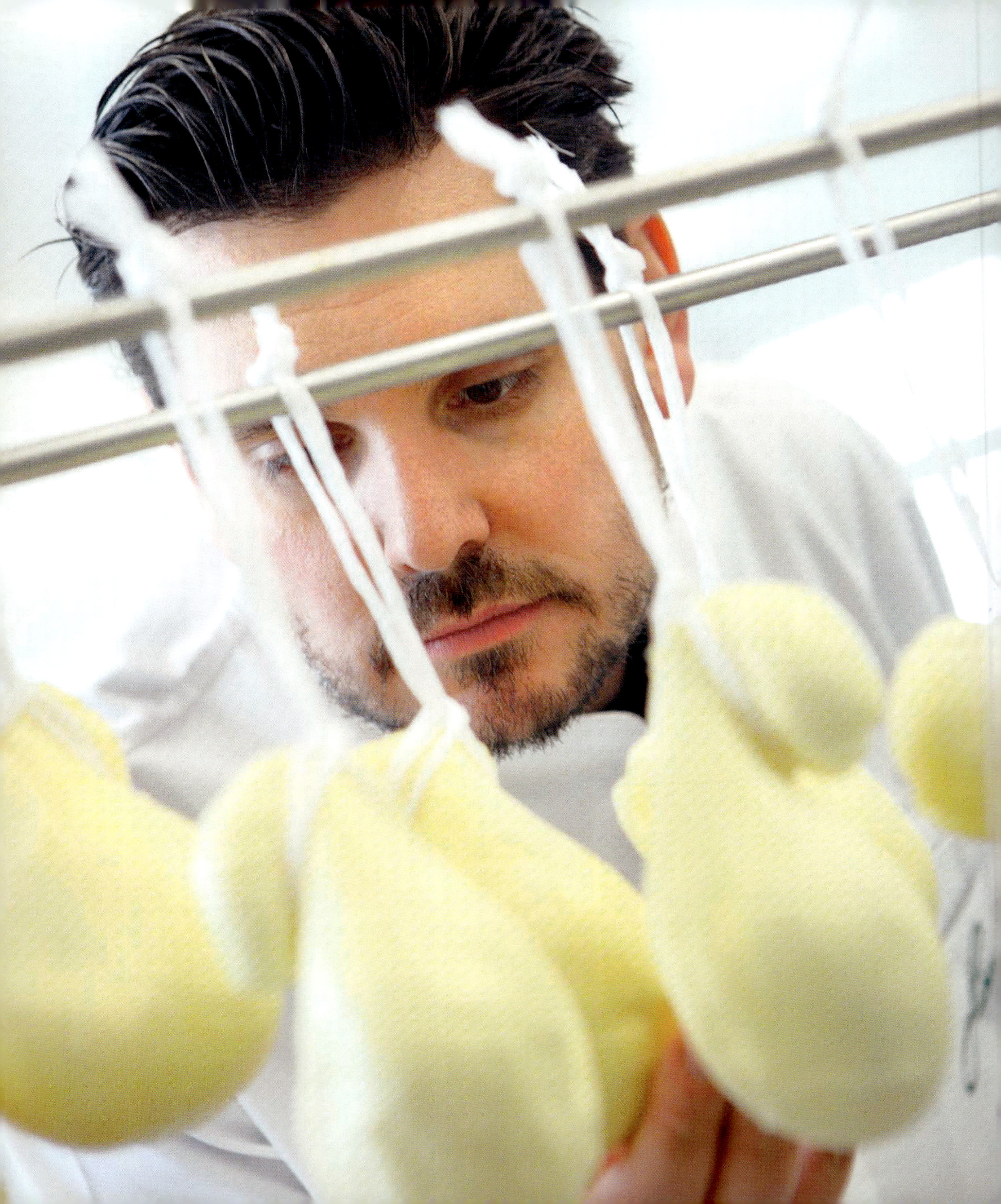

FRANZ OBEREISENBUCHNER FÜHRT IM ALZTAL, LANDKREIS ALTÖTTING, EINEN VORZEIGEBETRIEB MIT SENSATIONELLER PRODUKTQUALITÄT. SEINE BIOMOLKEREIPRODUKTE SIND EIN WICHTIGER BESTANDTEIL MEINER KÜCHE GEWORDEN. WENN MAN DEN HOF UND DIE MOLKEREI BESUCHT, MÖCHTE MAN AM LIEBSTEN SOFORT ALLE PRODUKTE VERKOSTEN.

Das verbindet den Franz und mich: das Bewusstsein für die Tradition und das Streben nach Qualität.

Der Franz ist nicht nur eine Seele von Mensch, er ist auch ein Produktfanatiker, der Kreativität mit Professionalität verbindet. Mir macht es immer wieder Spaß, mit ihm über seine Molkereiprodukte zu philosophieren. Für ihn ist bio kein leeres Werbeversprechen, sondern eine Lebenseinstellung. Die Hofmolkerei ist Verbandsmitglied beim Biokreis, dessen Ziel die Förderung der organisch-biologischen Landwirtschaft und die regionale Zusammenarbeit ist. Handwerkliche, CO_2-neutrale Produktion ist ebenso selbstverständlich wie ausgedehnte Weideflächen für die Tiere und der Verzicht auf Gentechnik.

Im Huberwirt verwenden wir Milch, Sauerrahm, Sahne, Crème fraîche, Joghurt, Topfen, Ricotta, Butter, Käse, Scamorza, Mozzarella und weitere Käsespezialitäten von der Alztaler Hofmolkerei. Sie begeistern mich täglich aufs Neue.

MAISHENDERLBRUST MIT SCHWARZEM KNOBLAUCH, CHINAKOHL UND NUSSBUTTERSCHAUM

FÜR 4 PERSONEN

MAISHENDERLBRUST
4 Maishähnchenbrüste à 150 g, mit Knochen und Haut
2 EL Kräuter-Knoblauch-Öl (Rezept Seite 189)
250 ml Kalbsjus (Rezept Seite 194)
20 g kalte Butter
1 EL Sonnenblumenöl
Vanillesalz
Salz und frisch gemahlener schwarzer Pfeffer

PASTE AUS SCHWARZEM KNOBLAUCH
60 g mehligkochende Kartoffeln
6–8 schwarze Knoblauchzehen, geschält
1 EL natives Olivenöl
1 Eigelb
Salz
Cayennepfeffer

CHINAKOHLRÖLLCHEN
100 g Zucker
3 EL natives Rapsöl
50 ml weißer Balsamessig
10 Kubebenpfefferkörner
1 Lorbeerblatt
1 TL Senfsaat
1 kleiner Chinakohl
1 Schalotte
20 g Butter
2 EL weißer Balsamessig
1 EL Weißwein
10 g gehackte Mandeln
1 EL natives Olivenöl extra
1 Eigelb
30 g Semmelbrösel
30 g Kalbfleischbrät (beim Metzger vorbestellen)
grobes Meersalz
2 EL Sonnenblumenöl
Zucker
Salz und frisch gemahlener schwarzer Pfeffer

NUSSBUTTERSCHAUM
60 g Butter
150 g mehligkochende Kartoffeln
80 ml lauwarme Milch
2 EL lauwarme Sahne
Salz
Cayennepfeffer

FERTIGSTELLEN
Wildkräuter

MAISHENDERLBRUST
Flügelknochen und Haut* der Hähnchenbrüste entfernen. Die Brüste mit dem Kräuter-Knoblauch-Öl einreiben und mit Salz, Pfeffer und Vanillesalz würzen. Anschließend zuerst in Klarsichtfolie und danach in Alufolie einpacken. Das Fleisch ca. 25 Minuten im 60 °C heißen Wasserbad garen.

Für die Glace 80 ml Kalbsjus in einem Stieltopf reduzieren und mit der kalten Butter montieren. Die fertigen Hähnchenbrüste aus der Folie nehmen und durch die Glace ziehen. Die restliche Kalbsjus zum Servieren beiseitestellen.

*Während die Hähnchenbrüste garen, die Hautstücke in vier Teile zerschneiden. Das Sonnenblumenöl in einer Pfanne erhitzen. Die Hautstücke auf dem Boden eines Stieltopfes auslegen und den Topf in die heiße Pfanne drücken. Die Hautstücke langsam knusprig braten. Danach aus dem Topf nehmen, auf Küchenpapier abtropfen lassen und mit ein wenig Vanillesalz würzen.

PASTE AUS SCHWARZEM KNOBLAUCH
Die Kartoffeln schälen, weich kochen und anschließend pellen. Die Kartoffeln sowie die restlichen genannten Zutaten in einem Mixer zu einer schwarzen Creme mixen. Mit den Gewürzen nochmals abschmecken, in eine Plastik-Spritzflasche füllen und warm stellen.

CHINAKOHLRÖLLCHEN
Für die saure Marinade 250 ml Wasser und den Zucker zum Kochen bringen und Rapsöl, weißen Balsamessig, Kubenpfefferkörner, Lorbeerblatt, Senfsaat, 1 gestr. Esslöffel Salz und Pfeffer hinzufügen. Die Marinade 30 Minuten ziehen lassen.

Den Chinakohl putzen, dabei die äußeren, unschönen Außenblätter entfernen. Den Rest in einzelne Blätter zerteilen und waschen. Von jedem Blatt den Strunk etwa 4 cm lang in Dreieckform ausschneiden. Diese Dreiecke beiseitestellen. Sechs große Blätter ebenfalls beiseitestellen. Den restlichen Chinakohl in feine Streifen schneiden. Nun die saure Marinade auf 90 °C erhitzen und über die Strunkdreiecke geben. 10 Stunden ziehen lassen.

Die Schalotte schälen, fein hacken und blanchieren. Die Butter in einer Pfanne zerlassen und die Schalotten sowie die Kohlstreifen kurz sautieren. Mit Essig und Weißwein ablöschen und etwas einkochen lassen. Das Chinakohlgemüse in eine Schüssel geben. Mandeln, Olivenöl, Eigelb, Semmelbrösel und Kalbsbrät dazugeben und unterheben. Die Füllung mit Meersalz, Pfeffer und Zucker würzen.

Die großen Blätter in einem Stieltopf kurz blanchieren und mit kaltem Wasser abspülen. Auf Küchenpapier trocken tupfen und auf einen Bogen Klarsichtfolie legen. Die Blätter nebeneinander überlappend auslegen und die Füllung vorsichtig daraufgeben. Mithilfe der Folie zu einer Rolle formen und mit Küchengarn verschnüren. Die Rolle 20 Minuten im 60 °C heißen Wasserbad garen. Anschließend aus der Folie nehmen und in 3 cm lange Stücke schneiden. Das Sonnenblumenöl in einer Pfanne erhitzen und die Gemüsestücke vorsichtig rundum anbraten. Nach Belieben mit grobem Meersalz bestreuen.

NUSSBUTTERSCHAUM
Die Butter in einer Stielpfanne vorsichtig zu Nussbutter kochen. Die Kartoffeln schälen und weich kochen. Anschließend abgießen, ausdampfen lassen und noch heiß durch die Kartoffelpresse drücken. Milch und Sahne sowie die Nussbutter einrühren und ein flüssiges Püree herstellen. Kräftig mit Salz und Cayennepfeffer würzen. Das Püree durch ein Haarsieb streichen und in einen Siphon füllen. Den Siphon fest verschließen und zwei Kapseln aufschrauben. Bis zur Verwendung warm stellen.

FERTIGSTELLEN
Zuerst etwas Knoblauchpaste mit einer Palette auf dem Teller aufstreichen. Hähnchenbrust, Chinakohlröllchen und die marinierten Strunkdreiecke darauf anrichten. Den Nussbutterschaum und die Knoblauchpaste in Klecksen daneben spritzen und mit Hautchips und Wildkräutern dekorieren. Zum Schluss noch etwas Kalbsglace anlöffeln.

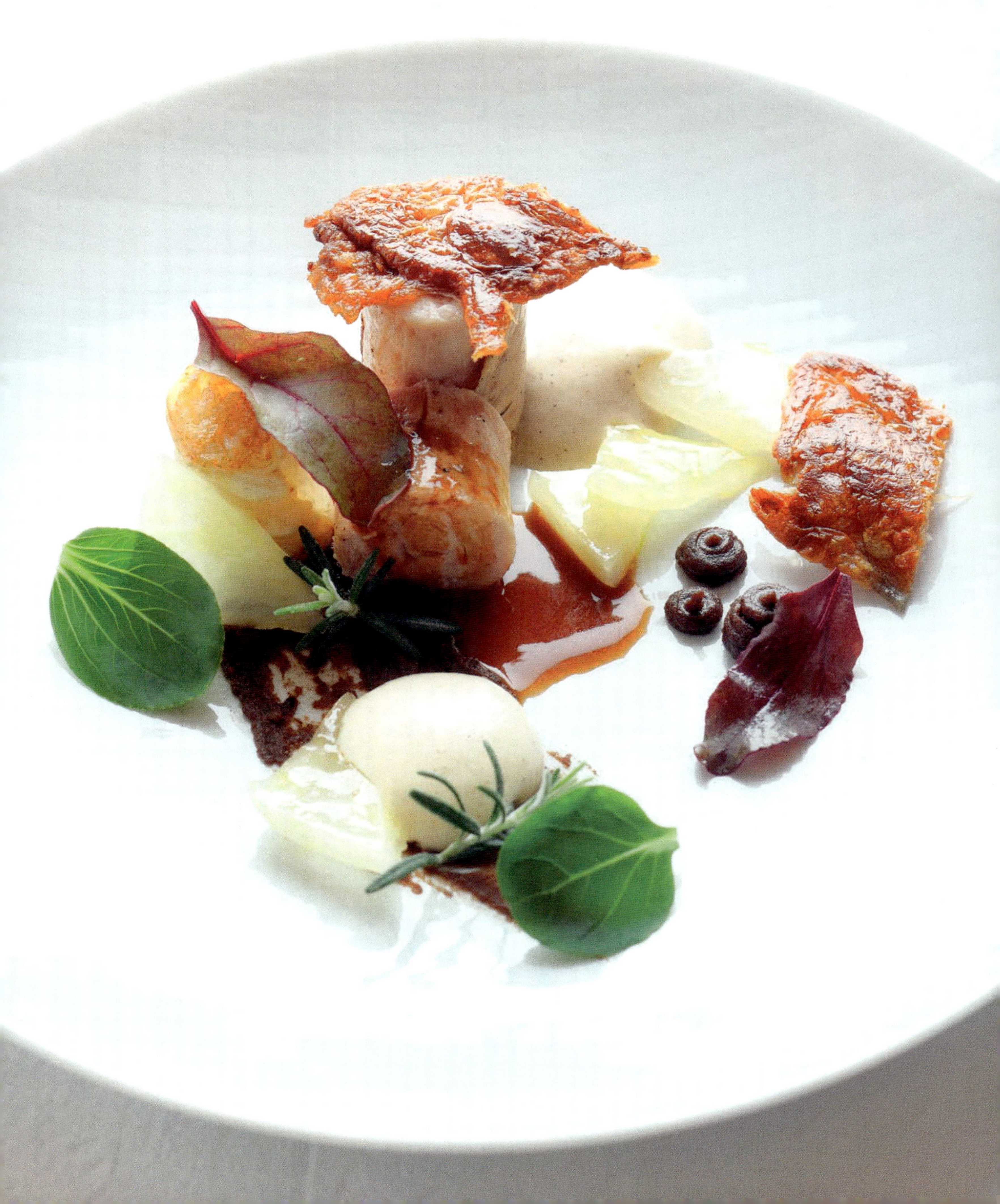

LAMMSCHULTER MIT BÄRLAUCHGRAUPEN, SCHMORTOMATEN UND MOZZARELLA

FÜR 4 PERSONEN

LAMMSCHULTER
500 g Lammschulter, ausgelöst
2 Rosmarinzweige
3 Knoblauchzehen
3 EL natives Olivenöl
3 EL Sonnenblumenöl
400 g Lammknochen und -abschnitte
100 g Wurzelgemüse aus 60 g Zwiebeln sowie je 20 g Karotten und Knollensellerie
1 Tomate
50 g Lauch
2 Lorbeerblätter
5 schwarze Pfefferkörner
250 g geschälte Tomaten (Dose)
3 EL roter Portwein
4 EL Weißwein
1 l Kalbsjus (Rezept Seite 194)
50–60 g Mehlbutter (Rezept Seite 194)
1 Thymianzweig
3–4 Petersilienstängel
60 g Butter
Baharat
Piment d'Espelette
grobes Meersalz
schwarze Pfefferkörner, gemörsert
Salz und frisch gemahlener schwarzer Pfeffer

BÄRLAUCHGRAUPEN
40 g Bärlauch
30 g Petersilie
2 EL natives Rapsöl
2 EL natives Olivenöl extra
200 g Perlgraupen
500 ml Geflügelfond (Rezept Seite 192)
1 Schalotte
40 g Butter
15 g Parmesan, frisch gerieben
Zitronensaft
Salz und frisch gemahlener schwarzer Pfeffer

SCHMORTOMATEN
16 Mini-Datteltomaten, halbiert
3 EL natives Olivenöl extra
100 g schwarze Oliven (z. B. Taggiasca)
10 Basilikumblätter
1 Thymianzweig
1 Knoblauchzehe
Zucker
Salz und frisch gemahlener schwarzer Pfeffer

MOZZARELLA
100 g Büffelmozzarella (ersatzweise Biomozzarella von der Kuhmilch)
2 EL natives Olivenöl extra

FERTIGSTELLEN
Bärlauch
Shisokresse
Petersilienöl (Rezept Seite 189)
Tomatenpulver

LAMMSCHULTER

Zu Beginn ein 70 °C heißes Wasserbad vorbereiten. Die Lammschulter putzen. Die Blättchen von einem Rosmarinzweig abstreifen und fein hacken. Zwei Knoblauchzehen schälen und fein hacken. Rosmarin und Knoblauch miteinander vermengen. Die Lammschulter mit dem Rosmarin-Knoblauch-Gemisch sowie Salz, Pfeffer und Olivenöl kräftig einreiben. Anschließend die Schulter vakuumieren und im Wasserbad 18 Stunden garen.

In der Zwischenzeit die Sauce herstellen. Dazu das Sonnenblumenöl in einem Topf erhitzen und zuerst Knochen und Abschnitte kräftig rösten. Das Wurzelgemüse schälen und in grobe Würfel schneiden. In den Topf geben und mitrösten. Das Bratgut kräftig mit Salz, Pfeffer und Baharat würzen.

Nun die Tomate waschen und in Würfel schneiden. Den Lauch putzen, längs halbieren und waschen, in Stücke schneiden. Die Tomatenwürfel, den Lauch, die Lorbeerblätter, Pfefferkörner sowie die geschälten Tomaten hinzufügen und das Ganze nochmals 10 Minuten rösten. Mit Portwein, Weißwein und 300 g Eiswürfeln ablöschen und mit der Kalbsjus auffüllen. Langsam zum Kochen bringen und etwa 1½ Stunden leicht sieden lassen. Nach der Hälfte der Garzeit die Sauce mit der Mehlbutter binden. Kurz vor Ende der Garzeit den Thymianzweig, den restlichen Rosmarinzweig und die Petersilienstängel hinzufügen und ziehen lassen. Die Sauce durch ein Sieb streichen, anschließend durch ein Haarsieb passieren und mit Salz, Pfeffer, Baharat, Piment d'Espelette und Pfeffer abschmecken.

Zum Anrichten die Lammschulter aus dem Beutel nehmen und in Scheiben schneiden. Mit grobem Meersalz und gemörsertem schwarzem Pfeffer würzen.

BÄRLAUCHGRAUPEN

Bärlauch und Petersilie waschen und trocken schleudern. Den Bärlauch klein zupfen, von der Petersilie die Blätter abzupfen. Die Kräuter fein schneiden und mit den beiden Ölsorten in einem Mixer zu einer feinen grünen Paste mixen. Diese mit Salz und Zitronensaft abschmecken und beiseitestellen.

In der Zwischenzeit die Perlgraupen waschen und in 400 ml Geflügelfond weich kochen. Anschließend die Graupen durch ein Sieb passieren. Die Schalotte schälen und fein hacken. Die Hälfte der Butter in einem Stieltopf zerlassen und die Schalotten und Graupen anschwitzen. Mit dem restlichen Geflügelfond auffüllen und zu einem Risotto rühren. Die Bärlauchpaste sowie die restliche Butter in den Risotto einrühren und anschließend mit Parmesan, Zitronensaft und Salz abschmecken.

SCHMORTOMATEN

Den Backofen auf 80 °C vorheizen.

Die Tomaten auf einen großen Teller geben und mit Salz, Pfeffer, Zucker und Olivenöl marinieren. Die Blättchen von dem Thymianzweig abstreifen. Die Knoblauchzehe schälen und andrücken. Thymianblättchen, Basilikum und den Knoblauch über die Tomaten geben und 4 Stunden im warmen Ofen garen.

MOZZARELLA

Den Mozzarella in Stücke reißen und mit dem Olivenöl in einer Schüssel marinieren.

FERTIGSTELLEN

Die Bärlauchgraupen mit einem großen Löffel auf den Teller geben und eine Vertiefung formen. In diese Vertiefung ein Stück Fleisch platzieren und mit der Lammjus nappieren. Schmortomaten und Mozzarella darauf anrichten. Mit Bärlauchblättern und Shisokresse dekorieren. Mit Petersilienöl beträufeln. Wer möchte, kann den Teller außen mit Tomatenpulver bestreuen.

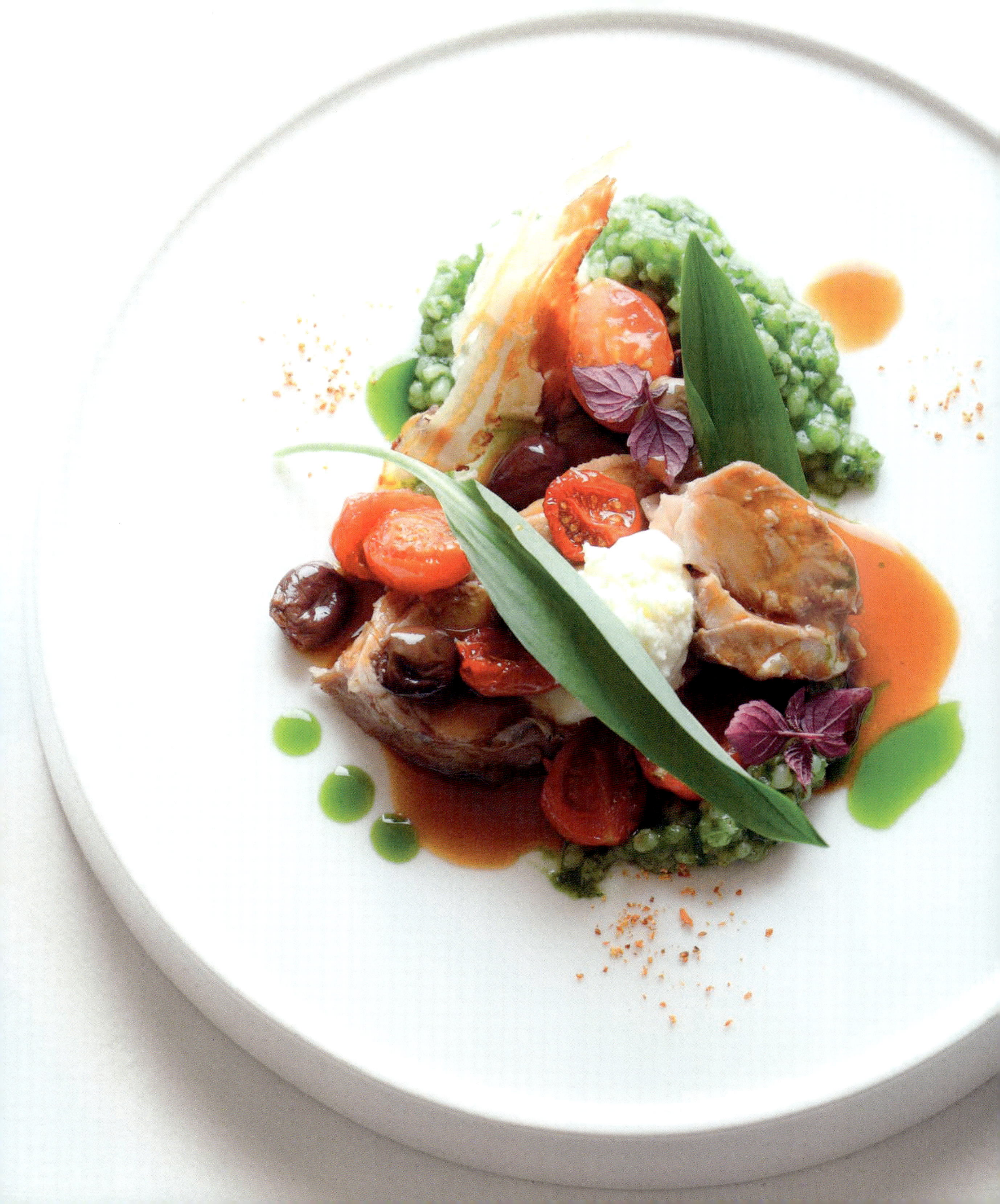

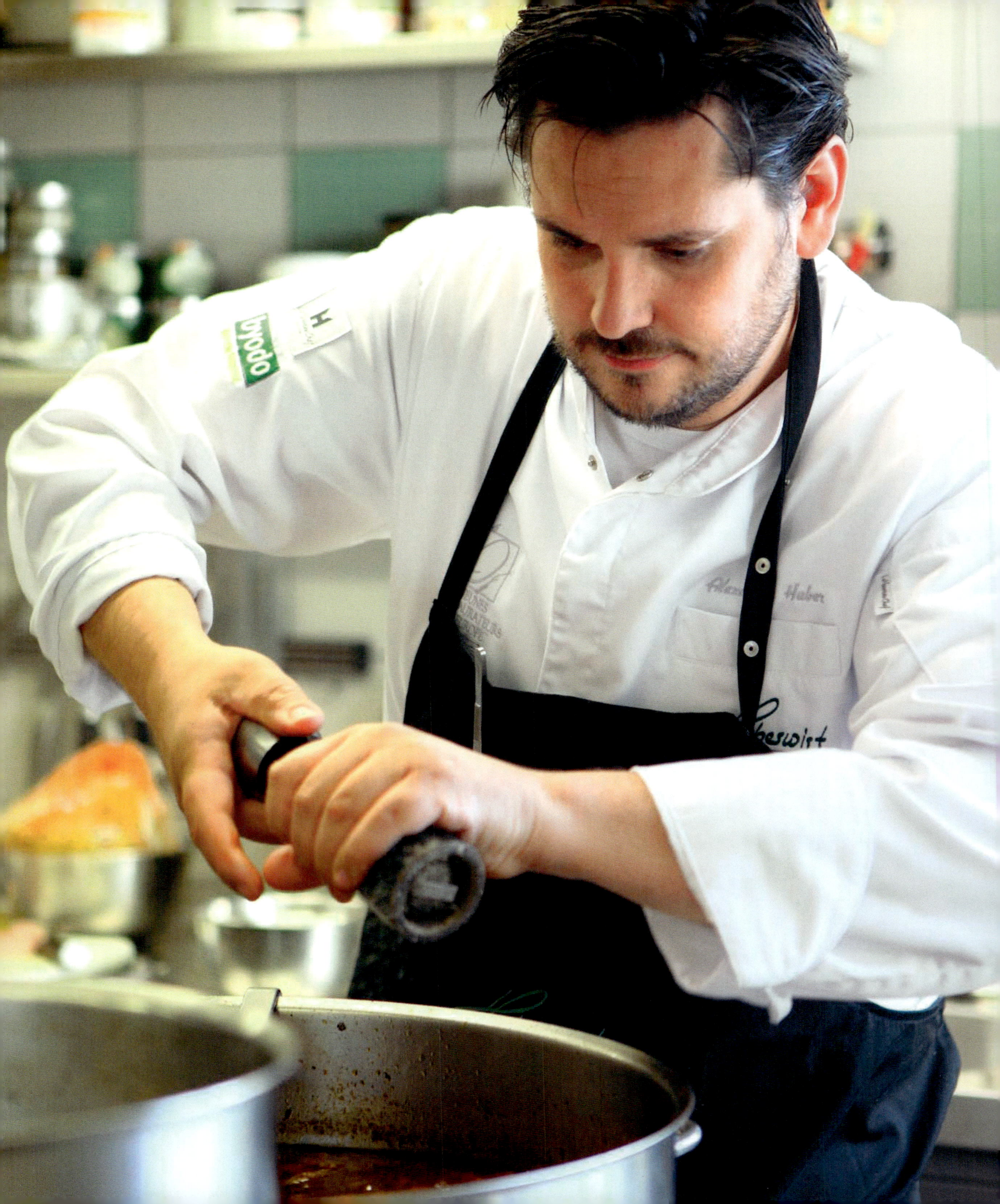
Huber

SOMMAGENUSS
Die warmen Tage können kommen

KALBSKOTELETT MIT KRAUT UND RÜBEN

RISOTTO AUS BUCHWEIZEN,
MIMOLETTE UND STEINPILZEN MIT WILDEM BROKKOLI

ROTBARBE MIT SCHWARZER QUINOA, GESCHMORTEN ZWIEBERLN
UND ARTISCHOCKENPÜREE

SELEKTION POLTINGER LAMM MIT WACHAUER MARILLE,
KLEE UND KERNDLN

LAUWARMER HUCHEN MIT PETERSILIENPÜREE, GRÜNEM APFEL
UND HOLUNDERBLÜTENMARINADE

IN KRÄUTERN GEBEIZTES SAIBLINGSFILET MIT ALZTALER RICOTTA,
WILDKRÄUTERN UND RADIESERLN

KALBSKOTELETT
MIT KRAUT UND RÜBEN

FÜR 4 PERSONEN

KALBSKOTELETTS
4 Kalbskoteletts à 190 g, geputzt, ohne Sehnen und Fett
2 EL Sonnenblumenöl
30 g Butter
3 EL Kalbsjus (Rezept Seite 194)
1 Rosmarinzweig
1 Lorbeerblatt
Meersalz und frisch gemahlener schwarzer Pfeffer

KRAUT UND RÜBEN
8 große Spitzkohlblätter
8 kleine Petersilienwurzelspitzen
1 Karotte
4 Stangen grüner Spargel
4 ausgestochene Knollensellerieringe (½ cm dick)
40 g Butter
Abrieb von ¼ Biozitrone
Puderzucker
Rapsöl
Meersalzflocken
Salz und frisch gemahlener schwarzer Pfeffer

GLASIERTE SCHALOTTEN
4 Schalotten
2 EL Olivenöl
10 g Butter
1 Rosmarinzweig
Puderzucker
Salz und frisch gemahlener schwarzer Pfeffer

KAROTTENPÜREE
150 g Karotten
40 g Butter
1 dünne Scheibe Ingwer, geschält
2 EL weißer Portwein
200 ml Geflügelfond (Rezept Seite 192)
40 g Crème fraîche
4 EL Sahne
Salz
Zucker
Cayennepfeffer

KALBSKOTELETTS
Den Backofen auf 100 °C vorheizen.
Die Kalbskoteletts mit Küchenpapier trocken tupfen und mit Meersalz und Pfeffer würzen. Das Sonnenblumenöl in einer Pfanne erhitzen und die Kalbskoteletts darin scharf auf beiden Seiten anbraten. Die Fleischstücke auf einem Backofengitter im warmen Ofen langsam rosa ziehen lassen.
In der Zwischenzeit aus den restlichen Zutaten eine Glace kochen und damit die Koteletts immer wieder bepinseln. Vor dem Anrichten nochmals mit Meersalz abschmecken.

KRAUT UND RÜBEN
Zuerst alle Gemüse vorbereiten. Dazu die Spitzkohlblätter waschen, trocken tupfen und den Strunk herausschneiden. Die Petersilienwurzelspitzen schälen. Die Karotte schälen und in acht kleine Stücke tournieren. Vom Spargel das untere Drittel abschneiden. Die Gemüse nacheinander in sprudelnd kochendem Salzwasser blanchieren. Die Butter in einem Topf zerlassen, aufschäumen lassen und die Gemüse anschwitzen. Mit Puderzucker, Salz, Zitronenabrieb und Pfeffer würzen. Das Gemüse glasieren und vor dem Anrichten mit ein wenig Rapsöl und Meersalzflocken verfeinern.

GLASIERTE SCHALOTTEN
Den Backofen auf 100 °C vorheizen.
Die Schalotten schälen und halbieren. Das Olivenöl in einer ofenfesten Pfanne erhitzen und die Schalotten auf der Schnittseite anbraten. Mit Puderzucker bestäuben und mit Salz und Pfeffer würzen. Die Butter und den Rosmarinzweig zugeben. Die Pfanne in den warmen Ofen schieben und die Schalotten 20 Minuten glasieren. Bei Bedarf zum Anrichten nochmals erhitzen.

KAROTTENPÜREE
Die Karotten schälen und in Scheiben schneiden. Die Butter in einem kleinen Topf zerlassen, aufschäumen lassen und die Karottenscheiben zusammen mit dem Ingwer anschwitzen. Die Karotten mit Salz und Zucker würzen und nun im eigenen Saft langsam, ohne Farbe nehmen zu lassen, weich dünsten. Mit dem Portwein ablöschen und den Geflügelfond angießen. Die Flüssigkeit einkochen lassen. Crème fraîche und Sahne hinzufügen. Im Mixer fein pürieren und mit den Gewürzen nochmals abschmecken.

Fortsetzung auf der nächsten Doppelseite

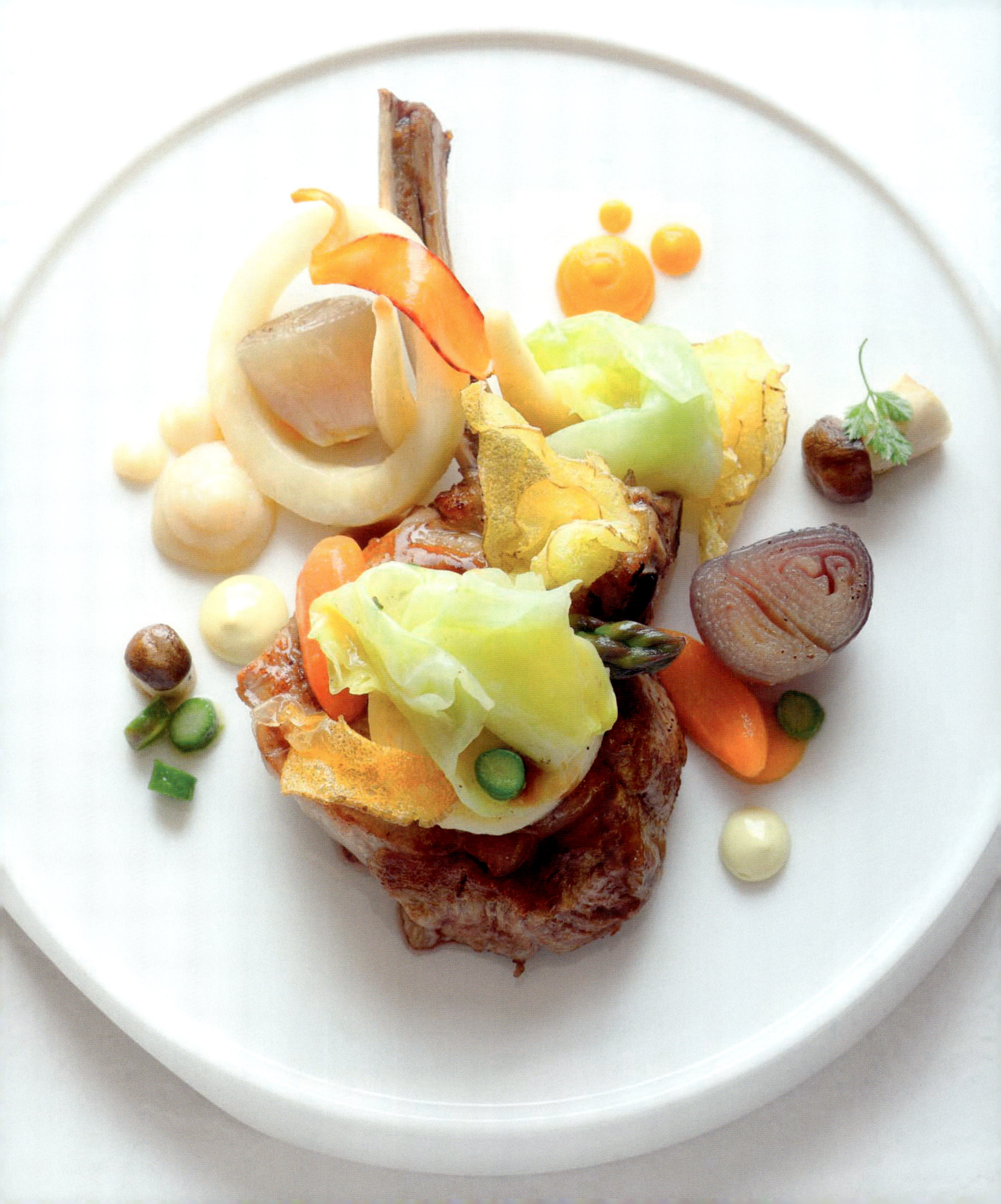

TOPINAMBURPÜREE

200 g Topinamburen
1 Schalotte
80 g Butter
2 EL Sherry medium
150 ml Geflügelfond (Rezept Seite 192)
Zucker
Salz und frisch gemahlener
schwarzer Pfeffer

SAUTIERTE STEINPILZE

2 EL Sonnenblumenöl
10 g kalte Butter
8–12 kleine Steinpilze
Salz und frisch gemahlener
schwarzer Pfeffer

KAROTTENROHKOST

8 dünne Scheiben Urkarotte
Meersalz
Zitronensaft
natives Rapsöl

FERTIGSTELLEN

Kalbsjus (Rezept Seite 194)
Meine Mayonaise (Rezept Seite 194)
Kerbelblättchen

TOPINAMBURPÜREE

Den Backofen auf 100 °C vorheizen.
Die Topinamburen schälen und in kleine Stücke schneiden. Die Schalotte schälen, halbieren und in feine Streifen schneiden. Die Hälfte der Butter in einer kleinen Pfanne zerlassen und aufschäumen lassen. Schalotten und Topinamburen darin anschwitzen. Mit Salz und Zucker würzen und im eigenen Saft dünsten. Anschließend mit Sherry und Geflügelfond ablöschen und 1 Stunde weich garen.
Die Topinamburstücke kräftig mit Pfeffer würzen und nochmals mit Salz und Zucker abschmecken. Mit der restlichen kalten Butter im Mixer fein aufmixen. Zum Schluss das Püree nochmals abschmecken.

SAUTIERTE STEINPILZE

Das Sonnenblumenöl in einer Pfanne erhitzen. Die Butter hinzufügen und aufschäumen lassen. Die Steinpilze hinzufügen und braten. Kurz vor dem Anrichten mit Salz und Pfeffer würzen.

KAROTTENROHKOST

Die Karottenscheiben mit den restlichen genannten Zutaten marinieren und 5 Minuten ziehen lassen.

FERTIGSTELLEN

Kalbskotelett, Gemüse, Schalotten, Karottenrohkost und Steinpilze auf dem Teller „wie Kraut & Rüben" anrichten. Karottenpüree und Topinamburpüree als Kleckse danebenspritzen. Mit Kalbsjus beträufeln und ein wenig Mayonnaise aufspritzen. Mit Kerbel dekorieren.

FRISCHE KAROTTEN VON
MANFRED AUER

RISOTTO AUS BUCHWEIZEN, MIMOLETTE UND STEINPILZEN MIT WILDEM BROKKOLI

FÜR 4 PERSONEN

RISOTTO
300 g kleine Steinpilze
10 Champignons
2 Schalotten
40 g Mimolette (alternativ Parmesan)
700 ml Gemüsefond (Rezept Seite 192)
2 EL weißer Verjus
1 Lorbeerblatt
300 g Buchweizen
1 EL Sonnenblumenöl
2 EL natives Rapsöl
40 g Butter
Abrieb von ¼ Biozitrone
1 TL Schnittlauchröllchen
1 TL fein gehackte Petersilie
Muskatnuss, frisch gerieben
Salz und frisch gemahlener schwarzer Pfeffer

STEINPILZE SOUS-VIDE
16 kleine Steinpilze
8 kleine Kräuterseitlinge
4 Shiitakepilze
30 g Butter
1 EL natives Olivenöl extra
1 kleiner Rosmarinzweig
Zesten von ¼ Biozitrone
Salz und frisch gemahlener schwarzer Pfeffer

WILDER BROKKOLI
8 Stängel wilder Brokkoli (ersatzweise Stängelkohl oder Brokkoli)
1 EL Sonnenblumenöl
1 EL Haselnussöl
30 g Haselnusskerne ohne Schale, gestoßen und geröstet
Meersalz
schwarzer Pfeffer, gemörsert

FERTIGSTELLEN
Mimolettebrocken
grober schwarzer Pfeffer
Petersilienöl (Rezept Seite 189)
Schafgarbe
Bronzefenchel

RISOTTO
Die Steinpilze und Champignons putzen. Die Champignons in feine Scheiben schneiden. Die Schalotten schälen, fein hacken und blanchieren. Mimolette reiben. Gemüsefond, Verjus, Lorbeerblatt und die Champignons zum Kochen bringen und auf 500 ml reduzieren. Den Fond durch ein Sieb passieren. 100 ml Fond beiseitestellen. Den Buchweizen in den restlichen Fond geben und in 20 Minuten weich kochen. In der Zwischenzeit 100 g Steinpilze in kleine Würfel und den Rest in hauchdünne Scheiben schneiden. Den Buchweizen abgießen.
Das Sonnenblumenöl in einem Topf erhitzen und die Schalotten- und Steinpilzwürfel anschwitzen. Mit Salz und Pfeffer würzen. Den Buchweizen zugeben, alles durchrühren und das Rapsöl darüberträufeln. Den restlichen Pilzfond angießen. Butter und Mimolette hinzufügen und unter Rühren einen cremigen Risotto herstellen. Mit Muskat, Zitronenabrieb, Salz und Pfeffer abschmecken. Die Kräuter unterrühren.

STEINPILZE SOUS-VIDE
Die Pilze putzen. Von den Shiitakepilzen die Stiele entfernen. Sämtliche Zutaten in einen Vakuumbeutel geben und diesen verschweißen. Die Pilze über einem 65 °C heißen Wasserbad ca. 20 Minuten garen. Bis zum Anrichten warm halten.

WILDER BROKKOLI
Den Brokkoli putzen, dabei die Blätter entfernen. Salzwasser in einem hohen Topf zum Kochen bringen und den Brokkoli blanchieren. Anschließend herausnehmen und in Eiswasser abschrecken.
Das Sonnenblumenöl in einer Grillpfanne erhitzen und den Brokkoli rundum scharf grillen. Anschließend auf einem Teller platzieren und mit Haselnussöl, Haselnüssen, Meersalz und gemörsertem Pfeffer marinieren.

FERTIGSTELLEN
Die Steinpilze fein hobeln. Den Risotto auf den Teller geben und den Brokkoli sowie die Pilze und Mimolettebrocken darauf anrichten. Mit dem Pfeffer bestreuen, mit dem Petersilienöl beträufeln und mit Schafgarbe und Bronzefenchel dekorieren.

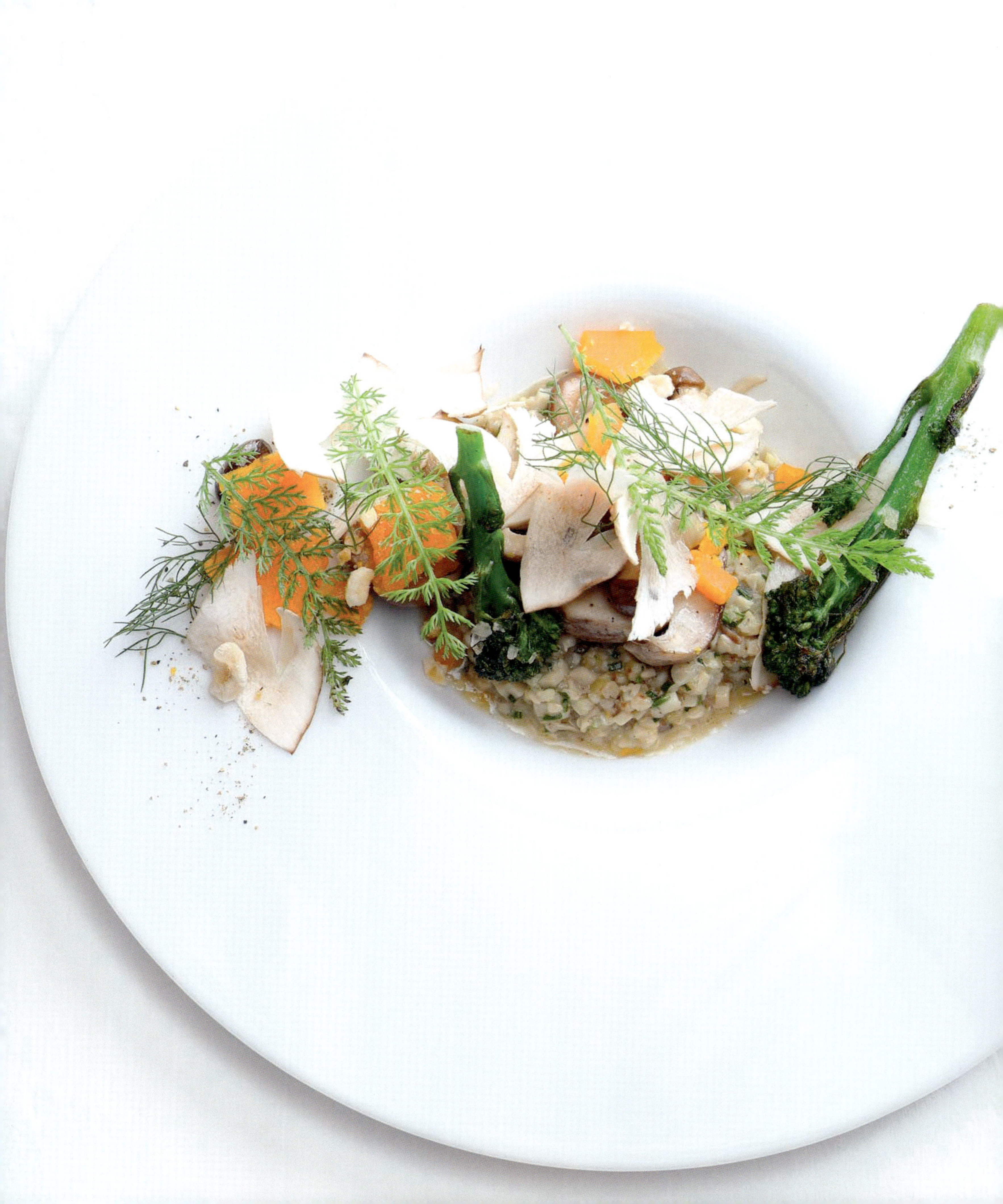

ROTBARBE MIT SCHWARZER QUINOA, GESCHMORTEN ZWIEBERLN UND ARTISCHOCKENPÜREE

FÜR 4 PERSONEN

ROTBARBE
4 kleine Rotbarben, geschuppt
40 g Gartentomatenmarmelade (Rezept Seite 196)
Meersalzflocken
natives Olivenöl extra
Abrieb von ½ Biozitrone
frisch gemahlener schwarzer Pfeffer

ROTBARBENJUS
70 g Butter
1 EL natives Olivenöl extra
Karkassen und Köpfe der Rotbarben
40 g Fenchel
30 g Karotte
1 Zwiebel
1 Schalotte
3 kleine Champignons
400 g geschälte Tomaten (Dose)
4 EL Madeira
2 EL Portwein
100 ml Weißwein
500 ml Geflügelfond (Rezept Seite 192)
¼ Chilischote, entkernt
1 Lorbeerblatt
3 Kubebenpfefferkörner
Saft von ¼ Zitrone
50 g kalte Butter
Fenchelsamen
Senfsaat
Salz und frisch gemahlener schwarzer Pfeffer

ARTISCHOCKENPÜREE
1 Biozitrone
4 große Artischocken à 400–500 g
2 Schalotten
4 EL natives Olivenöl
40 g Butter
4 EL Weißwein
400 ml Geflügelfond (Rezept Seite 192)
50 g Crème fraîche
100 g Sahne
Saft von ¼ Biozitrone
Cayennepfeffer
Salz und frisch gemahlener schwarzer Pfeffer

ROTBARBE
Die Rotbarben vorbereiten: Den Kopf schräg vom Körper abschneiden. Beide Filets an der Hauptgräte entlang schneiden, lösen und entgräten. Die Karkassen für die Sauce beiseitestellen. Die Filets in eine kleine ofenfeste Pfanne legen und mit Meersalzflocken, Pfeffer, ein wenig Olivenöl und Zitronenabrieb marinieren. Bis kurz vor dem Servieren den Fisch ziehen lassen.
Den Backofen auf 150 °C Oberhitze vorheizen.
Zum Servieren die Filets im heißen Ofen garen. Kurz vor dem Anrichten mit Meersalz bestreuen und mit Gartentomatenmarmelade dünn bestreichen.

ROTBARBENJUS
Die Butter und das Olivenöl in einem breiten Topf erhitzen, bis die Butter schäumt. Die Karkassen anrösten und mit Salz und Pfeffer würzen.
Den Fenchel putzen, waschen und in grobe Würfel schneiden. Karotte, Zwiebel und Schalotte schälen und ebenfalls in grobe Würfel schneiden. Die Champignons feucht abwischen und halbieren. Das Gemüse zugeben und kräftig mitrösten lassen. Nach kurzer Zeit die geschälten Tomaten hinzufügen und zum Kochen bringen. Anschließend mit Madeira, Portwein und Wein ablöschen. Danach mit dem Geflügelfond auffüllen und nochmals kräftig abschmecken. Chilischote, Lorbeerblatt, Fenchelsamen, Senfsaat und Kubenpfefferkörner hinzufügen. Das Ganze ca. 30 Minuten köcheln lassen. Zuletzt die Sauce durch ein Sieb passieren und mit Zitronensaft und Salz abschmecken. Mit der kalten Butter montieren.

ARTISCHOCKENPÜREE
Die Zitrone in Scheiben schneiden und in eine Schüssel mit kaltem Wasser geben. Von den Artischocken die Stiele und die unteren äußeren Blätter abbrechen. Die oberen Artischockenhälften bis knapp über dem Boden waagerecht abschneiden. Grüne Blattansätze bis zum hellen Zentrum abschneiden. Das Heu mithilfe eines Löffels vollständig entfernen, die Böden sofort in das Zitronenwasser legen.
Die Schalotten schälen und fein hacken. Das Olivenöl und die Butter in einem Topf erhitzen, bis die Butter schäumt. Artischocken und Schalotten hinzufügen und anschwitzen. Mit Salz, Pfeffer und Cayennepfeffer würzen. Das Gemüse möglichst lange anschwitzen, ohne Farbe nehmen zu lassen. Zum Schluss mit dem Weißwein ablöschen und mit Geflügelfond auffüllen. Die Artischocken nun 30 Minuten weich kochen, dabei nach Bedarf weiteren Geflügelfond angießen. Crème fraîche und Sahne zugeben und mit dem Pürierstab fein mixen. Zuletzt das Püree kräftig mit Salz und Zitronensaft abschmecken.

Fortsetzung auf der nächsten Doppelseite

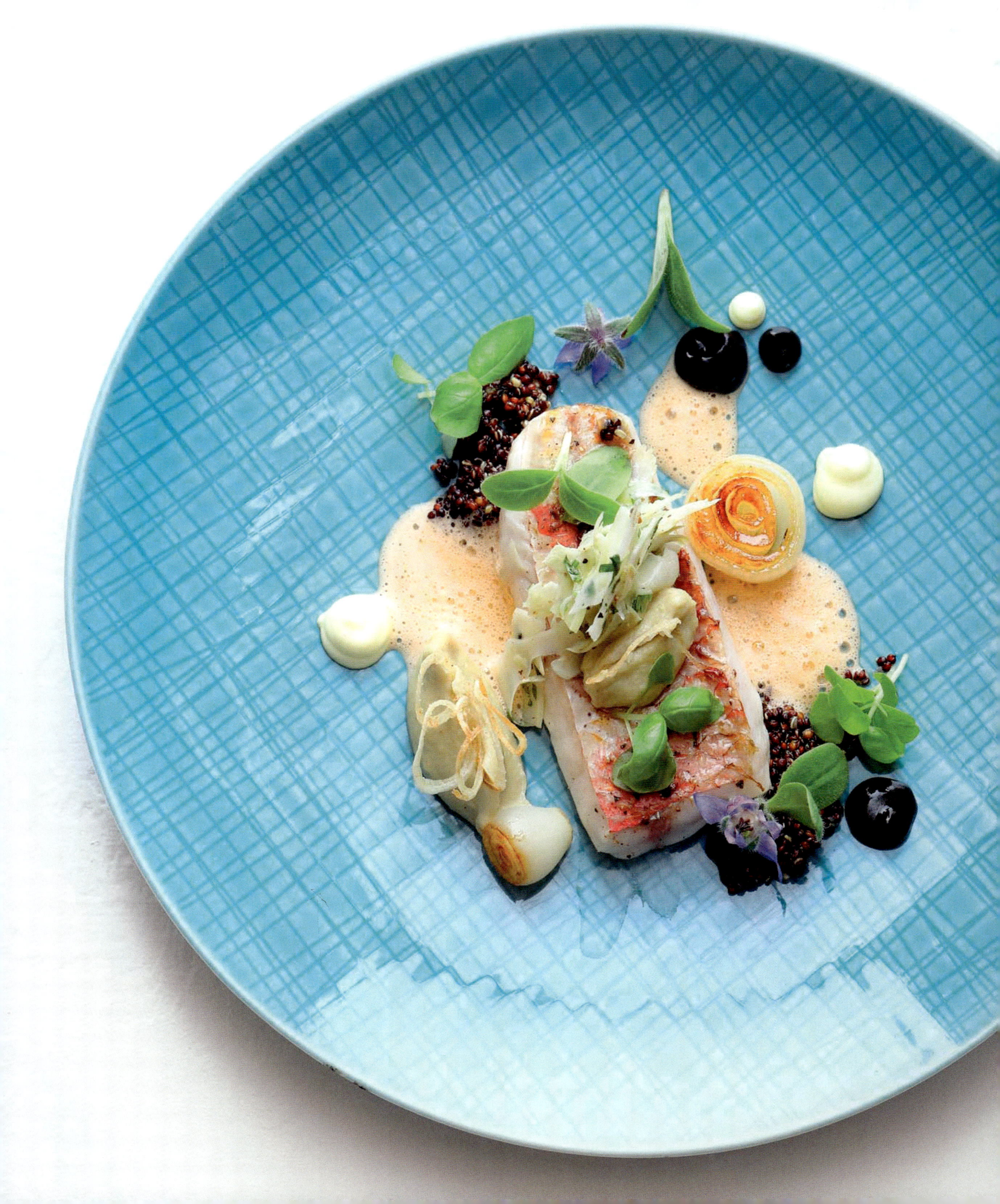

ARTISCHOCKENROHKOST
4 Poweraden
Saft von 1 Limette
1 EL Himbeeressig
2 EL natives Olivenöl extra
Meersalzflocken
schwarze Pfefferkörner, gestoßen
fein gehackte Korianderblätter

SCHWARZE QUINOA
140 g Schwarze Quinoa
2 EL Sonnenblumenöl
3 EL Rotbarbenjus
1 EL weißer Balsamessig
1 TL Estragonsenf
1 EL Honig
50 ml natives Olivenöl extra
1 EL natives Rapsöl
Salz und frisch gemahlener
schwarzer Pfeffer

GESCHMORTE ZWIEBERL
1 EL Rapsöl
2 Cipolline borettane
10 g Ghee (Rezept Seite 188)
1 EL Gemüsefond (Rezept Seite 192)
1 Rosmarinzweig
1 Thymianzweig
Puderzucker
Salz und frisch gemahlener
schwarzer Pfeffer

KNUSPRIGE ZWIEBERL
2 Cipolline borettane
½ TL doppelgriffiges Mehl
(z. B. Wiener Grießler)
1 Prise Pimentón de la Vera
250 ml Sonnenblumenöl
Salz

FERTIGSTELLEN
Austernkraut
Basilikumblättchen
schwarze Knoblauchpaste (Rezept Seite 96)
Meine Mayonnaise (Rezept Seite 194)

ARTISCHOCKENROHKOST
Die Artischocken putzen, dabei den Stiel nicht entfernen. Mit einem Gemüsehobel fein hobeln. Das Gemüse mit den restlichen genannten Zutaten marinieren und fein sauer abschmecken.

SCHWARZE QUINOA
Schwarze Quinoa in sprudelndem Salzwasser weich kochen. Anschließend abgießen und unter fließendem kaltem Wasser abspülen. Ein Drittel des Getreides abnehmen. Das Sonnenblumenöl in einer Pfanne erhitzen und Quinoa knusprig braten. Mit Salz und Pfeffer würzen. Aus den restlichen genannten Zutaten eine kräftig schmeckende Marinade herstellen und mit dem restlichen Getreide vermengen.

GESCHMORTE ZWIEBERL
Den Backofen auf 150 °C vorheizen.
Das Rapsöl in einer Pfanne erhitzen und die Pfanne mit Puderzucker ausstäuben. Die Zwiebeln schälen, halbieren und auf der Schnittfläche anbraten. Mit Salz und Pfeffer würzen. Ghee zufügen und mit Gemüsefond ablöschen. Danach die Kräuterzweige hinzufügen und die Zwiebeln 10 Minuten im heißen Ofen garen.

KNUSPRIGE ZWIEBERL
Die Zwiebeln schälen und in feine Ringe schneiden. Mit dem Mehl und Pimentón de la Vera vermengen. Das Sonnenblumenöl in einer hohen Pfanne erhitzen und die Zwiebelringe unter ständigem Rühren frittieren. Herausnehmen und auf Küchenpapier abtropfen lassen. Leicht salzen.

FERTIGSTELLEN
Den Fisch auf den Teller geben und mit der Jus überziehen. Artischockenpüree und -rohkost daraufgeben. Mit Quinoa und den Zwiebeln umlegen. Mit Austernkraut und Basilikumblättchen dekorieren. Dazu schwarze Knoblauchpaste und Mayonnaise in Klecksen auf den Teller spritzen.

IN DER SCHMORPFANNE:
SCHALOTTEN

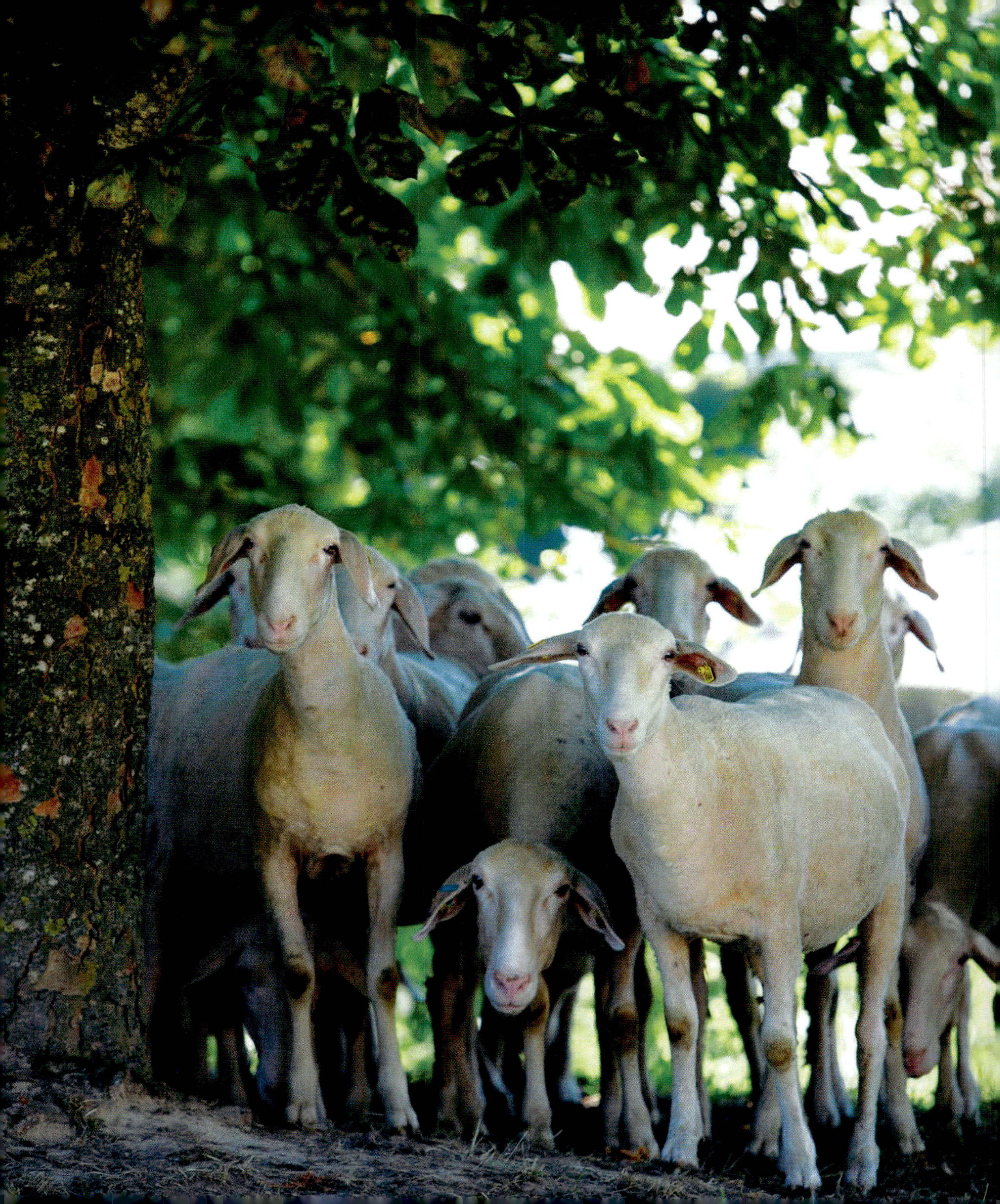

SEIT VIER GENERATIONEN IST DER GUTSHOF POLTING IM BESITZ
DER FAMILIE RIEDERER FREIHERR VON PAAR ZU SCHÖNAU.
VON ANFANG AN HAT DIE SCHAFZUCHT EINE GROSSE ROLLE GESPIELT.
INZWISCHEN HAT DAS „POLTINGER LAMM" DIE STERNEGASTRONOMIE EROBERT.

Der Gutshof Polting: das Beste, was einem Lamm passieren kann!

Für mich ist es das beste Lammfleisch, das ich kenne. Seinen zarten und äußerst dezenten Geschmack verdankt es der natürlichen Aufzucht auf saftigen Kräuterweiden. Dort wachsen die Tiere artgerecht mit bestem Futter heran. Geschlachtet werden sie ohne Transportstress im gutseigenen Schlachthaus, in dem sie auch fachmännisch zerlegt und pariert werden. Professionalität und Hygiene sind auch dort oberste Maxime. Mit gutem Gewissen kann ich Polting als Musterhof bezeichnen. Was ich ganz besonders schätze: Der Franz liefert mir jedes gewünschte Teilstück, vor allem auch die feinen Innereien wie Bries, Zunge, Herz und Leber.

Von Franz beziehe ich auch meine Wildspezialitäten, die meist aus der hofeigenen Jagd stammen. Rehe und Hirsche sind immer frisch und von hervorragender Qualität. Nicht nur fachlich, auch menschlich verstehen Franz und ich uns sehr gut. Ich freue mich jedes Mal, wenn er mich in meiner Küche besucht. Dann wird nicht nur fachgesimpelt, auch die Gaudi kommt nicht zu kurz. Stolz bin ich auf die Poltinger Laurentius-Medaille, die mir Franz vor einiger Zeit verliehen hat. Diese Ehre wird nur seinen sternegekrönten Kunden zuteil.

SELEKTION POLTINGER LAMM MIT WACHAUER MARILLE, KLEE UND KERNDLN

FÜR 4 PERSONEN

SELEKTION POLTINGER LAMM RÜCKEN UND BRIES
300 g Ghee (Rezept Seite 188)
400 g Lammrücken, geputzt (ohne Sehnen und ohne Fett)
4 Stücke Lammbries à 40 g, küchenfertig
Abrieb von 1 Bioorange
1 Rosmarinzweig
Baharat
Salz und frisch gemahlener schwarzer Pfeffer

LAMMZUNGE
2 Lammzungen, geputzt
10 g Pökelsalz
5 g Salz
5 g Zucker
1 Lorbeerblatt
400 ml Geflügelfond (Rezept Seite 192)
2 EL Rotweinessig
2 Petersilienstängel
½ Knoblauchzehe, geschält
¼ Zwiebel, mit 1 Lorbeerblatt und 2 Nelken gespickt
natives Olivenöl extra
schwarze Pfefferkörner

SAUERKLEESAUCE
10 g Sauerklee
20 g Spinatblätter
1 Eigelb
1 TL Estragonsenf
1 g Xanthan
3 EL Geflügelfond (Rezept Seite 192)
3 EL Sonnenblumenöl
2 EL natives Olivenöl extra
Zitronensaft
Salz und frisch gemahlener schwarzer Pfeffer

KERNDLSALAT
30 g gekochter Weizen
30 g gekochter Buchweizen
30 g gekochter Hafer
3 EL Honigvinaigrette (Rezept Seite 195)
1 EL Marillenessig
1 EL Hanföl
Meersalz und frisch gemahlener schwarzer Pfeffer

SELEKTION POLTINGER LAMM RÜCKEN UND BRIES
Ghee auf 65 °C temperieren. Rücken und Bries mit Salz, Pfeffer, Baharat und Orangenabrieb marinieren. Die Fleisch- bzw. Innereienstücke zusammen mit dem Rosmarinzweig in das Ghee einlegen und ca. 25 Minuten garen. Anschließend herausnehmen und auf einem Backofengitter abtropfen lassen. Bei sehr niedriger Hitze im Backofen noch etwas ruhen lassen.

LAMMZUNGE
Die Lammzungen mit Pökelsalz, Salz und Zucker einreiben. Danach in einem Plastikbeutel vakuumieren und 18 Stunden ziehen lassen. Nach dem Beizen die restlichen genannten Zutaten in einem Topf aufkochen lassen. Die Zungen darin weich kochen und anschließend die Haut abziehen. Die geschälten Zungen wieder in den Kochfond geben und beiseitestellen.
Vor dem Anrichten die Zunge mit ein wenig Olivenöl marinieren.

SAUERKLEESAUCE
Die genannten Zutaten mit Ausnahme der beiden Ölsorten in einen Mixer geben und fein mixen. Zum Schluss das Öl nach und nach einarbeiten. Die Sauce fein sauer mit ein wenig Zitronensaft abschmecken.

KERNDLSALAT
Aus den genannten Zutaten einen Salat erstellen. Vor dem Anrichten abtropfen lassen.

Fortsetzung auf der nächsten Doppelseite

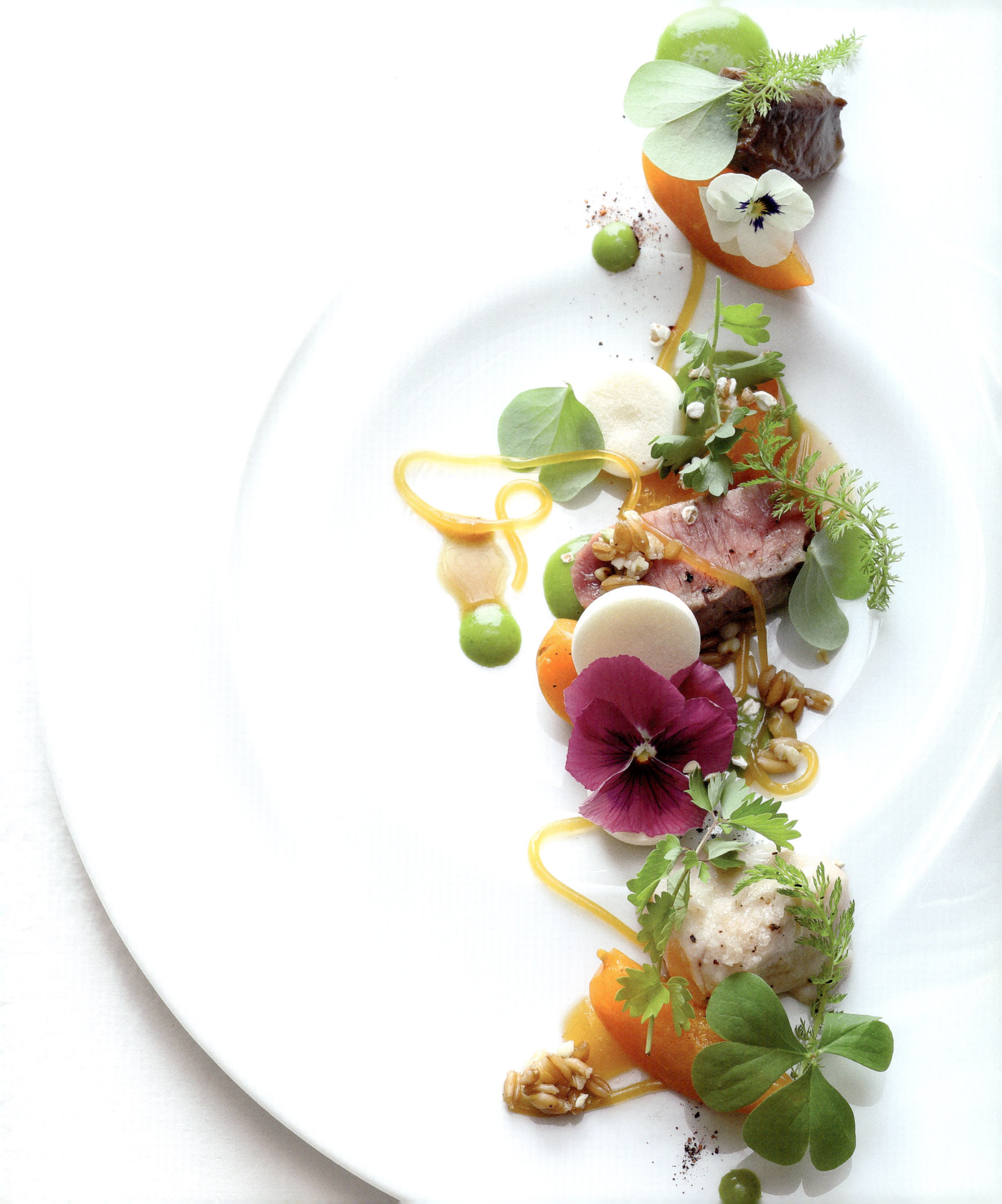

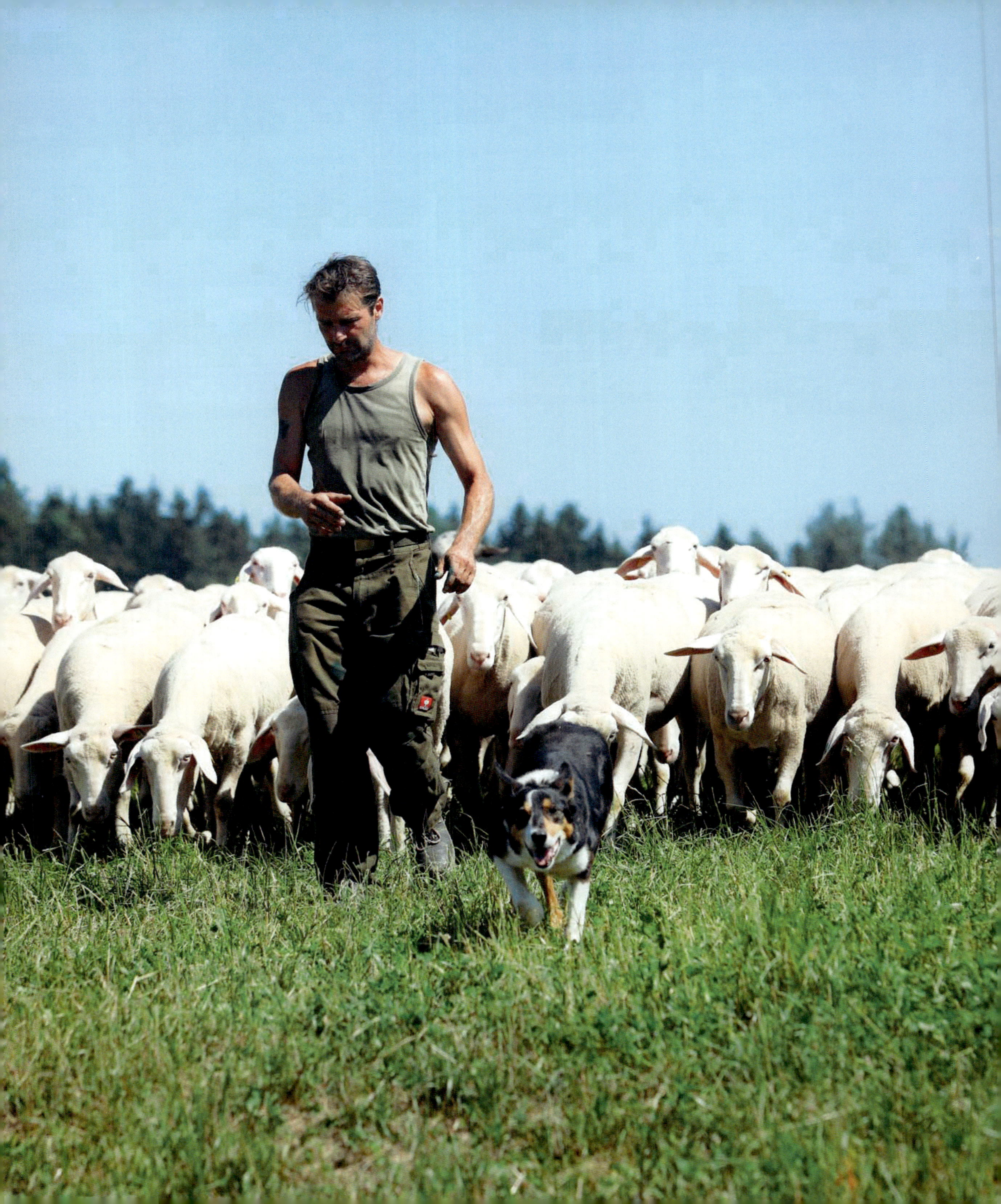

MARINIERTE MARILLE

2 Marillen
1 EL Marillenessig
1 EL Hanföl

MARILLEN SOUS-VIDE

2 Marillen
1 EL Hanföl
10 g Zucker
Meersalz

MARILLENGEL

300 g Marillenmark
1 EL Marillenessig
1 TL Honig
4 g Agar-Agar
Marillensaft

MARILLENSPAGHETTI

200 g Marillensaft
1 Prise Salz
5 g Agar-Agar

MARILLENMACARONS

125 g Marillenmark
2 EL Marillensaft
175 g Zucker
20 g Eiweißpulver
Marillenessig

FERTIGSTELLEN

Kalbsjus (Rezept Seite 194)
Sauerklee
Veilchenblüten
Schafgarbe
Pimpernelle

MARINIERTE MARILLE

Die Marillen waschen, halbieren, entkernen und mit dem Marillenessig und dem Öl marinieren.

MARILLEN SOUS-VIDE

Die Marillen waschen, halbieren, entkernen und mit den restlichen genannten Zutaten marinieren. In einem Plastikbeutel vakuumverpacken. Die Marillen 10 Minuten über einem 65 °C heißen Wasserbad garen.

MARILLENGEL

Die genannten Zutaten mit Ausnahme des Marillensafts in einer Stielpfanne aufkochen lassen. Die Masse in einen Messbecher füllen und abkühlen lassen. Das Marillengelee mit etwas Marillensaft zu einem Gel mixen und dieses in eine Spritzflasche füllen.

MARILLENSPAGHETTI

Die genannten Zutaten in einem Topf aufkochen lassen und in eine Spritzflasche füllen. Die Marillenmasse aus der Flasche in zwei dünne Plastikschläuche spritzen. Die Plastikschläuche in eine Schüssel mit Eiswasser legen und die Masse kalt werden lassen. Anschließend einen leeren Siphon fest verschließen und eine Kapsel aufschrauben. Einen Plastikschlauch aufstecken und nun die Spaghetti mithilfe des Drucks aus dem Siphon auf einen kalten Teller spritzen. Den Vorgang mehrmals wiederholen. Die Spaghetti bis zum Anrichten kalt stellen.
Alternativ lassen sich die Spaghetti auch mit einer Einmalspritze aus den Plastikschläuchen holen.

MARILLENMACARONS

Den Backofen auf 70 °C vorheizen.
Die genannten Zutaten mit Ausnahme des Essigs in einer Küchenmaschine zu einer Eiweißmasse schlagen und diese anschließend mit ein wenig Marillenessig abschmecken. Die Masse in einen Spritzbeutel füllen und auf eine Silikonmatte kleine Macarons spritzen. Die Macarons über Nacht im warmen Backofen trocknen lassen.

FERTIGSTELLEN

Einige Löffel Sauerkleesauce auf den Teller geben und das Lammfleisch und die -innereien darauf platzieren. Den Kerndlsalat und die Marillenvariationen darauflegen. Mit den Marillenspaghetti und Marillenmacarons dekorieren und mit Sauerklee, Veilchenblüten, Schafgarbe und Pimpernelle dekorieren. Mit Kalbsjus beträufeln.

FÜR 4 PERSONEN

LAUWARMER HUCHEN
4 Huchenfilets à 60–70 g,
ohne Haut und Gräten
300 ml natives Olivenöl
Abrieb von je ½ Biolimette und -orange
Cayennepfeffer
grobes Meersalz
Salz und frisch gemahlener
schwarzer Pfeffer

HOLUNDERBLÜTEN-MARINADE
1 grüner Apfel
1 EL Honig
1 TL Estragonsenf
70 ml Holunderblütensirup
1 EL natives Rapsöl
3 EL Sonnenblumenöl
4 EL natives Olivenöl extra
2 EL Mineralwasser
Saft von 1 Limette
Abrieb von ½ Biozitrone
1 TL fein gehackte Petersilie
Salz und frisch gemahlener
schwarzer Pfeffer

PETERSILIENPÜREE
150 g Petersilienwurzeln
30 g Butter
1 EL Weißwein
150 ml Geflügelfond (Rezept Seite 192)
100 g glatte Petersilie
60 g zimmerwarme, weiche Butter
70 g Sahne
2 EL Crème fraîche
Zucker
Cayennepfeffer
Salz und frisch gemahlener
schwarzer Pfeffer

GRÜNES APFELGEL
200 g grünes Apfelpüree
1 EL Apfelbrand (im Eichenfass gereift)
1 Spritzer Zitronensaft
5 g Agar-Agar
1 EL Apfelsaft

APFELCHIPS
1 grüner Apfel
40 ml Zuckersirup (Rezept Seite 198)

FERTIGSTELLEN
Veilchenblüten
Holunderblüten
frittierte Petersilie

LAUWARMER HUCHEN MIT PETERSILIENPÜREE, GRÜNEM APFEL UND HOLUNDERBLÜTENMARINADE

LAUWARMER HUCHEN
Die Huchenfilets mit Salz, Pfeffer, Cayennepfeffer sowie ein wenig Limetten- und Orangenabrieb einreiben und 5 Minuten marinieren.
In der Zwischenzeit das Olivenöl in einem Stieltopf auf 60 °C erhitzen. Die Fischfilets darin ca. 10 Minuten glasig garen. Herausnehmen und auf Küchenpapier abtropfen lassen. Vor dem Anrichten nochmals mit grobem Meersalz würzen.

HOLUNDERBLÜTENMARINADE
Den Apfel waschen, in Viertel schneiden und entkernen. Das Fruchtfleisch in Würfel schneiden. Honig und Senf verrühren und langsam den Holunderblütensirup einrühren. Die Marinade mit den drei Ölsorten aufschlagen und mit dem Mineralwasser verdünnen. Das Dressing kräftig mit den restlichen genannten Zutaten abschmecken und die Apfelwürfel sowie die Petersilie unterziehen.

PETERSILIENPÜREE
Die Petersilienwurzeln schälen und in feine Scheiben schneiden. Die Butter in einem breiten Topf zerlassen, die Petersilienwurzeln hinzufügen und farblos anschwitzen. Salzen, zuckern und weiter anschwitzen. Mit Pfeffer und Cayennepfeffer würzen. Mit dem Weißwein ablöschen und mit Geflügelfond auffüllen. 25–35 Minuten köcheln lassen.
In der Zwischenzeit die Petersilienblätter von den Stängeln zupfen und in sprudelnd kochendem Wasser blanchieren. Mit einem Schaumlöffel herausnehmen, im Eiswasser kurz abschrecken, abgießen und ausdrücken. Die Petersilie klein schneiden und mit der Butter verkneten.
Wenn die Petersilienwurzeln weich sind, Sahne und Crème fraîche zugeben und im Mixer pürieren. Anschließend die Petersilienbutter untermixen.
Das Püree durch ein feines Sieb streichen und nochmals abschmecken. Zum Schluss in eine Spritzflasche füllen und die Flasche bis zum Anrichten warm stellen.

GRÜNES APFELGELEE
Die genannten Zutaten mit Ausnahme des Apfelsafts in einem kleinen Topf aufkochen lassen. Anschließend auf ein Blech geben und das Gel erkalten lassen.
Das gestockte Püree mit dem Apfelsaft in einen Becher geben und mit dem Pürierstab zu einem Gel mixen. Schließlich das Gel in eine Spritzflasche füllen und bis zum Anrichten beiseitestellen.

APFELCHIPS
Den Apfel waschen, vierteln und das Kerngehäuse entfernen. Das Fruchtfleisch in hauchdünne Scheiben schneiden. Den Sirup auf 80 °C erhitzen und die Apfelscheiben einlegen. Etwa 2 Minuten im Sirup ziehen lassen.
Die Apfelscheiben abtropfen lassen und auf eine Silikonmatte legen.
Den Backofen auf 60 °C vorheizen.
Die Chips über Nacht im warmen Ofen trocknen lassen, danach luftdicht aufbewahren.

FERTIGSTELLEN
Das Huchenfilet auf dem Teller platzieren und mit Holundermarinade überziehen. Das Petersilienpüree und das Apfelgelee in Klecksen aufspritzen. Mit Apfelchips, Veilchenblüten, Holunderblüten und frittierter Petersilie dekorieren.

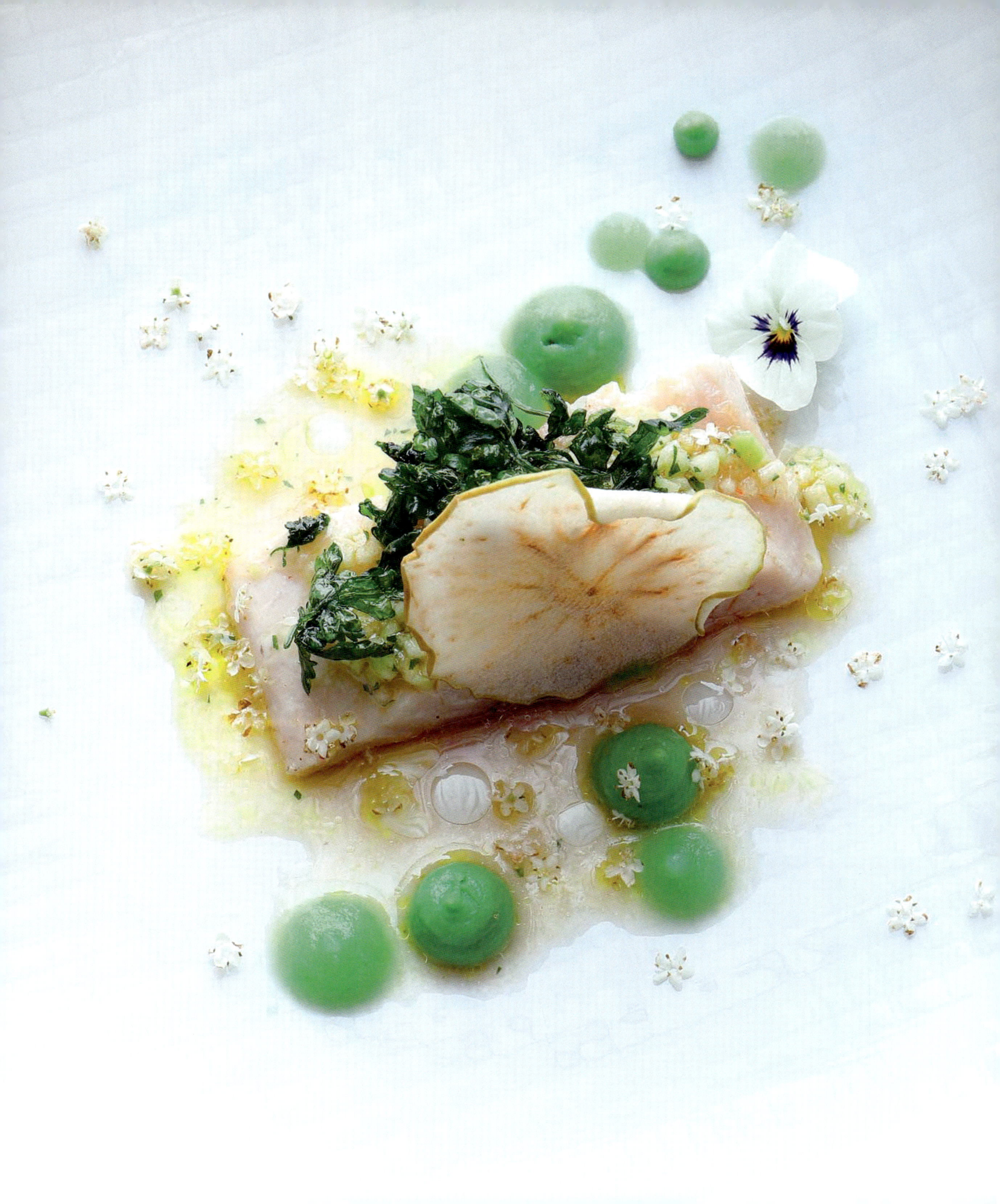

IN KRÄUTERN GEBEIZTES SAIBLINGSFILET MIT ALZTALER RICOTTA, WILDKRÄUTERN UND RADIESERLN

FÜR 4 PERSONEN

SAIBLINGSFILET
800 g Bachsaiblingsfilet mit Haut
2 EL natives Olivenöl extra
40 g fein gehackte gemischte Kräuter (Petersilie, Estragon, Bronzefenchel, Giersch, Schnittlauch)

BEIZE
80 g Salz / 60 g Zucker
20 g Pökelsalz
2 EL Sojasauce
2 EL Ketjap manis
1 EL Maiskeimöl
2 EL natives Olivenöl extra
½ Bioorange, in dünne Scheiben geschnitten
10 Kubebenpfefferkörner
10 schwarze Pfefferkörner
1 TL Senfsaat / 1 TL Fenchelsaat
30 g grob gehackte Petersilie
10 g Lauchzwiebeln, in feine Scheiben geschnitten
10 g grob geschnittene Korianderblätter
je 10 g Bronzefenchel, Fenchelkraut, Giersch, Estragon und Sauerampfer
300 g Eiswürfel

RICOTTAEIS
350 g geräucherter Ricotta
100 g Topfen / 50 g Crème fraîche
1 ½ EL Zitronensaft
1 EL natives Olivenöl
1 EL Holzkohleöl
30 g Zucker / 20 g Salz
20 g Glukose / 2 ½ Blatt Gelatine
frisch gemahlener schwarzer Pfeffer

WILDKRÄUTERSAUCE
30 g Wildkräuter
10 g Petersilienblätter
1 TL Estragonsenf
10 g Mandelgrieß, geröstet
10 g Pinienkerne
2 EL natives Sonnenblumenöl
2 EL Maiskeimöl
Abrieb von 1 Biozitrone
Salz und frisch gemahlener schwarzer Pfeffer

EINGELEGTE RADIESERL
16 kleine Radieschen
70 ml Pickelfond (Rezept Seite 195)
1 Prise Meersalzflocken
Salz

MARINIERTE RADIESERL
8 Radieserl
3 EL Honigvinaigrette (Rezept Seite 195)
Meersalz / Schnittlauchröllchen

RAPSÖLMALTO
50 ml natives Rapsöl extra
15 g Maltodextrin / 1 Prise Salz

FERTIGSTELLEN
geräucherte Ricottabrocken
marinierte Wildkräuter
Sauerrahmsauce (Rezept Seite 196)

SAIBLINGSFILET
Die Saiblingsfilets entgräten und mit den genannten Zutaten für die Beize 4 Stunden marinieren. Anschließend die Haut abziehen und die Transtellen vorsichtig entfernen. Den Fisch trocken tupfen, mit Olivenöl einreiben und mit den Kräutern bestreuen. Zum Anrichten in dicke Tranchen schneiden.

RICOTTAEIS
Die genannten Zutaten, mit Ausnahme der Glukose und der Gelatine, miteinander verrühren und nochmals abschmecken.
Die Gelatine 5–10 Minuten in kaltem Wasser einweichen. Die Glukose in einem kleinen Stieltopf erwärmen. Die Gelatine ausdrücken und in der Glukose auflösen. 2 Esslöffel kalte Eismasse einrühren. Anschließend beide Massen miteinander verrühren. In der Eismaschine gefrieren.
Wer keine Eismaschine hat, gibt die Masse in eine Schüssel, stellt diese ins Eisfach und rührt alle 10 Minuten mit einem Schneebesen die Masse gut durch, bis die gewünschte Konsistenz erreicht ist.

WILDKRÄUTERSAUCE
Wildkräuter, Petersilienblätter, Senf, Mandelgrieß, Pinienkerne und die beiden Ölsorten im Mixer fein mixen und mit ein wenig Zitronenabrieb sowie Salz und Pfeffer würzen.

EINGELEGTE RADIESERL
Die Radieschen putzen, dabei die Wurzeln nicht entfernen. Etwas Grün daranlassen. Kurz waschen und in Salzwasser 3 Minuten kochen. Mit einem Schaumlöffel herausnehmen, abtropfen lassen und in den Pickelfond einlegen. Mit Meersalzflocken bestreuen.

MARINIERTE RADIESERL
Die Radieschen putzen, dabei das Grün entfernen, jedoch nicht die Wurzeln. Vier Radieschen halbieren und mit Meersalz, Schnittlauch und Honigvinaigrette marinieren. Die restlichen vier Radieschen in feine Scheiben schneiden und aus den Scheiben mit einem Ausstecher Ringe ausstechen. Diese Ringe mit Meersalz und Honigvinaigrette marinieren.

RAPSÖLMALTO
Öl und Maltopulver verrühren und salzen. Das Malto in einer Pfanne rösten.

FERTIGSTELLEN
Einige Löffel von der Wildkräutersauce auf den Teller geben. Das Saiblingsfilet daraufsetzen, ein wenig Rapsölmalto daraufgeben und mit Ricottaeis und den Radieserln umlegen. Mit Ricottabrocken und marinierten Wildkräutern dekorieren. Sauerrahmsauce in Klecksen auf den Teller spritzen.

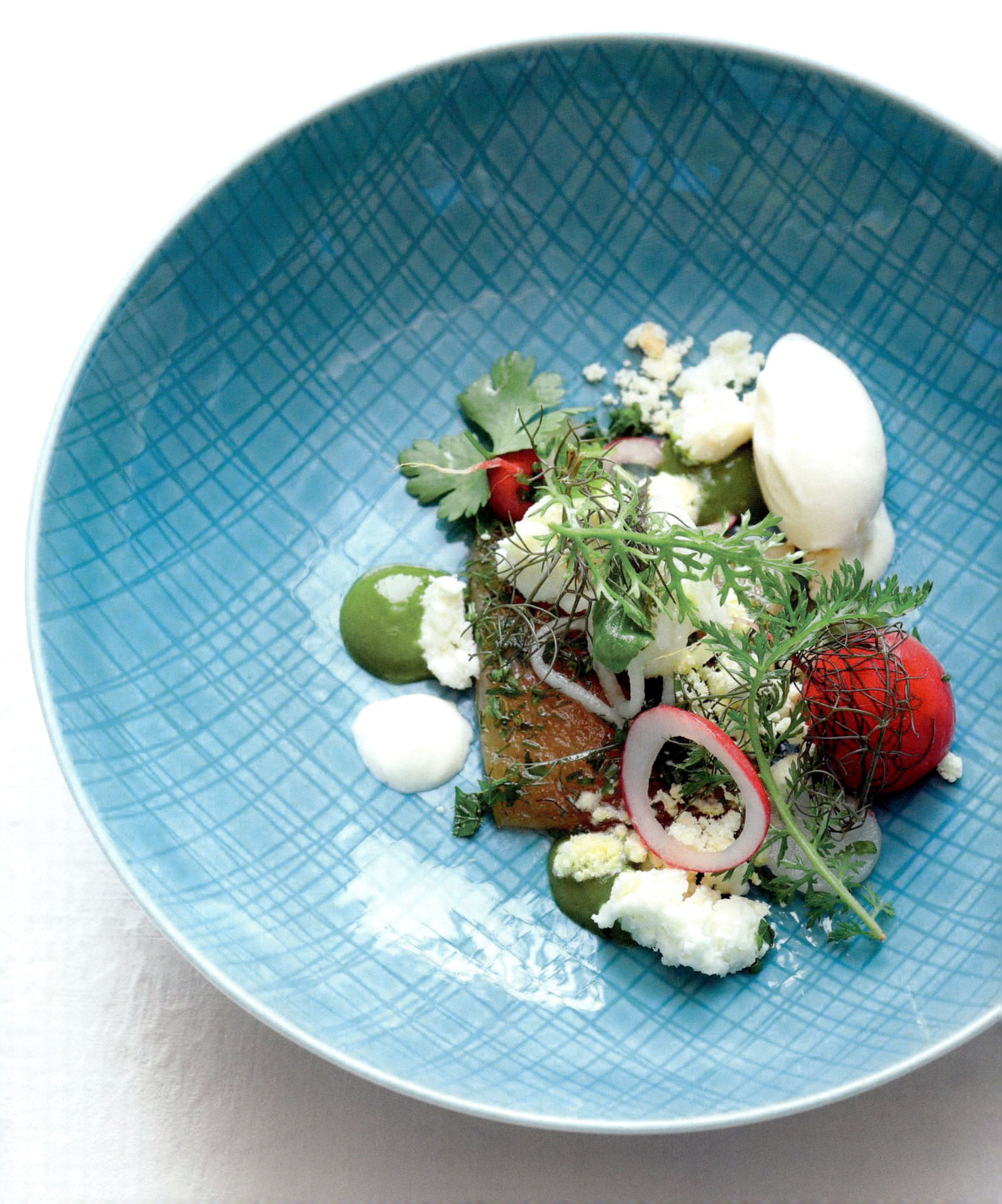

DER IMKER MEINES VERTRAUENS:
ALOIS AUER

SÜSSES FÜR SONNIGE TAGE
Rezeptideen, die Laune machen

MEINE MAIBOWLE

SCHEITERHAUFEN VOM RHABARBER MIT ERDBEER-JOGHURT-EIS

FORMIDABLE! BROWNIE VON DER BITTERSCHOKOLADE MIT
ERDNUSSEIS UND PASSIONSFRUCHTSORBET

HEIDELBEER-TOPFEN-TARTE MIT ROSMARIN-MANDEL-EIS

ZIEGENFRISCHKÄSEMOUSSE MIT BASILIKUM UND HERZKIRSCHEN

FÜR 4 PERSONEN

WALDMEISTERSIRUP
1,2 kg Zucker
90 g Waldmeisterblätter
2 Biozitronen in Scheiben
2 Bioorangen in Scheiben
5 g Zitronensäure

WALDMEISTERSÜPPCHEN
6 Blatt Gelatine
500 ml Waldmeistersirup
Saft von 1 Orange, gesiebt
375 ml Champagner
2 EL Sloeberry Gin

SLOEBERRY-GIN-ESPUMA
70 g Erdbeeren
3 EL Mineralwasser
3 EL Sloeberry Gin
15 g ProEspuma
35 g Zucker
100 g Sahne

GRÜNES TEESORBET
10 g grüne Teeblätter
170 g Zucker
50 g Glukose
Saft und Abrieb von 1 Biolimette
20 g Honig
25 g halbtrockener Riesling
80 g Basic Textur

ERDBEEREN
18 Erdbeeren
1 TL Zucker
20 g Puderzucker

FERTIGSTELLEN
Veilchenblüten
Persinettekresse

MEINE MAIBOWLE

WALDMEISTERSIRUP
Zuerst 1,2 l Wasser und den Zucker zusammen aufkochen und anschließend auf 50 °C abkühlen lassen. Den Sirup über die Waldmeisterblätter sowie Zitronen- und Orangenscheiben geben, die Zitronensäure hinzufügen und abgedeckt 2–3 Tage ziehen lassen. Zum Schluss das Ganze durch ein Haarsieb passieren und in saubere Flaschen füllen.

WALDMEISTERSÜPPCHEN
Die Gelatine 5–10 Minuten in kaltem Wasser einweichen. Etwas Waldmeistersirup erwärmen, die Gelatine ausdrücken und im Waldmeistersirup auflösen. Orangensaft, Waldmeistersirup und zwei Drittel des Champagners unterrühren und kalt stellen. Kurz vor dem Anrichten den restlichen Champagner und den Gin unterrühren.

SLOEBERRY-GIN-ESPUMA
In einem Mixer die genannten Zutaten – mit Ausnahme der Sahne – fein mixen. Die Masse 15 Minuten ruhen lassen und zum Schluss die Sahne unterrühren. Die Masse in einen Siphon füllen. Den Siphon fest verschließen und zwei Kapseln aufschrauben.

GRÜNES TEESORBET
500 ml Wasser zum Kochen bringen und auf 80 °C abkühlen lassen. Anschließend das Wasser über den Tee gießen. Den Tee 4 Minuten ziehen lassen, abgießen und die restlichen Zutaten dazugeben und verrühren. Das Sorbet in eine Schüssel abpassieren und kalt rühren. Anschließend in einer Eismaschine gefrieren.
Wer keine Eismaschine hat, gibt die Masse in eine Schüssel, stellt diese ins Eisfach und rührt alle 10 Minuten mit einem Schneebesen die Masse gut durch, bis die gewünschte Konsistenz erreicht ist.

ERDBEEREN
Die Erdbeeren abspülen und putzen. Zwei Erdbeeren mit dem Zucker fein zu Erdbeermark mixen. Die restlichen Erdbeeren mit dem Puderzucker bestäuben und ziehen lassen.

FERTIGSTELLEN
Das Waldmeistersüppchen in eine Dessertschale füllen. Das Sorbet einlegen. Ginespuma daraufspritzen und mit Erdbeeren, Veilchenblüten und Persinettekresse dekorieren.

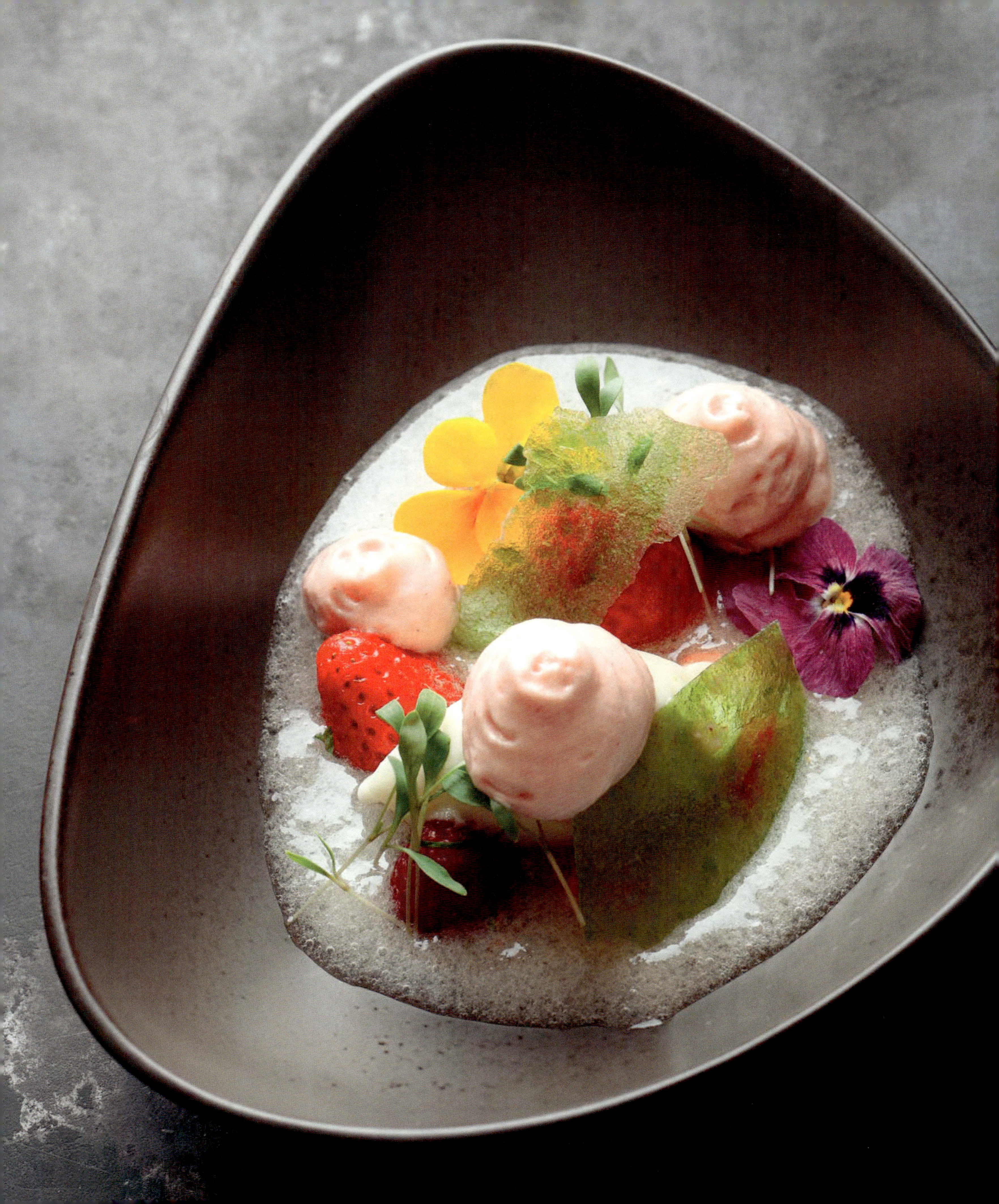

SCHEITERHAUFEN VOM RHABARBER MIT ERDBEER-JOGHURT-EIS

FÜR 4 PERSONEN

OFENRHABARBER
5 Stangen Rhabarber
50 g Himbeeren (TK)
1 Zimtstange
Mark von 1 Vanilleschote
3 Scheiben Ingwer, geschält
1 Thymianzweig
200 g Zucker

SCHEITERHAUFEN
50 g Butter
12 Scheiben Toast
2 Eier
1 Eigelb
200 g Sahne
80 ml Milch
100 g Zucker
Mark von 1 Vanilleschote
Abrieb von ½ Bioorange
60 Stücke Ofenrhabarber, abgetropft

ERDBEER-JOGHURT-EIS
2 ½ Blatt Gelatine
300 g Erdbeeren
2 gestr. EL Zucker
350 g Joghurt
120 g Puderzucker
20 g Honig
1 EL Zitronensaft
1 EL Himbeerschnaps
1 EL Orangenlikör
125 g Sahne, halbsteif geschlagen

RHABARBER-HIMBEER-KOMPOTT
12 Himbeeren
20 Stücke Ofenrhabarber mit Saft
3 EL Erdbeermark
2 EL Himbeerschnaps
3 Minzeblätter
Limettensaft

FERTIGSTELLEN
Himbeeren
Vanillesauce (Rezept Seite 198)
Minzeblätter
Blutampfer

OFENRHABARBER
Den Backofen auf 120 °C vorheizen.
Den Rhabarber putzen, waschen, in Stückchen schneiden und in eine feuerfeste Form schichten. Die Himbeeren sowie Zimtstange, Vanillemark, Ingwer und den Thymianzweig daraufgeben. Zucker und 50 ml Wasser aufkochen lassen und den Sirup über den Rhabarber geben. Mit Alufolie abdecken und im heißen Ofen 20–25 Minuten garen.

SCHEITERHAUFEN
Den Backofen auf 150 °C vorheizen.
Vier runde Förmchen à 7,5 cm Ø großzügig mit Butter ausstreichen. Die Toastscheiben in der Größe der Förmchen ausstechen. Die restliche Butter in einer Pfanne zerlassen und die Toastscheiben auf beiden Seiten anbraten. Aus der Pfanne nehmen und auf Küchenpapier abtropfen lassen.
Eier, Eigelb, Sahne, Milch, Zucker, Vanillemark und Orangenabrieb mit dem Pürierstab zu einem sog. Eierstich mixen. Anschließend abwechselnd die Toastscheiben und den Rhabarber in die Förmchen schichten, dabei mit den Toastscheiben beginnen und mit dem Eierstich aufgießen. Im heißen Ofen 25–30 Minuten backen. Nach dem Backen 15 Minuten ruhen lassen und danach stürzen.

ERDBEER-JOGHURT-EIS
Die Gelatine 5–10 Minuten in kaltem Wasser einweichen. Die Erdbeeren putzen und waschen und mit dem Zucker zu Erdbeermark mixen. 3 Esslöffel abnehmen und für das Kompott (s. unten) beiseitestellen. Das restliche Erdbeermark mit Joghurt, Puderzucker, Honig, Zitronensaft und Himbeerschnaps verrühren. Mit dem Orangenlikör abschmecken. Die Sahne unterheben und in der Eismaschine gefrieren.
Wer keine Eismaschine hat, gibt die Masse in eine Schüssel, stellt diese ins Eisfach und rührt alle 10 Minuten mit einem Schneebesen die Masse gut durch, bis die gewünschte Konsistenz erreicht ist.

RHABARBER-HIMBEER-KOMPOTT
Die Himbeeren verlesen und in eine Schüssel geben. Die restlichen genannten Zutaten hinzufügen und vorsichtig unterheben, dabei mit Limettensaft abschmecken.

FERTIGSTELLEN
Den Scheiterhaufen auf den Teller geben und mit dem restlichen Ofenrhabarber belegen. Mit dem Eis und Kompott umlegen. Zur Garnierung ein wenig Vanillesauce angießen und mit Minzeblättern und Blutampfer dekorieren.

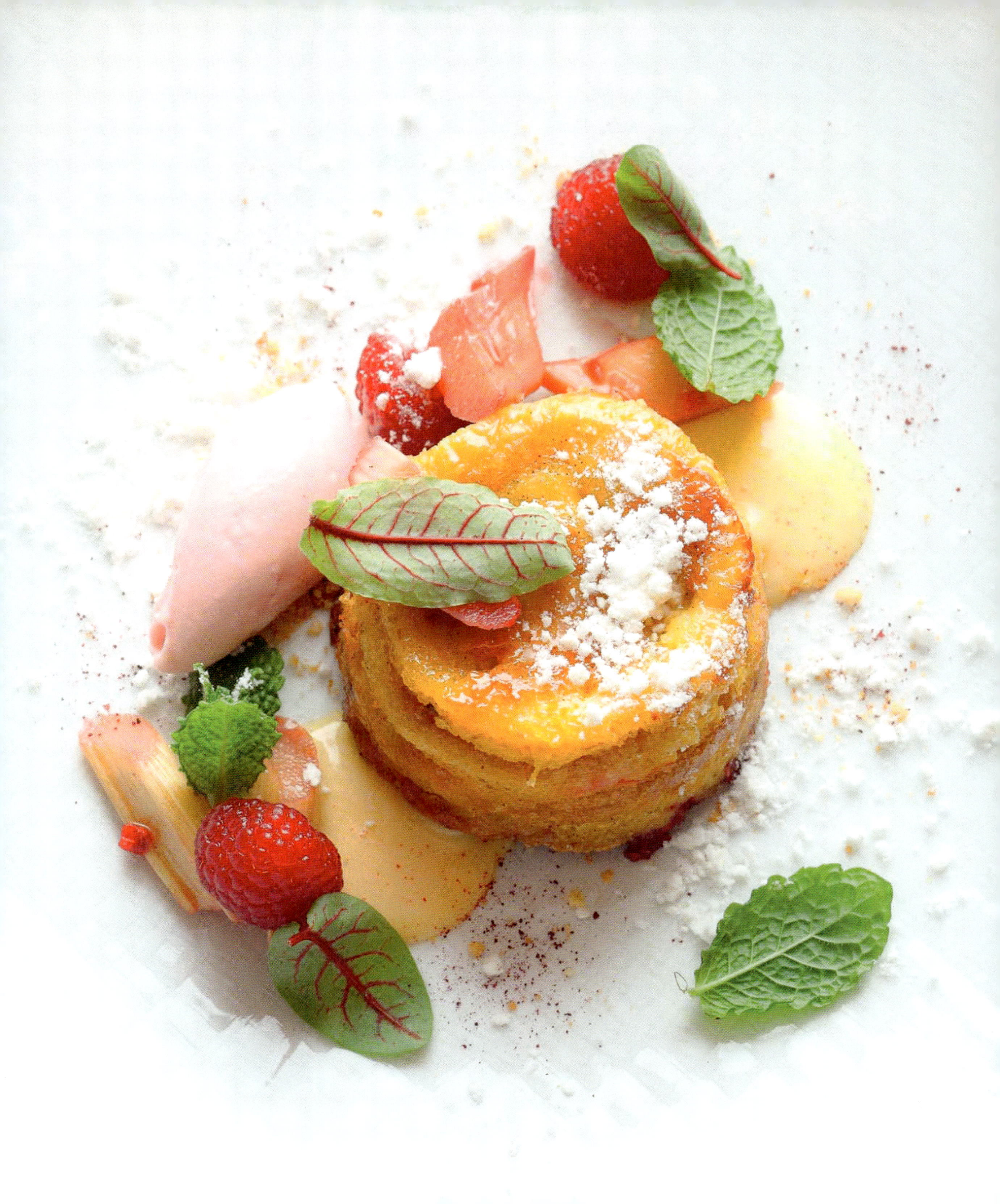

FORMIDABLE! BROWNIE VON DER BITTERSCHOKOLADE MIT ERDNUSSEIS UND PASSIONSFRUCHTSORBET

FÜR 4 PERSONEN

BROWNIE
55 g gehackte Mandeln
50 g Bitterkuvertüre (70 %)
75 g Butter
2 Eier
85 g Zucker
40 g Weizenmehl Type 405

ERDNUSSEIS
60 g Zucker
2 Eigelb
200 g Sahne
50 ml Milch
30 g Glukose
40 g Erdnussbutter
Salz
Abrieb von ½ Biozitrone

PASSIONSFRUCHTSORBET
500 ml Passionsfruchtsaftmark
200 ml Kokosmilch
40 ml Orangenlikör
250 g Zucker
50 g Glukose
Mark von 1 Vanilleschote

BITTERSCHOKOLADENMOUSSE
100 g Bitterschokolade (72 %)
25 g Vollmilchschokolade
300 g Sahne
1 Ei
1 Eigelb
1 EL alter Rum

CANNOLI
Kakaohippen (Rezept Seite 199)

FERTIGSTELLEN
weißes Schokoladenmalto (Rezept Seite 199)
Micro Leafs
natives Olivenöl extra

BROWNIE
Den Backofen auf 170 °C vorheizen.
Die Mandeln in einer Pfanne ohne Fett rösten. Die Kuvertüre und die Butter klein schneiden, in eine Schüssel geben und über einem Wasserbad auf 50 °C temperieren. Eier, Zucker und Mehl mit dem Pürierstab glatt mixen.
Sobald die Kuvertüre 50 °C erreicht hat, die Schokoladen- und Eiermasse mit dem Pürierstab zusammen glatt mixen. Die Mandeln unterheben. Die Masse in Silikon-Backformen füllen und im heißen Ofen 15 Minuten backen.

ERDNUSSEIS
Zuerst Zucker und Eigelbe verrühren und kurz beiseitestellen. Sahne und Milch aufkochen lassen und die Glukose einrühren. Das heiße Milch-Sahne-Gemisch mit der Eigelbmasse verrühren und über einem Wasserbad auf 68 °C temperieren. Die Masse mit der Erdnussbutter montieren und mit Salz und Zitronenabrieb abschmecken. Anschließend kalt schlagen und in der Eismaschine gefrieren.
Wer keine Eismaschine hat, gibt die Masse in eine Schüssel, stellt diese ins Eisfach und rührt alle 10 Minuten mit einem Schneebesen die Masse gut durch, bis die gewünschte Konsistenz erreicht ist.

PASSIONSFRUCHTSORBET
Die genannten Zutaten – mit Ausnahme der Glukose – in einer Schüssel verrühren und abschmecken. Die Glukose in einer Sauteuse auflösen und unter die Sorbetmasse rühren. Zum Schluss in der Eismaschine gefrieren. Wer keine Eismaschine hat, verfährt wie für das Erdnusseis.

BITTERSCHOKOLADENMOUSSE
Die Schokolade klein schneiden und in einer Schüssel über einem heißen Wasserbad schmelzen. Währenddessen die Sahne halbsteif schlagen und beiseitestellen. Die Eier in einer Sauteuse auf 65 °C aufschlagen. Die Eiermasse in eine kalte Schüssel geben und den Rum sowie die Schokolade einrühren. Anschließend ein Drittel der Sahne mit dem Schneebesen unterziehen und danach die restliche Sahne mit einem Gummispatel unterheben. Die Mousse ca. 3 Stunden erkalten lassen.

CANNOLI
Den Backofen auf 180 °C vorheizen.
Die Hippenmasse mit einer rechteckigen Schablone auf eine Backmatte streichen und ca. 10 Minuten backen. Die noch heißen Hippen mit einem Kochlöffel zu Röllchen formen. Diese abkühlen lassen und mit der Schokoladenmousse füllen.

FERTIGSTELLEN
Das Gericht mit allen seinen Komponenten auf dem mit ein wenig weißem Schokoladenmalto bestreuten Teller anrichten und mit Micro Leafs dekorieren. Mit feinstem Olivenöl beträufeln.

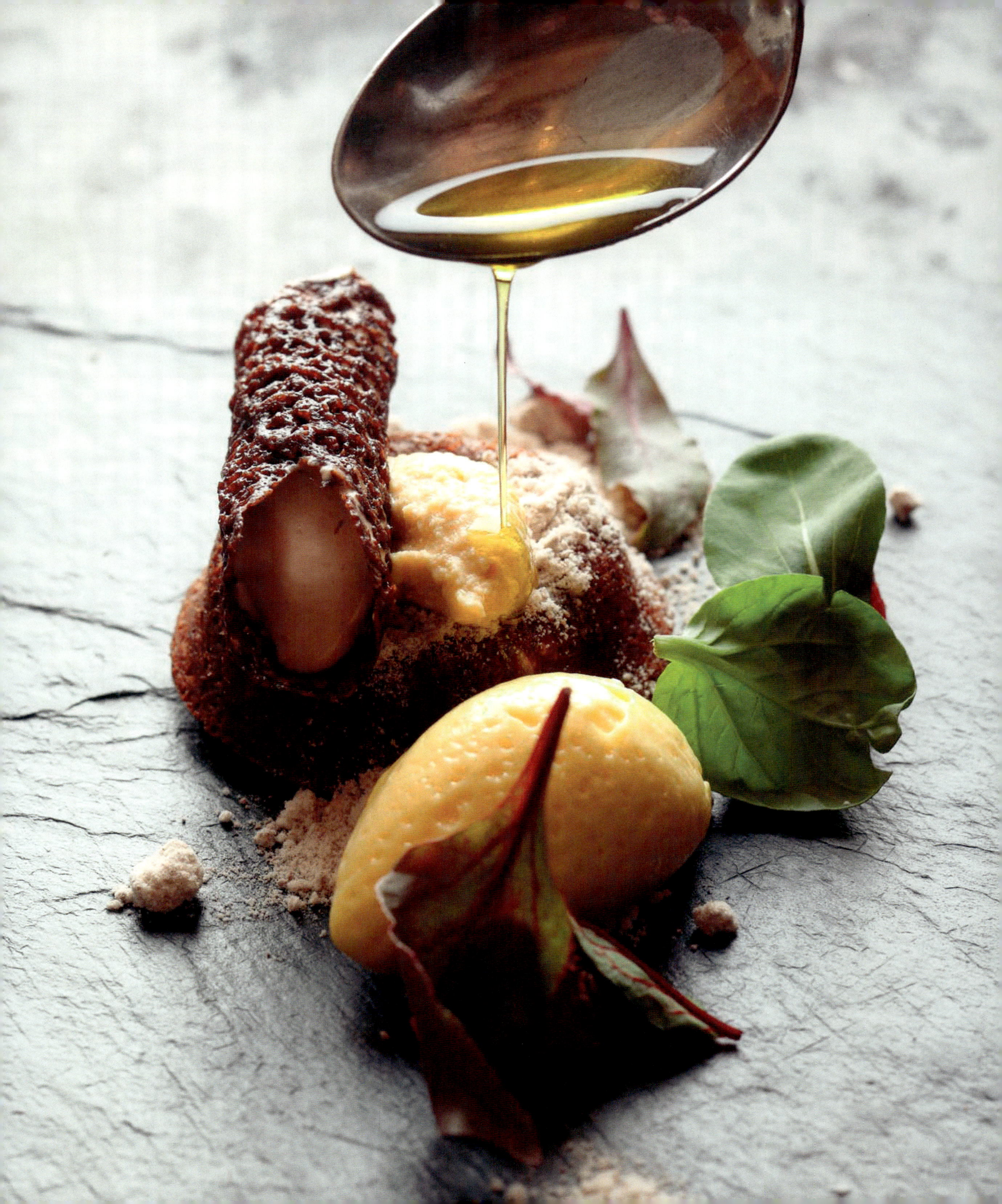

HEIDELBEER-TOPFEN-TARTE MIT ROSMARIN-MANDEL-EIS

FÜR 4 PERSONEN

HEIDELBEER-TOPFEN-TARTE
MÜRBETEIG
20 g zimmerwarmes Marzipan
50 g Eigelb
250 g zimmerwarme, weiche Butter
125 g Puderzucker
Mark von ½ Vanilleschote
Abrieb von ½ Biozitrone
375 g Weizenmehl Type 405
Salz

AUSSERDEM
Butter für die Förmchen (Tartelettes)

FÜLLUNG
165 g Topfen
50 g Zucker
10 g Vanillepuddingpulver
1 Ei
Abrieb von je ¼ Biolimette und -orange
70 g Sahne, halbsteif geschlagen
60 g frische Heidelbeeren
Puderzucker

ROSMARIN-MANDEL-EIS
3–4 Rosmarinzweige
300 ml Milch
250 g Sahne
50 g gehobelte Mandeln, geröstet und gehackt
100 g Zucker
80 g Eigelb
Abrieb von je ¼ Biozitrone und -orange
4 EL Amaretto

FERTIGSTELLEN
Rosmarinspitzen
Minze
Schokoladenmalto (Rezept Seite 199)
Kürbiskerncrumble (Rezept Seite 198)

HEIDELBEER-TOPFEN-TARTE

Den Backofen auf 160 °C vorheizen.

Für den Mürbeteig Marzipan mit dem Eigelb verrühren. Abwechselnd Butter und Puderzucker hinzufügen und weiterrühren. Salz, Vanillemark und Zitronenabrieb zugeben. Zum Schluss das Mehl einarbeiten.

Den Mürbeteig kräftig kneten und danach mindestens 1 Stunde im Kühlschrank ruhen lassen. Anschließend den Teig für die Förmchen ausrollen. Die Förmchen mit Butter ausstreichen, mit dem Teig auslegen und im heißen Ofen 10 Minuten vorbacken. Den Backofen nicht ausschalten.

Für die Füllung sämtliche genannten Zutaten mit Ausnahme der Heidelbeeren verrühren und die Sahne unterheben.

Die Förmchen mit dem vorgebackenen Mürbeteig mit Heidelbeeren und Topfenmasse füllen und ca. 15 Minuten im heißen Ofen backen. Die Tartelettes aus den Förmchen nehmen und mit Puderzucker bestäuben. Mit einem Brûlierer kurz erhitzen, bis der Zucker Farbe nimmt.

ROSMARIN-MANDEL-EIS

Die Blättchen von den Rosmarinzweigen abstreifen und fein hacken. Milch und Sahne mit Mandeln und Rosmarin zum Kochen bringen. Zucker und Eigelb verrühren. Die beiden Massen miteinander verrühren, auf 80 °C erhitzen und zur Rose abziehen. Zitronen- und Orangenabrieb sowie den Amaretto hinzufügen. Die Eismasse passieren und kalt schlagen. In der Eismaschine gefrieren.

Wer keine Eismaschine hat, gibt die Masse in eine Schüssel, stellt diese ins Eisfach und rührt alle 10 Minuten mit einem Schneebesen die Masse gut durch, bis die gewünschte Konsistenz erreicht ist.

FERTIGSTELLEN

Das Tartelette und das Eis auf dem Teller anrichten und mit Rosmarinspitzen, Minze, Schokoladenmalto und Kürbiskerncrumble dekorieren.

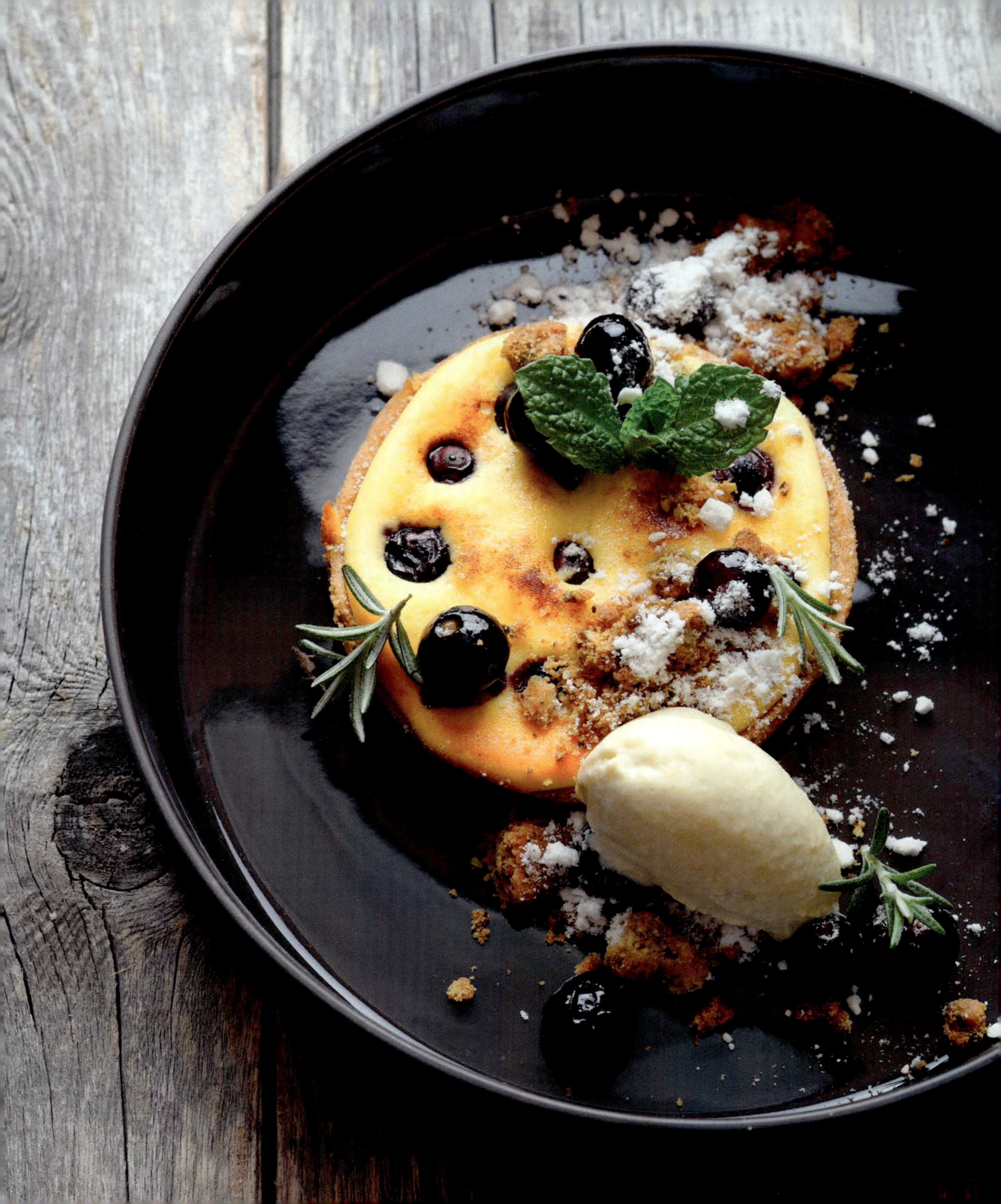

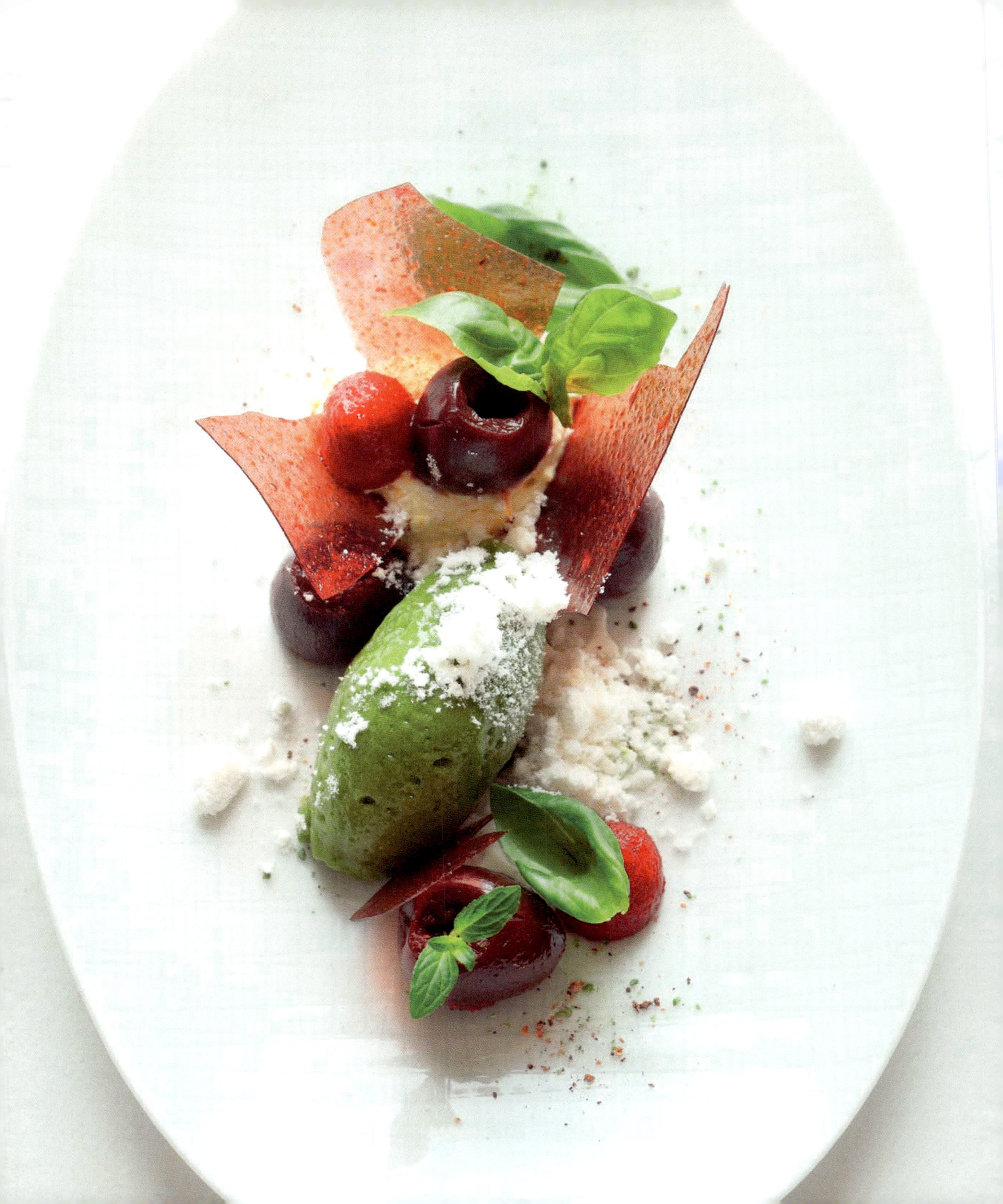

ZIEGENFRISCHKÄSEMOUSSE MIT BASILIKUM UND HERZKIRSCHEN

FÜR 4 PERSONEN

ZIEGENTOPFENMOUSSE
125 g Ziegentopfen
25 g Zucker
Saft und Abrieb von je ½ Biozitrone und -orange
Mark von ½ Vanilleschote
1 EL Zwetschgenwasser
1 EL Orangenlikör
1 EL brauner Rum
250 g Sahne, halbsteif geschlagen
2 Eiweiß
50 g Zucker

GEFRORENER ZIEGENTOPFEN
100 g Ziegentopfen
20 g Honig
Limettensaft

BASILIKUMSORBET
250 ml Läuterzucker (Rezept Seite 198)
100 g Basilikumblätter
100 ml halbtrockener Riesling
1 EL Vitamin-C-Pulver
Saft und Abrieb von 1 Biolimette
100 g Basic Textur

SÜSSES PESTO
100 g Basilikumblätter
20 g Honig
10 g Puderzucker
30 g Pinienkerne, geröstet
50 ml Olivenöl
Saft und Abrieb von ½ Biozitrone

EINGEKOCHTE HERZKIRSCHEN
30 g Zucker
2 EL roter Portwein
100 ml Kirschsaft
2 EL Rotwein
Mark von ½ Vanilleschote
Abrieb von ½ Biolimette
20 g Vanillepuddingpulver, mit 2 EL Kirschsaft angerührt
200 g entkernte Kirschen

KIRSCHESPUMA
200 ml Kirschsaft
100 ml Kirschfond (s. eingekochte Herzkirschen)
20 g Honig
1 Beutel Schwarztee (Darjeeling)
2 ½ Blatt Gelatine

KIRSCHPAPIER
60 g Kirschsaft
10 g Zucker
15 g Speisestärke, mit ein wenig Kirschsaft angerührt

FERTIGSTELLEN
Basilikum
Minze
weißes Schokoladenmalto (Rezept Seite 199)
Erdbeeren

ZIEGENTOPFENMOUSSE
Die genannten Zutaten – mit Ausnahme von Sahne, Eiweiß und Zucker – miteinander verrühren. Die Topfenmasse 10 Minuten ziehen lassen.
In der Zwischenzeit das Eiweiß mit dem Zucker zu cremigem Schnee schlagen. Die Schlagsahne unter die Topfenmasse heben und danach die Eischneemasse unterziehen. Die Mousse in einem Sieb mit Passiertuch kühl gestellt 1 Stunde abhängen. Anschließend in eine Schüssel geben und zum Anrichten Nocken abstechen.

GEFRORENER ZIEGENTOPFEN
Die genannten Zutaten miteinander verrühren und dünn auf eine Luftpolsterfolie streichen. Die Folie einfrieren.
Zum Anrichten den gefrorenen Topfen ausstechen und auf den Teller geben.

BASILIKUMSORBET
Die genannten Zutaten in einer Küchenmaschine fein mixen und in der Eismaschine zu einem cremigen Sorbet gefrieren.
Wer keine Eismaschine hat, gibt die Masse in eine Schüssel, stellt diese ins Eisfach und rührt alle 10 Minuten mit einem Schneebesen die Masse gut durch, bis die gewünschte Konsistenz erreicht ist.

SÜSSES PESTO
Basilikum, Honig, Puderzucker, Pinienkerne und Olivenöl mit dem Pürierstab fein mixen und mit Zitronenabrieb und einigen Tropfen Zitronensaft abschmecken.

EINGEKOCHTE HERZKIRSCHEN
Den Zucker in einem Stieltopf karamellisieren und mit Portwein, Kirschsaft und Rotwein ablöschen. Das Vanillemark und den Limettenabrieb hinzufügen und aufkochen lassen. 100 ml für den Kirschespuma beiseitestellen.
Die restliche Kirschsauce mit dem angerührten Puddingpulver binden, eventuell noch etwas reduzieren. Die heiße Sauce über die Kirschen geben und 20 Minuten ziehen lassen.

KIRSCHESPUMA
Kirschsaft, den beiseitegestellten Kirschfond und Honig in einem Topf zum Kochen bringen. Den Teebeutel hinzufügen und 4 Minuten ziehen lassen. In der Zwischenzeit die Gelatine 5–10 Minuten in kaltem Wasser einweichen, ausdrücken und in der Flüssigkeit auflösen. Nun den Fond passieren und kalt rühren.
Zum Schluss die Masse in einen Siphon füllen. Den Siphon fest verschließen und zwei Kapseln aufschrauben. Bis zum Anrichten kühl stellen.

KIRSCHPAPIER
Zuerst den Kirschsaft mit dem Zucker aufkochen lassen. Mit der Stärke binden und köcheln lassen, bis eine zähflüssige Creme entstanden ist. Die Creme dünn auf eine Silikon-Backmatte aufstreichen und etwa 10 Stunden im Trockenofen oder bei 60 °C im warmen Backofen trocknen.

FERTIGSTELLEN
Sämtliche Komponenten des Gerichts auf dem Teller anrichten und mit Kirschpapier, Basilikum- und Minzeblättern sowie Schokoladenmalto und Erdbeeren dekorieren.

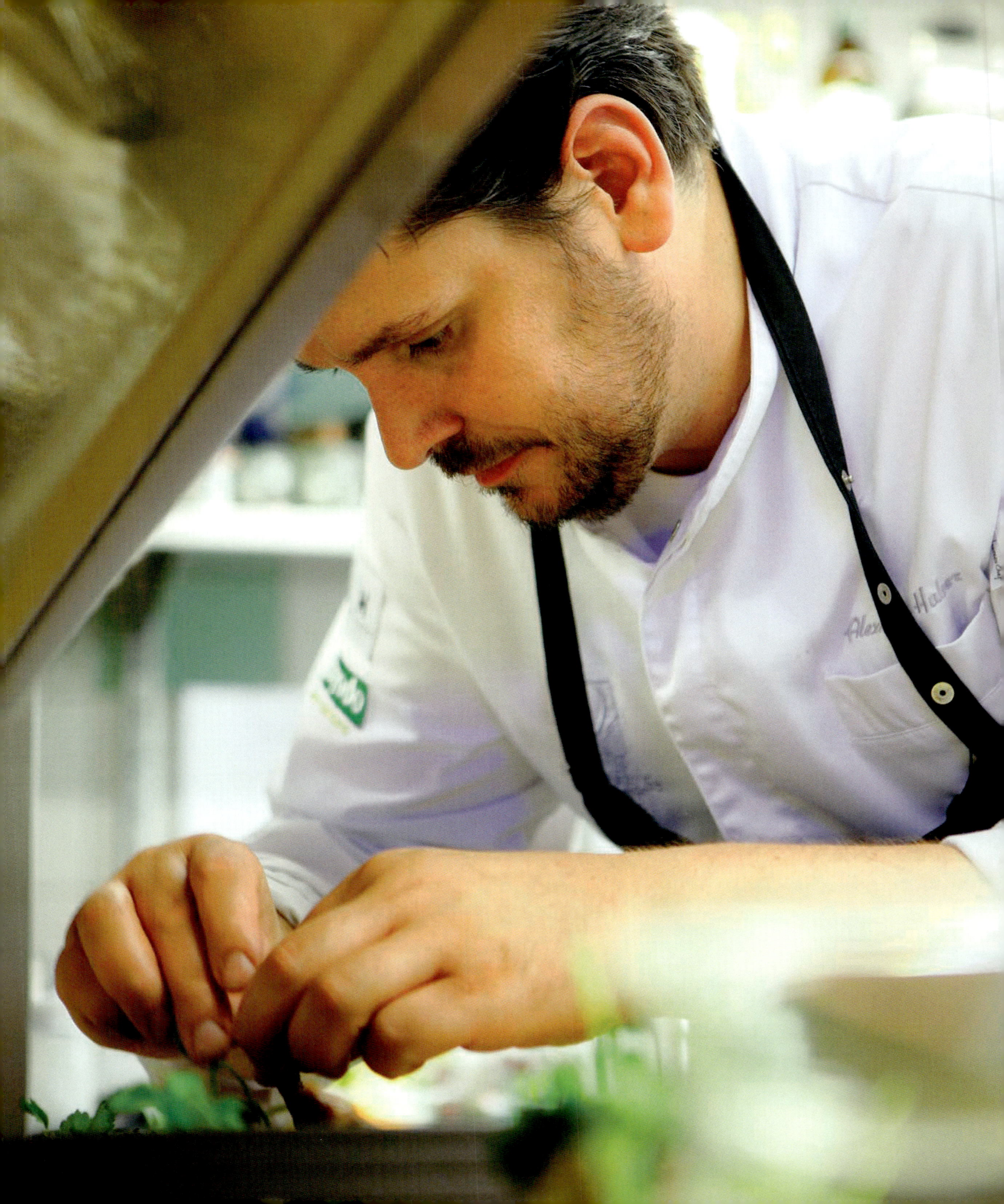

WILD NACH AROMA
wenn´s Herbst wird

DONAUWALLER MIT PETERSILIENWURZEL, BIRNE UND RADICCHIO

HIRSCHRÜCKEN MIT SELLERIE UND SCHWARZER NUSS

KNUSPRIGE TASCHERL VOM BAUERNHENDL MIT MANGO,
KUKURUZ UND PURPLE-CURRY-SAUCE

RAVIOLI VON GEMÜSE UND NIEDERBAYERISCHEM REH
MIT KÜRBIS UND SENFEIS

SUPPE VON ROTE BETE, APFEL UND ZWEIGELTESSIG
MIT LAUWARMEM KABELJAU

DONAUWALLER MIT PETERSILIENWURZEL, BIRNE UND RADICCHIO

FÜR 4 PERSONEN

DONAUWALLER
1 EL natives Sonnenblumenöl
4 Wallerfilets à 80 g
10 g Ghee (Rezept Seite 188)
1 TL fein gehackte Petersilie
Meersalz und frisch gemahlener schwarzer Pfeffer

RADICCHIO
1 kleiner Kopf Radicchio
50 g Zucker
1 EL Honig
1 EL Aceto balsamico, 12 Jahre gereift
50 ml Himbeeressig
50 ml roter Portwein
40 g Butter
100 ml Rotwein
1 EL Rapsöl
1 EL Honigvinaigrette (Rezept Seite 195)
Salz und frisch gemahlener schwarzer Pfeffer

EINGEKOCHTE BIRNE
1 Williamsbirne
20 g Zucker
1 EL weißer Portwein
1 EL Weißwein
60 ml Apfelsaft
1 EL Birnen-Ingwer-Essig (ersatzweise Weißweinessig)
3 Kubebenpfefferkörner
1 Lorbeerblatt
1 Thymianzweig
2 EL natives Olivenöl extra
Fenchelsamen
Meersalz

BIRNENPÜREE
1 Williamsbirne
40 ml Zuckersirup (Rezept Seite 198)
1 EL Birnenbrand
2 g Xanthan
Birnen-Ingwer-Essig
Salz

DONAUWALLER
Das Sonnenblumenöl in einer Pfanne erhitzen und die Wallerfilets darin scharf anbraten. Nach 1 Minute wenden und mit Meersalz und Pfeffer würzen. Das Ghee zugeben und den Fisch damit beträufeln. Kurz vor dem Anrichten mit der Petersilie und eventuell weiterem Meersalz bestreuen.

RADICCHIO
Den Radicchio putzen, dabei die bitteren weißen Teile nach Möglichkeit entfernen, in feine Streifen schneiden. Vier Radicchioblätter ganz lassen und beiseitestellen.
Die Salatstreifen 30 Minuten in lauwarmes Wasser einlegen und anschließend trocken schleudern. Den Zucker und den Honig in einem Stieltopf karamellisieren und mit Aceto balsamico, Himbeeressig und Portwein ablöschen. Auf die Hälfte einkochen lassen. Die Butter in einer Pfanne zerlassen und aufschäumen lassen. Die Radicchiostreifen zugeben und leicht mit Salz und Pfeffer würzen. Den Rotwein angießen und einkochen lassen. Die Essigreduktion hinzufügen und nochmals einkochen lassen. Anschließend nochmals abschmecken und das Rapsöl hinzufügen. Kurz vor dem Anrichten den Radicchio fein glasieren.
Aus den beiseitegestellten ganzen Radicchioblättern runde Blätter ausstechen und diese in Honigvinaigrette marinieren.

EINGEKOCHTE BIRNE
Die Birne schälen, halbieren und entkernen. Das Fruchtfleisch in acht Spalten teilen. Den Zucker in einem Stieltopf karamellisieren, mit Portwein, Weißwein und Apfelsaft ablöschen und das Ganze kräftig kochen lassen. Anschließend Essig, Gewürze und Meersalz zugeben und die Birnenstücke in dem Sud weich kochen. Vor dem Anrichten die Birnenstücke mit dem Olivenöl überziehen.

BIRNENPÜREE
Die Birne schälen, halbieren und entkernen. Das Fruchtfleisch in kleine Scheiben schneiden. Die Birnenscheiben in einen Topf geben und 10 ml Wasser, Zuckersirup und Birnenbrand hinzufügen. 20 Minuten weich köcheln lassen. Anschließend die restlichen genannten Zutaten hinzufügen und aufkochen lassen. Mit Salz und einem Spritzer Birnen-Ingwer-Essig nochmals abschmecken, in einem Mixer fein mixen und zum Schluss durch ein Sieb streichen. Das Püree in Spritzflaschen warm halten.

Fortsetzung auf der nächsten Doppelseite

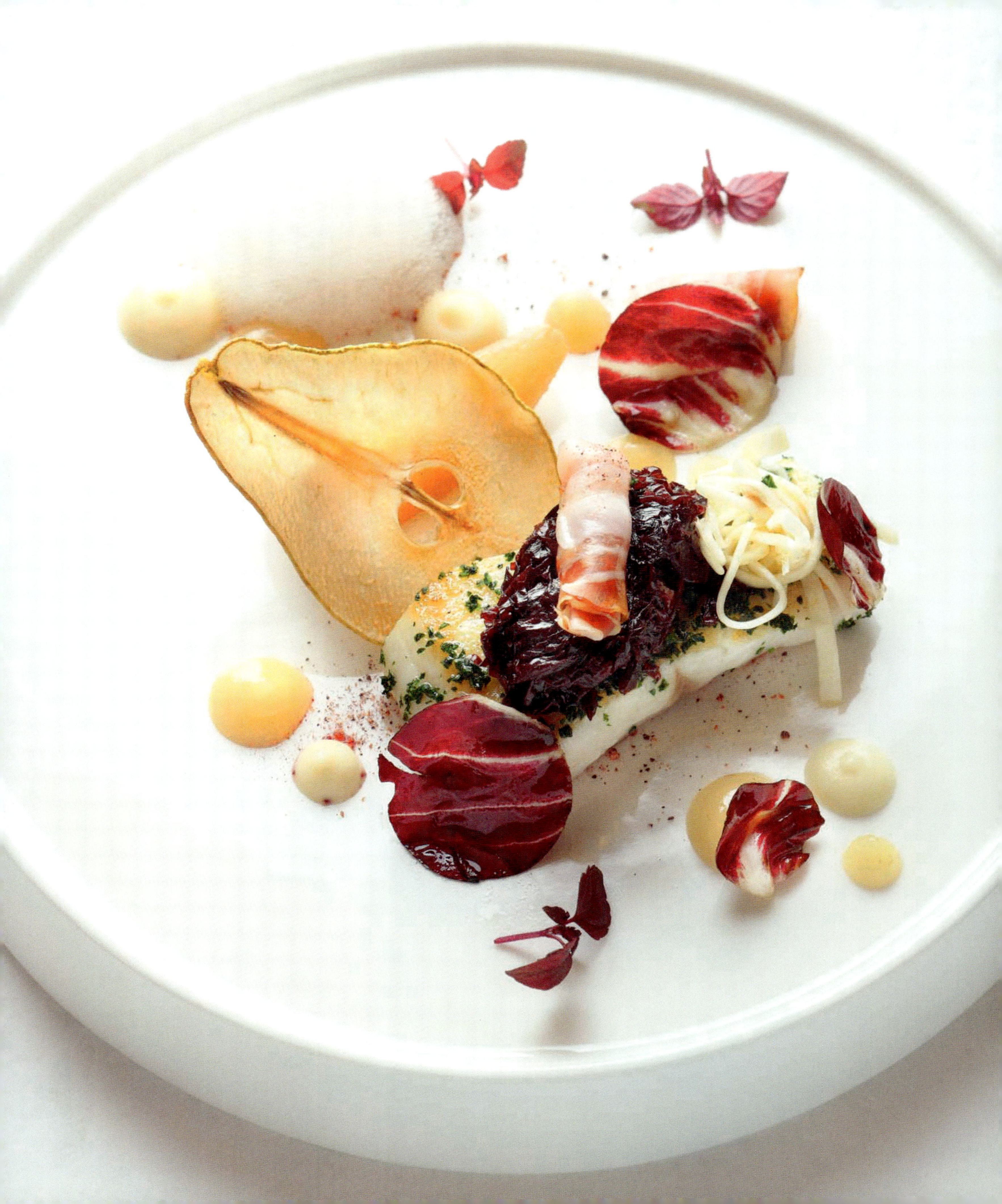

PETERSILIENWURZELPÜREE

300 g Petersilienwurzel
60 g Butter
1 EL Weißwein
200 ml Geflügelfond (Rezept Seite 192)
3 EL Sahne
3 EL Crème fraîche
Salz
Cayennepfeffer

PETERSILIENWURZELSALAT

1 Petersilienwurzel
Saft von ½ Limette
1 EL Honigvinaigrette
(Rezept Seite 195)
1 EL natives Olivenöl extra
Meersalz

BIRNENCHIPS

8 Birnenscheiben,
hauchdünn geschnitten
2 EL lauwarmer Zuckersirup
(Rezept Seite 198)

FERTIGSTELLEN

Birnenchips
Speckröllchen
Weißweinessigschaum (Rezept Seite 154)
Radicchio
rote Shisokresse

PETERSILIENWURZELPÜREE

Die Petersilienwurzeln schälen und in feine Scheiben schneiden. Die Butter in einem Topf zerlassen, aufschäumen lassen und die Petersilienwurzeln darin anschwitzen. Das Gemüse mit Salz und Cayennepfeffer würzen und weiter anschwitzen. Nach kurzer Zeit den Weißwein hinzufügen und mit dem Geflügelfond auffüllen. Etwa 30 Minuten weich dünsten. Anschließend den Fond abgießen. Das Gemüse mit Sahne und Crème fraîche in einen Mixer geben und fein mixen. Zum Schluss nochmals mit den Gewürzen abschmecken.

PETERSILIENWURZELSALAT

Die Petersilienwurzel schälen und in schmale Streifen schneiden. Aus Limettensaft, Meersalz, Honigvinaigrette und Olivenöl ein Dressing herstellen und die Petersilienwurzelstreifen darin marinieren. Mit einer Gabel aufwickeln. Vor dem Anrichten die Röllchen sorgfältig abtropfen lassen.

BIRNENCHIPS

Den Backofen auf 60 °C vorheizen.
Die Birnenscheiben durch den lauwarmen Sirup ziehen und das Obst auf eine Silikonmatte legen. Die Birnenchips über Nacht im warmen Ofen trocknen.

FERTIGSTELLEN

Nacheinander das Petersilienwurzelpüree und das Fischfilet auf den Teller geben und zusammen mit dem Radicchio, dem Petersilienwurzelsalat und den eingekochten Birnen anrichten. Das Birnenpüree in Klecksen aufspritzen. Mit Birnenchips, Speckröllchen und Weißweinessigschaum dekorieren. Zum Schluss mit Radicchio und roter Shisokresse Akzente setzen.

DER HERRGOTTSWINKEL IM GASTSTÜBERL 1612

Hubewirt
seit 1612
Alexander Huber

SCHMURGELN
IN HEISSER BUTTER:
FRISCHE SCHWAMMERL

HIRSCHRÜCKEN MIT SELLERIE UND SCHWARZER NUSS

FÜR 4 PERSONEN

HIRSCHRÜCKEN
300–400 g Hirschrücken
2 EL Rapsöl
1 Rosmarinzweig
10 g Butter
Mole
Baharat
Meersalz und frisch gemahlener schwarzer Pfeffer

GEWÜRZ-NUSSJUS
2 Schalotten
3 Champignons
30 g Haselnusskerne
1 EL Erdnussöl
200 g Parüren vom Hirsch
Wacholderbeeren, gestoßen
30 g Johannisbeergelee
1 EL Orangensaft
2 EL Rotwein
2 EL roter Portwein
500 ml Kalbsjus (Rezept Seite 194)
30 g Butter
10 g Pinienkerne
1 EL Haselnussöl
Mole
Salz und frisch gemahlener schwarzer Pfeffer

SELLERIEPÜREE
500 g Knollensellerie
200 ml Milch
70 g Crème fraîche
20 g Ghee (Rezept Seite 188)
Zitronensaft
Cayennepfeffer
Salz

HIRSCHRÜCKEN
Den Hirschrücken putzen und parieren. Mit Salz, Pfeffer, Mole, Baharat und Rapsöl einreiben. Das Fleisch nacheinander in Klarsichtfolie und Alufolie einschlagen und über einem Wasserbad bei ca. 60 °C 20 Minuten garen.
Kurz vor dem Anrichten die Butter in einer Pfanne zerlassen, den Rosmarinzweig einlegen, die Butter aufschäumen lassen und das ausgepackte Fleisch rundum nochmals kurz braten. Die Pfanne vom Herd nehmen und das Fleisch ruhen lassen. Während des Tranchierens mit Meersalz würzen.

GEWÜRZ-NUSSJUS
Die Schalotten schälen und fein hacken. Die Champignons putzen, feucht abwischen und in kleine Scheiben schneiden. Die Haselnusskerne schälen und stoßen.
Das Erdnussöl in einer Pfanne erhitzen und die Parüren, Schalotten und Champignons anbraten. Mit Wacholderbeeren, Salz, Pfeffer sowie Mole würzen und weiterrösten lassen. Nach kurzer Zeit Johannisbeergelee, Orangensaft, Rotwein und Portwein hinzufügen und reduzieren lassen. Anschließend mit Kalbsjus auffüllen und nochmals um ein Drittel reduzieren lassen.
Die Sauce in einen Topf abgießen und durch ein Sieb passieren, dabei die Butter einrühren und ein erstes Mal abschmecken. Pinienkerne, Haselnüsse und Haselnussöl zugeben und die Sauce mit dem Stabmixer fein pürieren. Je nach Bedarf die Sauce nochmals passieren und abschmecken.

SELLERIEPÜREE
Den Sellerie schälen und in kleine Würfel schneiden. In einen Topf geben, mit der Milch und Wasser knapp bedecken, etwas salzen und zum Kochen bringen. So lange kochen, bis keine Flüssigkeit mehr vorhanden ist, der Sellerie weich ist und sich eine rahmige Milchhaut gebildet hat. Den Sellerie in einen Mixer geben und mit Crème fraîche und Ghee fein mixen. Das Püree mit Zitronensaft, Salz und Cayennepfeffer abschmecken.

Fortsetzung auf der nächsten Doppelseite

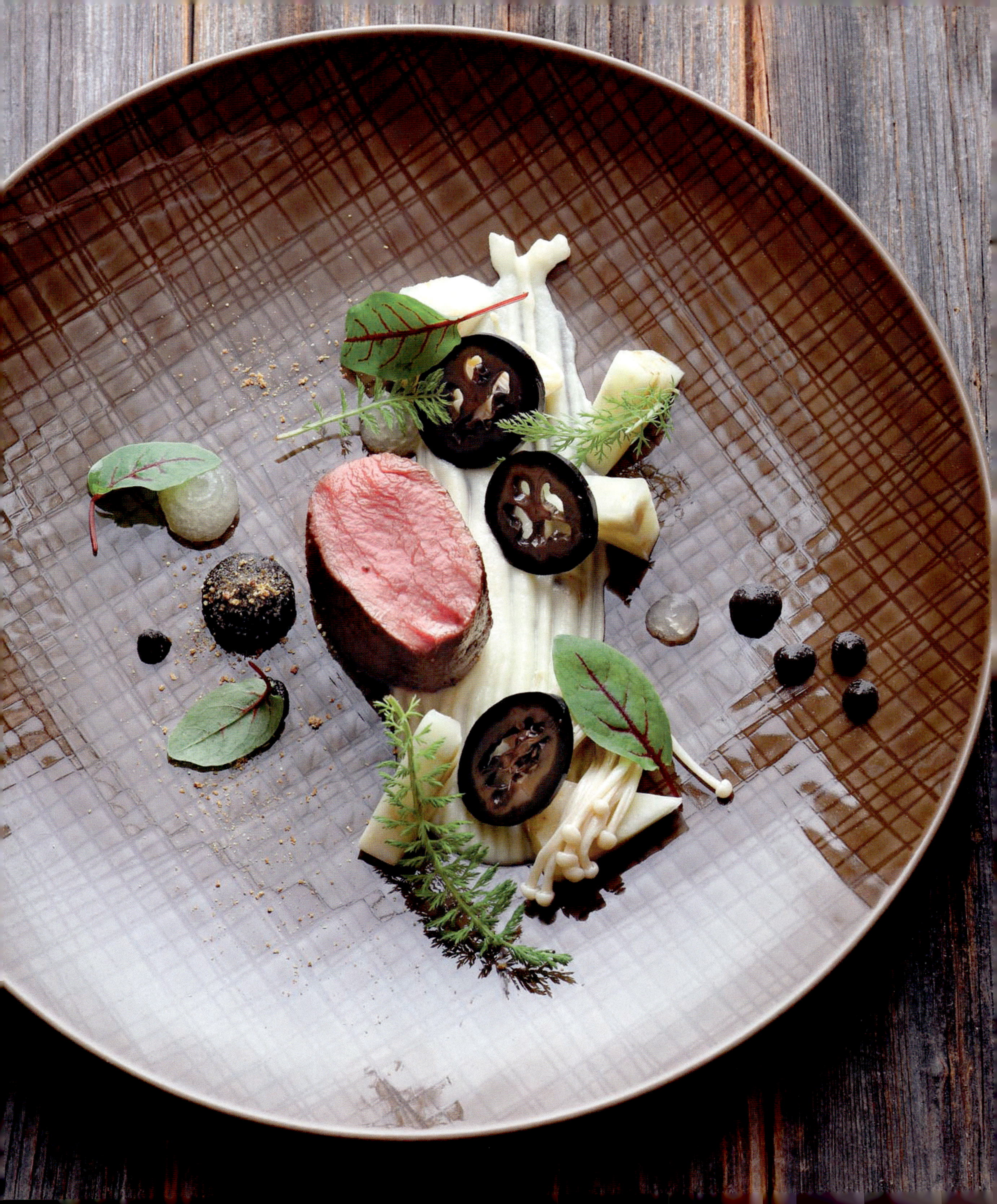

DIE HUBERWIRT-FAMILIE

SCHWARZES NUSSGEL
150 g Schwarze Nüsse
2 EL Nussbrand
1 EL Zweigeltessig
Abrieb von 1 Bioorange
2 g schwarze Lebensmittelfarbe
2 g Xanthan
50 ml Zuckersirup (Rezept Seite 198)
Salz

VERJUSGEL
100 ml Verjus
3 EL Geflügelfond (Rezept Seite 192)
2 g Agar-Agar
5 g Salz
10 g Zucker

SELLERIE SOUS-VIDE
150 g Knollensellerie
30 g Ghee (Rezept Seite 188)
10 g Meersalz
Abrieb von ½ Bioorange
frisch gemahlener schwarzer Pfeffer

ENOKIPILZE
2 Bund Enoki
2 EL Rapsöl
1 EL weißer Balsamessig
50 ml Geflügelfond (Rezept Seite 192)
Salz und frisch gemahlener schwarzer Pfeffer

SELLERIEPULVER
100 g Knollensellerie
5 g Meersalz

FERTIGSTELLEN
Blutampfer
Schafgarbe
Schwarze-Nuss-Scheiben

SCHWARZES NUSSGEL
Die Nüsse klein schneiden. Nussbrand und Essig in einem Stieltopf aufkochen lassen und mit ein wenig Orangenabrieb und einer Prise Salz würzen. Die Lebensmittelfarbe und Xanthan hinzufügen. Die Nüsse und den Nusssirup in einer Küchenmaschine fein mixen und mit den Gewürzen abschmecken. Das Gel in eine Spritzflasche füllen und warm stellen.

VERJUSGEL
Die genannten Zutaten in einen Topf geben und aufkochen lassen. Das Gel abkühlen lassen. Vor dem Gebrauch mit dem Pürierstab fein mixen und in eine Spritzflasche füllen.

SELLERIE SOUS-VIDE
Den Sellerie schälen und in grobe Würfel schneiden. Selleriewürfel und die restlichen genannten Zutaten vermengen und in einem Plastiksack vakuumieren.

ENOKIPILZE
Die Enokipilze in vier kleinere Bünde reißen und in eine kleine Schüssel geben. Die Pilze mit Salz und Pfeffer würzen und mit dem Rapsöl beträufeln. Weißen Balsamessig und Geflügelfond aufkochen lassen und noch heiß über die Enoki geben.

SELLERIEPULVER
Den Backofen auf 70 °C vorheizen.
Den Sellerie schälen und in kleine Würfel schneiden. Salz und Selleriewürfel auf eine Backmatte geben und über Nacht im warmen Ofen trocknen. In einer Küchenmaschine zu Pulver mixen.

FERTIGSTELLEN
Das Selleriepüree mit einem Pinsel auf den Teller ziehen und den Hirschrücken daraufsetzen. Nussgel und Verjusgel daneben aufspritzen. Mit den Enokipilzen umlegen. Mit dem Selleriepulver bestreuen und mit Blutampfer, Schafgarbe und Scheiben von der Schwarzen Nuss dekorieren. Die Jus am Tisch angießen.

KNUSPRIGE TASCHERL VOM BAUERNHENDL MIT MANGO, KUKURUZ UND PURPLE-CURRY-SAUCE

FÜR 4 PERSONEN

TASCHERL VOM BAUERNHENDL

FÜLLUNG

2 Schalotten
½ Karotte
1 kleine Petersilienwurzel
2 EL Butter
zzgl. Butter für die Form
3 Maishähnchenkeulen
5 EL roter Portwein
250 ml Geflügelfond (Rezept Seite 192)
1 TL Tomatenmark
2 TL Preiselbeeren
2 EL Madeira
1 Ei
30 g kleine Brotcroûtons
1 TL Honig
1 Prise Mole
1 EL fein gehackte Petersilie
Aceto balsamico
Salz und frisch gemahlener schwarzer Pfeffer

ZUM AUSBACKEN

16 Wan-Tan-Teigblätter
1 Eigelb
1 l Sonnenblumenöl
Salz nach Belieben

TASCHERL VOM BAUERNHENDL

Den Backofen auf 140 °C vorheizen.

Die Schalotten schälen und fein hacken. Die Karotte und die Petersilienwurzel schälen und in Würfel schneiden. Eine feuerfeste Form mit Butter ausstreichen und Karotten sowie Petersilienwurzelwürfel darin verteilen. Die Hähnchenkeulen kräftig salzen und pfeffern und auf das Gemüse legen. 3 Esslöffel Portwein und ein wenig Geflügelfond angießen. Die Keulen im heißen Ofen etwa 1 Stunde garen. Die fertigen Keulen aus dem Ofen nehmen und kurz abkühlen lassen.

Das Fleisch und die Haut von den Hähnchenkeulen ablösen und fein hacken. Das Gemüse ebenfalls hacken, den Saft durch ein Sieb passieren und beiseitestellen.

Die Butter in einem Topf zerlassen und die Schalotten sowie das geschmorte Gemüse darin anschwitzen. Das Hühnerfleisch zugeben und ein erstes Mal mit Salz und Pfeffer würzen. Das Tomatenmark und die Preiselbeeren hinzufügen und kurz rösten. Mit dem restlichen Portwein und Madeira ablöschen. Ein wenig von der Garflüssigkeit zugeben und einkochen lassen. Anschließend das Ei verquirlen und zusammen mit den Brotcroûtons hinzufügen, noch einmal kräftig kochen lassen und mit Aceto balsamico, Honig und Mole würzen. Petersilie hinzufügen und eventuell nochmals mit Salz und Pfeffer abschmecken. Die Masse abkühlen lassen.

Die Wan-Tan-Teigblätter auf einer Arbeitsfläche ausbreiten und mit Eigelb bepinseln. Jeweils mit 2 Teelöffeln Raviolimasse abstechen und auf den Teigblättern platzieren. Anschließend die vier Enden der Teigtasche zusammenkleben und den Raviolo zu einer Bischofsmütze formen.

Das Sonnenblumenöl erhitzen. Die Ravioli einlegen und knusprig ausbacken. Herausnehmen und auf Küchenpapier abtropfen lassen. Eventuell leicht nachsalzen.

Fortsetzung auf der nächsten Doppelseite

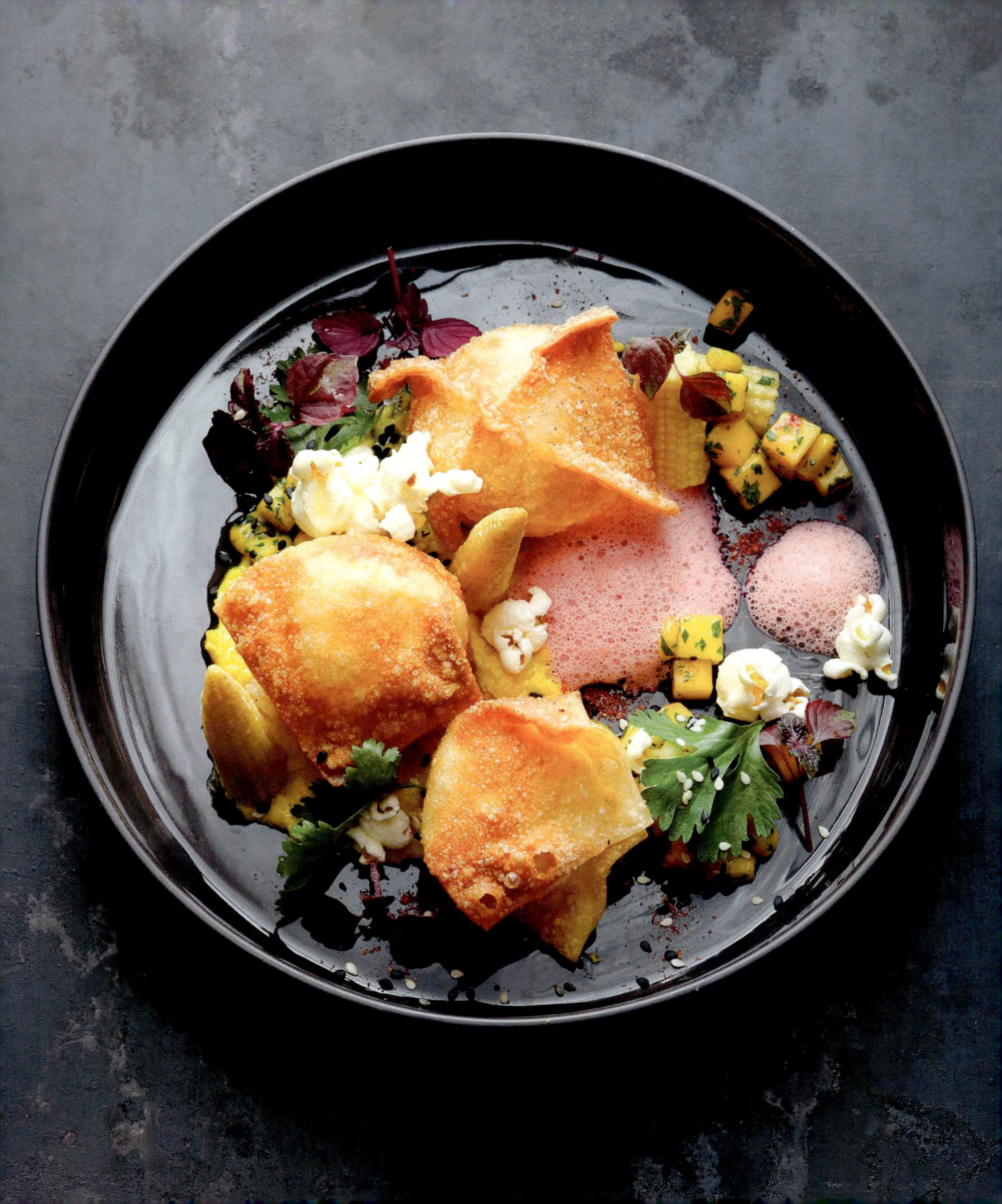

PURPLE-CURRY-SAUCE

1 Schalotte
20 g Mangoabschnitte
½ kleiner roter Apfel, entkernt
½ kleine Banane
2 EL Butter
2 EL Rotwein
1 EL roter Portwein
10 g Ingwer
2 TL Purple Curry
200 ml Kokosmilch
100 ml Geflügelfond (Rezept Seite 192)
Saft von ½ Limette
2 EL Sesamöl
30 g kalte Butter
Rote-Bete-Saft
Zucker
Honig
Ketjap manis
Sweet-Chili-Sauce
Salz und frisch gemahlener
schwarzer Pfeffer

MANGO & MAIS

½ Mango
1 EL Sesamöl
50 g Mais (TK)
1 EL fein gehackte Petersilie
Kurkuma
Honig
Fischsauce
Salz und frisch gemahlener
schwarzer Pfeffer

Maispüree
1 Spritzer geröstetes Sesamöl
80 g Mais (TK)
4 EL Sahne
Abrieb von ¼ Biolimette
Honig
Kurkuma
Salz und frisch gemahlener
schwarzer Pfeffer

FERTIGSTELLEN

rote Shisokresse
Korianderblätter
salziges Popcorn
Purple Curry

PURPLE-CURRY-SAUCE

Die Schalotte schälen und fein hacken. Mangoabschnitte, Apfel und Banane schälen und in kleine Stücke schneiden. Die Butter in einem Topf zerlassen und die Schalotten und das Obst darin glasig anschwitzen. Mit Salz, Pfeffer und Zucker würzen. Ein wenig Honig zugeben und leicht karamellisieren lassen. Den Rotwein und den Portwein angießen und kurz köcheln lassen. Ingwer, Ketjap manis, Purple Curry, Sweet-Chili-Sauce und Kokosmilch zugeben, mit dem Geflügelfond auffüllen und langsam zum Köcheln bringen. Etwa 20 Minuten leicht köcheln lassen und anschließend durch ein Sieb passieren. Die Sauce mit etwas Salz, Pfeffer, Ketjap manis, Limettensaft und Sesamöl abschmecken. Kurz vor dem Anrichten mit der kalten Butter und ein wenig Rote-Bete-Saft montieren.

MANGO & MAIS

Die Mango schälen und in Würfel schneiden. Das Sesamöl in einer kleinen Pfanne erhitzen und den Mais kurz anschwitzen. Die Mangowürfel hinzufügen. Das Ganze durchschwenken und mit Salz, Pfeffer und Kurkuma würzen. Die Petersilie einstreuen. Zum Schluss Honig und Fischsauce einrühren.
Sesamöl in einem kleinen Topf erhitzen und den Mais darin kurz anschwitzen. Unter ständigem Rühren mit Salz, Pfeffer, Honig und Kurkuma würzen, mit der Sahne ablöschen und mit ein wenig Limettenabrieb verfeinern.
Das Püree mit dem Pürierstab grob mixen und nochmals leicht süß abschmecken.

FERTIGSTELLEN

Einige Löffel vom Maispüree auf den Teller ziehen und drei Tascherl darauf platzieren. Mit den Mangowürfeln und dem Mais umlegen und mit roter Shisokresse, Korianderblättern und salzigem Popcorn dekorieren. Ein wenig aufgeschäumte Purple-Curry-Sauce daraufgeben und mit Purple-Curry-Pulver bestreuen.

ROTE SHISOKRESSE

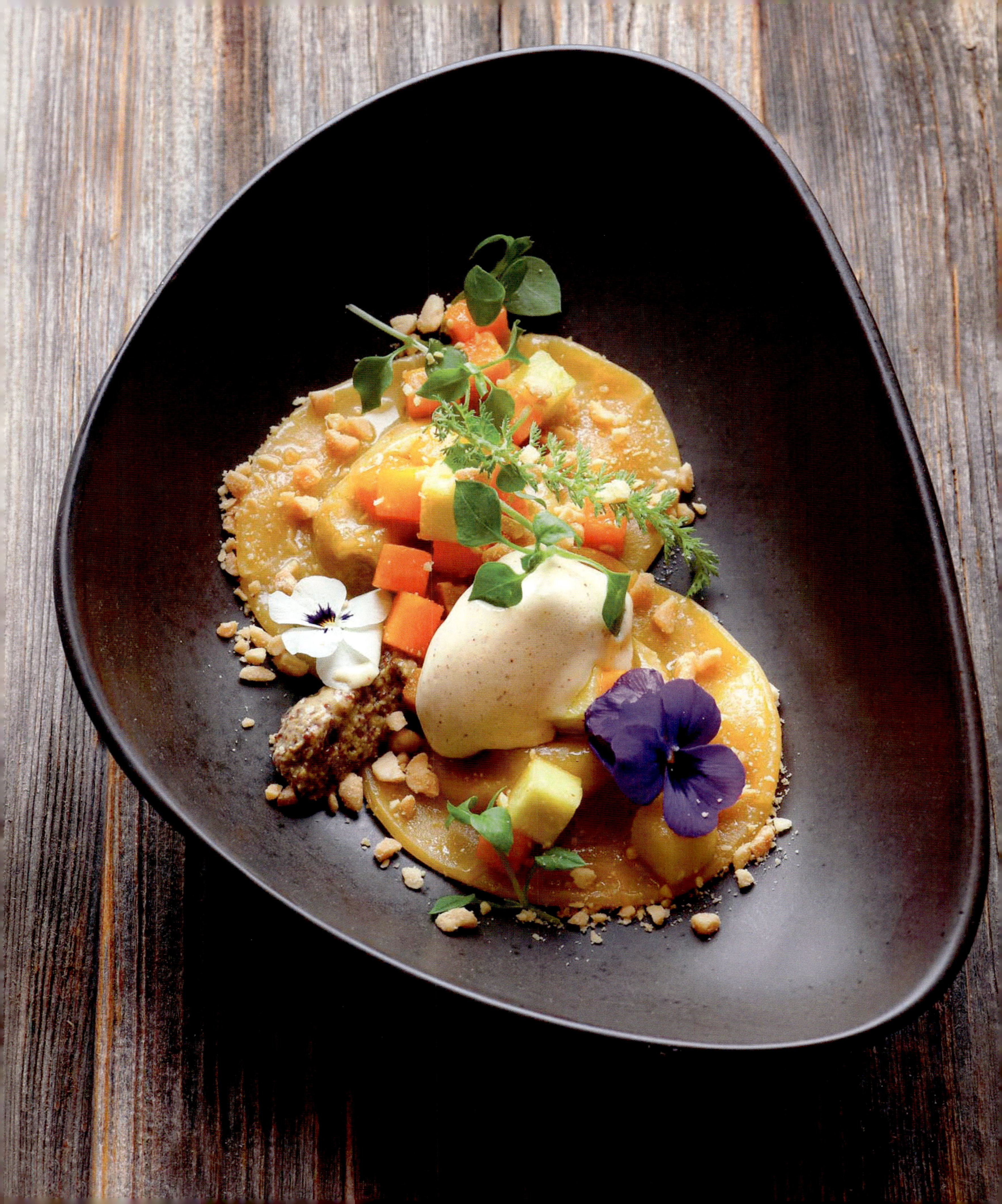

RAVIOLI VON GEMÜSE UND NIEDERBAYERISCHEM REH MIT KÜRBIS UND SENFEIS

FÜR 4 PERSONEN

RAVIOLI
400 g Rehschulter
5 g Wildgewürz (Rezept Seite 188)
2 EL Sonnenblumenöl
80 g Röstgemüse
aus zwei Teilen Karotten und Knollensellerie
und einem Teil Zwiebeln
2 EL Tomatenmark
50 ml Portwein
100 ml Rotwein
40 g Butter
500 ml Geflügelfond (Rezept Seite 192)
2 EL Orangensaft
1 EL Preiselbeeren
100 g mehligkochende Kartoffeln
10 g Speisestärke nach Belieben
30 g Karotte
20 g Knollensellerie
30 g Champignons
20 g Butter
1 Eigelb
1 EL Preiselbeeren
30 g Schwarzbrotcroûtons
2 EL fein gehackte Petersilie
1 TL Aceto balsamico, 12 Jahre gereift
1 EL Honig
Abrieb von ½ Bioorange
Salz und frisch gemahlener schwarzer Pfeffer

PASTA
250 g Hartweizenmehl (farina tipo 00)
zzgl. Mehl zum Arbeiten
6 Eigelb
1 EL natives Olivenöl
Salz
30 g Butter

RAVIOLI

Die Rehschulter waschen, trocken tupfen und in grobe Würfel schneiden. Das Fleisch mit Salz, Pfeffer und Wildgewürz würzen. Das Öl in einem Topf erhitzen und das Fleisch scharf anbraten. Das Röstgemüse und das Tomatenmark zugeben und unter ständigem Rühren rösten. Sobald das Bratgut eine schöne braune Farbe hat, mit Portwein und Rotwein ablöschen. Die Flüssigkeit reduzieren lassen und mit der Butter überglänzen. Anschließend den Geflügelfond und Orangensaft angießen. Die Preiselbeeren hinzufügen und das Ganze aufkochen lassen. Die Kartoffeln schälen und reiben, hinzufügen und den Schmorfond abschmecken. Das Fleisch ca. 1 ½ Stunden weich schmoren.

Das Fleisch aus der Sauce nehmen und etwas abkühlen lassen. In der Zwischenzeit die Sauce durch ein Sieb passieren, nach Belieben mit 2 Esslöffeln kaltem Wasser angerührter Speisestärke binden und kräftig mit Salz und Pfeffer abschmecken. Die Sauce durch ein Haarsieb streichen.

Für die Füllung das Rehfleisch fein hacken. Zwei Drittel der Sauce langsam mit dem gehackten Rehfleisch reduzieren.

Karotte und Sellerie schälen und in kleine Würfel schneiden. Die Champignons feucht abwischen und ebenfalls in kleine Würfel schneiden. Karotten- und Selleriewürfel blanchieren. Fleisch, Gemüse sowie die restlichen genannten Zutaten zu einer homogenen Masse vermengen und einmal aufkochen lassen. Zum Schluss mit Salz, Pfeffer und Aceto balsamico nochmals abschmecken, abkühlen lassen und in einen Spritzbeutel füllen.

Für die Pasta das Mehl auf eine Arbeitsfläche häufen und in der Mitte eine Mulde formen. Eigelbe, Olivenöl, 50 ml lauwarmes Wasser und eine Prise Salz in die Vertiefung geben. Mit einer Gabel von innen nach außen rühren und die Zutaten miteinander vermengen. Anschließend mit beiden Händen kräftig mindestens 10 Minuten zu einem glatten, elastischen und homogenen Teig kneten. Den Teig mindestens 30 Minuten ruhen lassen und danach mit einer Nudelmaschine dünn ausrollen. Die Teigplatte auf einer mit Mehl bestäubten Arbeitsfläche auslegen. Die Füllung in regelmäßigen Abständen auf der Hälfte der Teigplatte platzieren, die andere Hälfte darüberklappen und mit einem runden Ausstecher Ravioli ausstechen.

Reichlich Salzwasser zum Kochen bringen und die Ravioli darin sieden lassen. Sobald sie an die Oberfläche steigen, mit einem Schaumlöffel herausnehmen. Die Butter in einer Pfanne zerlassen. Die Ravioli mit der zerlassenen Butter überziehen. Nach Bedarf etwas nachsalzen.

Fortsetzung auf der nächsten Doppelseite

KÜRBISGEMÜSE
200 g Muskatkürbis
60 g Apfel
30 g Butter
1 Lorbeerblatt
2 EL Sesamöl
1 TL Honig
Abrieb von je ¼ Biozitrone und -orange
Zucker
Curry
Salz und frisch gemahlener
schwarzer Pfeffer

SENFEIS
250 g Sahne
150 g Milch
1 EL Pommery-Senf
1 EL mittelscharfer Senf
3 Eigelb
40 g Zucker
2 EL süßer Senf
Salz und frisch gemahlener
schwarzer Pfeffer

FERTIGSTELLEN
Vogelmiere
Schafgarbe
Veilchenblüten
körniger Senf
Erdnüsse, gestoßen

KÜRBISGEMÜSE
Den Kürbis schälen und in grobe Würfel schneiden. Den Apfel schälen, in Viertel schneiden und entkernen. Das Fruchtfleisch ebenfalls in grobe Würfel schneiden. Die Butter in einer Pfanne zerlassen, aufschäumen lassen und die Kürbis- und Apfelwürfel sautieren. Das Gemüse mit Salz, Pfeffer, Zucker und einer Prise Curry würzen. Das Lorbeerblatt hinzufügen. Den Kürbis langsam im eigenen Saft weich dünsten und mit den restlichen Zutaten fein abschmecken.

SENFEIS
Sahne und Milch mit dem Senf aufkochen lassen. Die Eigelbe mit Zucker und Salz schaumig rühren. Die Eigelbmischung unter die Sahnemischung heben und bei niedriger Hitze zur Rose abziehen. Anschließend über Eis bzw. im Eiswasserbad kalt schlagen. Zum Schluss die Masse in einer Eismaschine gefrieren.
Wer keine Eismaschine hat, gibt die Masse in eine Schüssel, stellt diese ins Eisfach und rührt alle 10 Minuten mit einem Schneebesen die Masse gut durch, bis die gewünschte Konsistenz erreicht ist.

FERTIGSTELLEN
Die Ravioli auf dem Teller anrichten und mit Kürbisgemüse und Senfeis umlegen. Mit Vogelmiere, Schafgarbe, Veilchenblüten, körnigem Senf und gestoßenen Erdnüssen dekorieren.

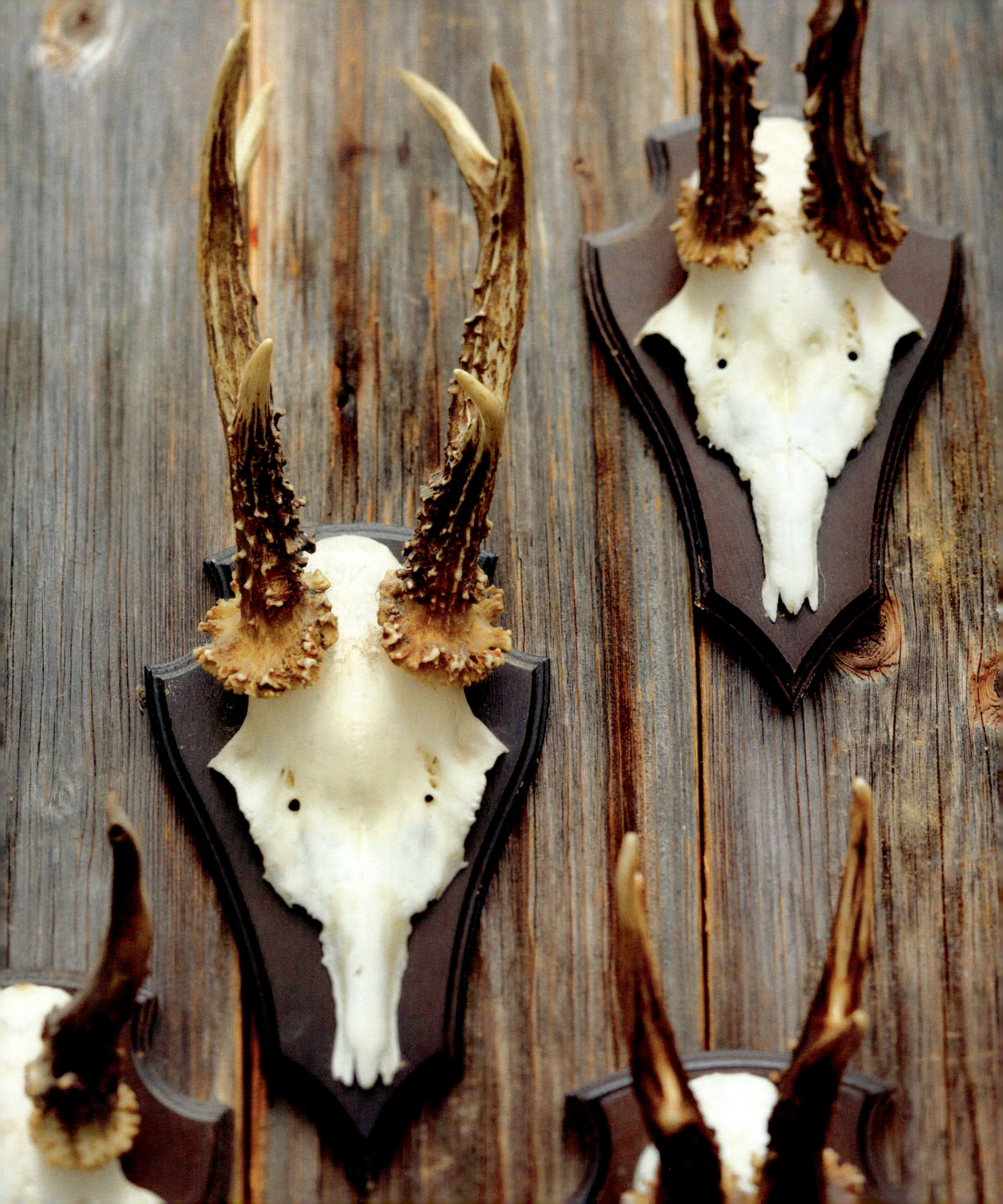

SUPPE VON ROTE BETE, APFEL UND ZWEIGELTESSIG MIT LAUWARMEM KABELJAU

FÜR 4 PERSONEN

SUPPE
2 Rote Bete
50 g Knollensellerie
1 kleiner roter Apfel
2 Schalotten
50 g Butter
1 EL Sonnenblumenöl
4 EL roter Portwein
70 ml Apfelsaft
1,2 l Geflügelfond (Rezept Seite 192)
40 g Honig
1 Msp Kreuzkümmelpulver
2 EL frisch geriebener Meerrettich
Abrieb von 1 Biozitrone
2 EL natives Sonnenblumenöl
2 EL natives Rapsöl
3 EL Zweigeltessig
1 EL Aceto balsamico, 12 Jahre gereift
Zucker
frisch gemahlener schwarzer Pfeffer

KABELJAU
1 grüner Apfel
4 Kabeljaufilets à 80 g
(hohe Mittelstücke ohne Haut)
4 EL natives Rapsöl
2 EL Ghee (Rezept Seite 188)
Abrieb von ¼ Bioorange
geräuchertes Meersalz
Schnittlauchröllchen
frisch gemahlener schwarzer Pfeffer

MARINIERTE ROTE BETE
1 Rote Bete
2 EL Apfelsaft
1 TL natives Rapsöl
1 EL Honig
1 TL frisch geriebener Meerrettich
1 TL Aceto balsamico, 12 Jahre gereift
Salz und frisch gemahlener
schwarzer Pfeffer

WEISSWEINESSIGSCHAUM
100 ml Apfelsaft
4 EL Weißweinessig
4 EL Mineralwasser mit Kohlensäure
10 g Lecithinpulver (Eiweißpulver)
Salz

FERTIGSTELLEN
kleine Apfelwürfel
Bronzefenchel

SUPPE
Die Roten Beten schälen und in kleine Stücke schneiden. Den Sellerie schälen und in kleine Würfel schneiden. Den Apfel schälen, in Viertel schneiden, entkernen und das Fruchtfleisch in Würfel schneiden. Die Schalotten schälen und fein hacken. Das Sonnenblumenöl in einem Topf erhitzen. Die Butter hinzufügen und aufschäumen lassen. Die Schalotten zugeben und glasig anschwitzen. Anschließend Sellerie, Äpfel und Rote Beten hinzufügen und weiterschwitzen lassen. Das Gemüse mit Salz, Pfeffer und Zucker würzen und möglichst lange, ohne Farbe zu nehmen zu lassen, dünsten. Anschließend Portwein, Apfelsaft und Geflügelfond angießen. Mit Honig, Kreuzkümmel und Meerrettich würzen und nochmals mit ein wenig Salz, Zucker und Pfeffer abschmecken. Das Gemüse im Fond 40 Minuten bei niedriger Hitze köcheln lassen. Wenn das Gemüse weich ist, die Suppe mit Salz, ein wenig Zitronenabrieb und den beiden Ölsorten sowie den Essigen abschmecken und in einem Mixer fein pürieren. Die Suppe durch ein feines Sieb passieren und vor dem Servieren nochmals mit dem Pürierstab aufmixen.

KABELJAU
Den Backofen auf 80 °C vorheizen.
Den Apfel waschen, in Viertel schneiden, entkernen und das Fruchtfleisch in kleine Würfel schneiden. Die Kabeljaufilets mit Rapsöl und Ghee marinieren. Die Fischfilets auf einen Teller geben und mit geräuchertem Meersalz, Pfeffer und Orangenabrieb würzen. Klarsichtfolie über den Teller ziehen. Den Teller in den warmen Ofen stellen und den Fisch langsam glasig ziehen lassen. Kurz vor dem Anrichten die Filets mit Schnittlauchröllchen, geräuchertem Meersalz und Apfelwürfeln bestreuen.

MARINIERTE ROTE BETE
Die Rote Bete in wenig Wasser weich kochen, anschließend abgießen und abkühlen lassen. Danach die Knolle schälen und zuerst in Würfel, dann in Scheiben schneiden und leicht mit Salz und Pfeffer würzen.
Aus Apfelsaft, Rapsöl, Honig, Meerrettich und Aceto balsamico eine süßsaure Marinade herstellen und die Rote Bete damit marinieren. Vor dem Anrichten das Gemüse abtropfen lassen.

WEISSWEINESSIGSCHAUM
Die genannten Zutaten in eine Schüssel geben und diese halb mit Klarsichtfolie abdecken. Zum Servieren mit dem Pürierstab einen feinen weißen Schaum mixen. Diesen kurz sich setzen lassen und mit einem Esslöffel den Schaum abnehmen.

FERTIGSTELLEN
Die Suppe in einen tiefen Teller füllen und den Kabeljau einlegen. Mit den Roten Beten belegen. Mit dem Weißweinessigschaum und mit kleinen Apfelwürfeln und Bronzefenchel dekorieren.

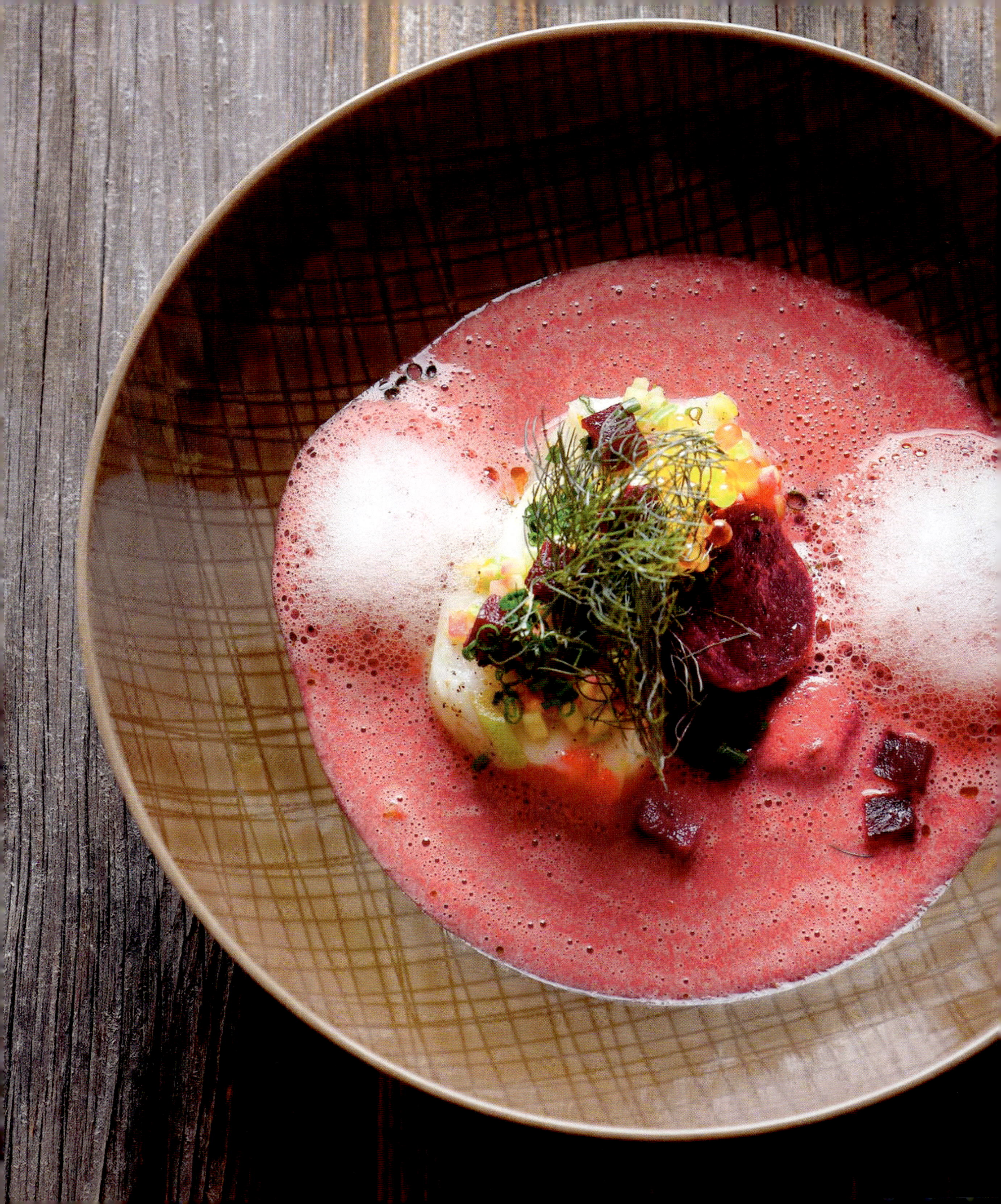

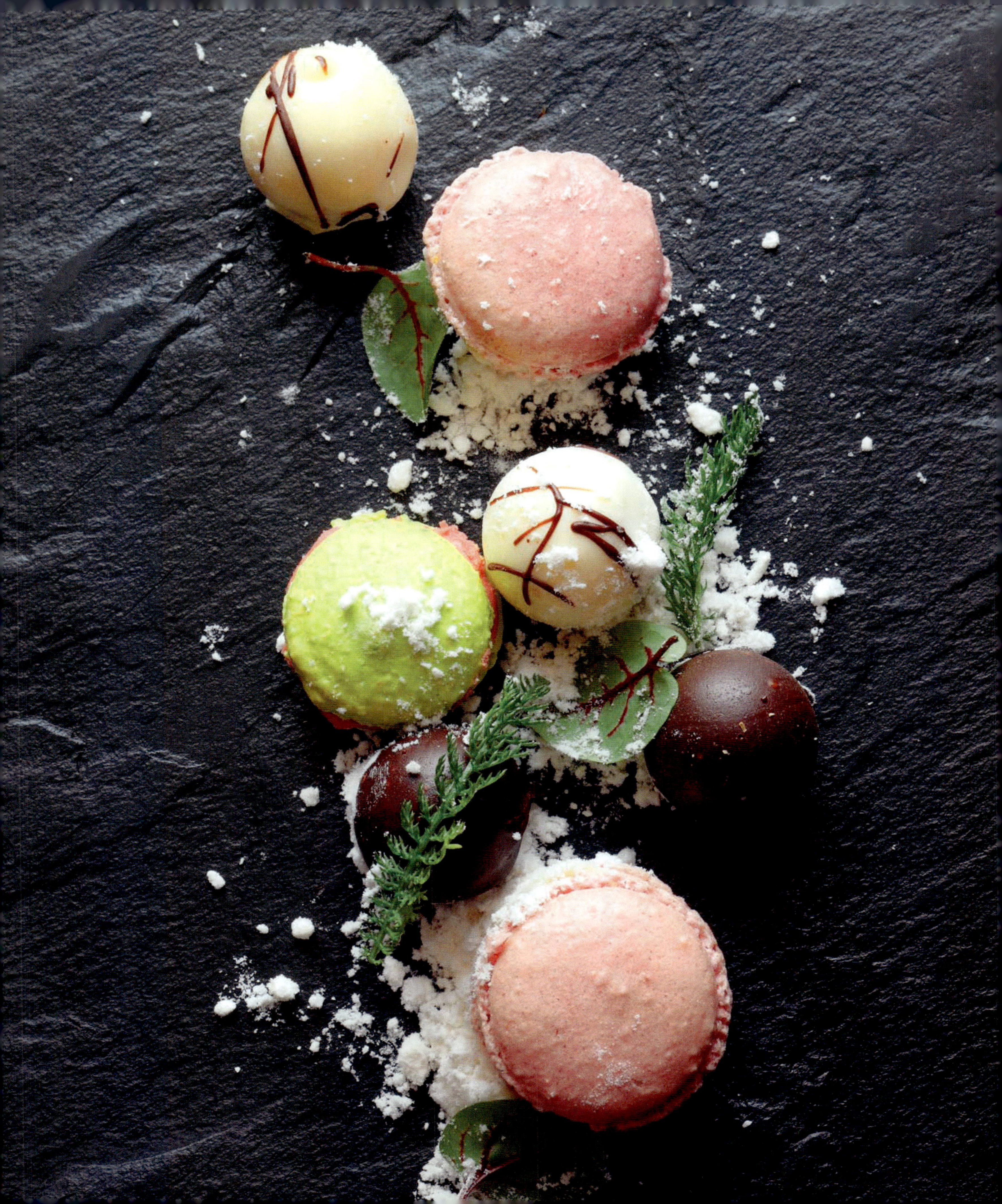

WINTASONN-DESSERTS

Feines für die kalten Tage

TOPFENSCHMARRN MIT ROTWEINZWETSCHGEN

KNÖDERL UND GEFRORENES VOM TOPFEN MIT RHABARBER,
ERDBEEREN UND MARILLENRÖSTER

PANNA COTTA VON PISTAZIEN UND SÜSSER SAHNE
MIT WILLIAMSBIRNE UND KAKAOSORBET

BITTERSCHOKOLADE HEISS.KALT.KNUSPER AUF PORTWEINFEIGE

OFFENER STRUDEL MIT BIRNE, APFEL UND QUITTE
UND GRANNY-SMITH-SORBET

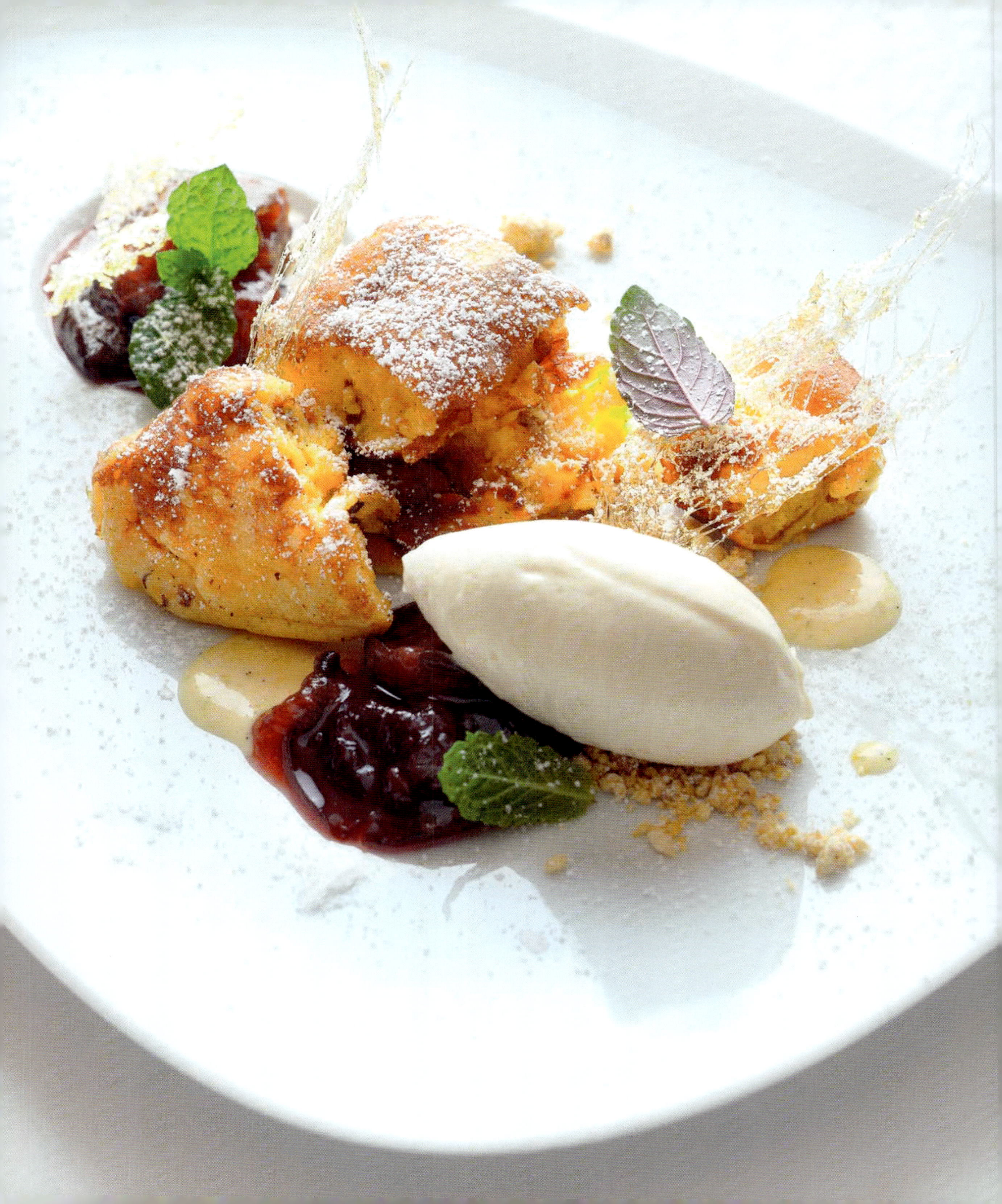

TOPFENSCHMARRN MIT ROTWEINZWETSCHGEN

FÜR 4 PERSONEN

TOPFENSCHMARRN
2 Eier
2 Eigelb
80 g Zucker
Mark von 1 Vanilleschote
Abrieb von ¼ Biolimette
140 g Topfen
80 g Weizenmehl Type 405
4 Eiweiß
40 g Zucker
2 EL Sonnenblumenöl
20 g Butter
Salz
Puderzucker

ROTWEINZWETSCHGEN
600 g Zwetschgen
100 g Zucker
30 g Honig
Mark von 1 Vanilleschote
Saft von ½ Zitrone
1 Msp Zimtpulver
90 g Zucker
4 EL roter Portwein
ca. 200 ml Rotwein
3 EL Zwetschgenwasser
1 Scheibchen Ingwer, geschält
5 Wacholderkörner
5 schwarze Pfefferkörner

VANILLEEIS
500 g Sahne
500 ml Milch
1 Prise Salz
170 g Zucker
2 Vanilleschoten
220 g Eigelb

FERTIGSTELLEN
Vanillesauce (Rezept Seite 198)
Minze
Puderzucker
Süße Brösel (Rezept Seite 199)

TOPFENSCHMARRN
Den Backofen auf 150 °C Oberhitze vorheizen.
Zuerst Eier, Eigelbe, Zucker, Vanillemark und Limettenabrieb in einer Küchenmaschine schaumig schlagen. Anschließend vorsichtig Topfen und Mehl unterrühren. Den Teig kurz ruhen lassen.
In der Zwischenzeit aus den Eiweißen, einer Prise Salz und Zucker cremigen Schnee schlagen. Diesen anschließend unter den Teig heben.
Das Sonnenblumenöl in einer ofenfesten Pfanne erhitzen, die Butter zugeben und aufschäumen lassen. Den Schmarrnteig zufügen und langsam anbraten. Nach kurzer Zeit die Pfanne in den heißen Ofen geben und fertig garen. Nach etwa 10 Minuten Garzeit den Schmarrn mit einer Gabel in Stücke reißen. Mit Puderzucker bestäuben.

ROTWEINZWETSCHGEN
Den Backofen auf 150 °C vorheizen.
Die Zwetschgen waschen, halbieren und entkernen. Sämtliche genannten Zutaten in einen ofenfesten Topf geben und miteinander vermengen. Den Topf in den heißen Ofen geben und die Zutaten etwa 30 Minuten im eigenen Saft rösten lassen. Den fertigen Zwetschgenröster abkühlen lassen und eventuell zusätzlich mit etwas Rotwein fein abschmecken.

VANILLEEIS
Die Sahne und die Milch in einen Topf geben. Salz, die Hälfte des Zuckers und das ausgekratzte Mark der Vanilleschoten sowie die Schoten zum Kochen bringen. Den restlichen Zucker und die Eigelbe miteinander verrühren.
Zuerst einen Schluck von der heißen Milch in die Eigelbmasse einrühren. Schließlich die Eigelbmasse in die heiße Milch rühren und zur Rose abziehen. Die Schoten entfernen. Die Eismasse abkühlen lassen und in einer Eismaschine gefrieren.
Wer keine Eismaschine hat, gibt die Masse in eine Schüssel, stellt diese ins Eisfach und rührt alle 10 Minuten mit einem Schneebesen die Masse gut durch, bis die gewünschte Konsistenz erreicht ist.

FERTIGSTELLEN
Einige Löffel Vanillesauce auf den Teller geben. Den Topfenschmarrn und die Rotweinzwetschgen darauf anrichten und mit Minze dekorieren. Mit Puderzucker bestäuben. Süße Brösel auf den Teller geben und kurz vor dem Servieren mit einer Nocke Vanilleeis ergänzen.

KNÖDERL UND GEFRORENES VOM TOPFEN MIT MARILLENRÖSTER

FÜR 4 PERSONEN

TOPFENKNÖDERL
40 g Butter
45 g Puderzucker
10 g Vanillezucker
2 Eier
1 Eigelb
350 g Topfen, ausgedrückt
125 g Toastbrotbrösel (Mie de pain)
4 Stücke Nougat à 15 g
Mark von 1½ Vanilleschoten
1 Prise Zimt
100 g Zucker
1 Prise Salz
50 g Butter
Abrieb von je 1 Bioorange und -limette
300 g Semmelbrösel

TOPFENEIS
120 g Puderzucker
100 g Sahne
150 g Topfen
150 g Sauerrahm
30 ml Zitronensaft
1 Blatt Gelatine, eingeweicht und ausgedrückt
Abrieb von je 1 Bioorange und -limette

VANILLESAUCE
250 g Sahne
50 ml Milch
2 Vanilleschoten
80 g Zucker
4 Eigelb
2 EL Orangenlikör
Salz
Abrieb von ¼ Biozitrone

MARILLENRÖSTER
1 kg Marillen
150 g Zucker
50 g Gelierzucker
2 EL Marillenmarmelade
2 EL weißer Portwein
4 EL Marillenschnaps
Zitronensaft
1 Vanilleschote
1 Scheibe Ingwer, geschält
1 Lorbeerblatt
Wacholderbeeren
frisch gemahlener schwarzer Pfeffer

FERTIGSTELLEN
weißes Schokoladenmalto (Rezept Seite 199)
Joghurtmacarons (Rezept Seite 198)
Joghurtbruch
Schafgarbe

TOPFENKNÖDERL
Butter, 35 g Puderzucker und Vanillezucker schaumig schlagen. Die Eier und das Eigelb unterschlagen. Topfen und Toastbrotbrösel unterheben. Eventuell durch ein Sieb streichen. Die Masse etwa 1 Stunde ruhen lassen. Anschließend mit einem Esslöffel vier Knöderl abdrehen und mit Nougat füllen.
In einem hohen Topf Wasser zum Kochen bringen und mit dem Mark von ½ Vanilleschote, Zimt, 50 g Zucker und Salz würzen. Die Knöderl einlegen und 10 Minuten sieden lassen. Mit einem Schaumlöffel herausnehmen und abtropfen lassen.
Für die Butterbrösel den Backofen auf 150 °C vorheizen.
Die Butter in einer ofenfesten Pfanne zerlassen. Das restliche Vanillemark und den Orangen- und Limettenabrieb hinzufügen. Die Semmelbrösel und den restlichen Zucker einstreuen und im heißen Ofen rösten. Zum Schluss die Topfenknöderl in den Butterbröseln wälzen und mit dem restlichen Puderzucker bestäuben.

TOPFENEIS
Die genannten Zutaten verrühren und in einer Eismaschine gefrieren.
Wer keine Eismaschine hat, gibt die Masse in eine Schüssel, stellt diese ins Eisfach und rührt alle 10 Minuten mit einem Schneebesen die Masse gut durch, bis die gewünschte Konsistenz erreicht ist.

VANILLESAUCE
Sahne und Milch mit einer Prise Salz, Vanillemark und den Vanilleschoten aufkochen lassen. Den Zucker und die Eigelbe kräftig verrühren. Alles miteinander vermengen, kräftig verschlagen und die Masse zur Rose abziehen. Durch ein Sieb passieren und mit dem Orangenlikör und dem Zitronenabrieb abschmecken.

MARILLENRÖSTER
Den Backofen auf 140 °C vorheizen.
Die genannten Zutaten miteinander in einem Bräter vermengen und im heißen Ofen langsam etwa 45 Minuten rösten.

FERTIGSTELLEN
Einen Esslöffel der Vanillesauce auf den Dessertteller geben und die restlichen Komponenten des Gerichts darauf platzieren. Mit Schokoladenmalto, Joghurtbruch, einem Joghurtmacaron und Schafgarbe dekorieren.

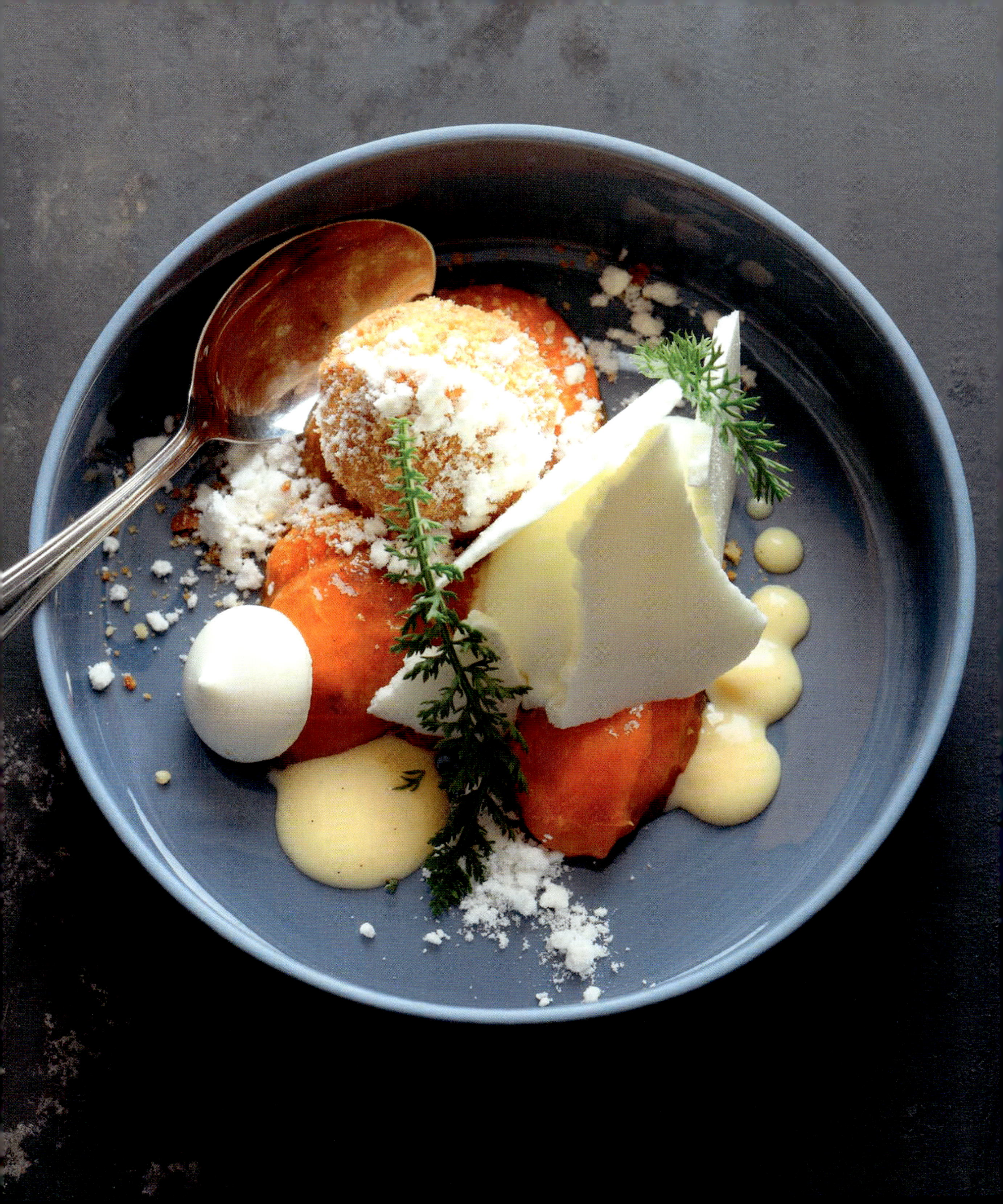

PANNA COTTA VON PISTAZIEN UND SÜSSER SAHNE MIT WILLIAMSBIRNE UND KAKAOSORBET

FÜR 4 PERSONEN

PANNA COTTA
500 g Sahne
90 g Zucker
3 EL Pistazienmark
Mark von 1 Vanilleschote
1 Prise Salz
Abrieb von je ½ Bioorange und -zitrone
4 Blatt Gelatine

EINGEKOCHTE WILLIAMSBIRNE
4 Williamsbirnen
30 g Zucker
120 ml Apfelsaft
2 EL Prosecco
Saft von ½ Zitrone
Mark von 1 Vanilleschote
1 Prise Zimtpulver
20 g Honig
3 EL Williamsbrand

BIRNENGEL
200 ml Birnenfond (s. oben)
10 g Honig
3 g Agar-Agar
1 EL Apfelsaft

KAKAOSORBET
100 g Zucker
100 g Bitterschokolade (70 %)
40 g Kakaopulver
30 g Crème fraîche
50 ml Vogelbeerschnaps

FERTIGSTELLEN
weißes Schokoladenmalto (Rezept Seite 199)
Kakaohippen (Rezept Seite 199)
Shisokresse

PANNA COTTA
Die genannten Zutaten bis auf die Gelatine in einem Stieltopf zum Kochen bringen. In der Zwischenzeit die Gelatine 5–10 Minuten in kaltem Wasser einweichen, dann ausdrücken und beiseitestellen.
Die heiße Pistaziensahne etwa 10 Minuten abkühlen lassen. Zum Schluss die Gelatine einrühren und die Panna cotta in Silikonformen füllen. Die Creme 10 Stunden durchkühlen lassen.

EINGEKOCHTE WILLIAMSBIRNE
Zuerst die Birnen schälen, vierteln und das Kerngehäuse entfernen. Den Zucker in einem Topf goldbraun karamellisieren lassen. Mit Apfelsaft und Prosecco ablöschen. Danach Zitronensaft, Vanillemark, Zimt und Honig hinzufügen und den Fond kräftig kochen lassen. Die Birnen dazugeben und bei niedriger Hitze langsam garen. Zum Schluss mit Williamsbrand verfeinern.
Vor dem Anrichten die Birnen abtropfen lassen und mit Birnengel (s. unten) marinieren.

BIRNENGEL
Birnenfond, Honig und Agar-Agar in eine kleine Sauteuse geben und die Flüssigkeit mit dem Pürierstab mixen. Die Masse einmal kräftig kochen lassen und in ein 1-Liter-Gefäß geben. Durchkühlen lassen und vor dem Anrichten mit dem Pürierstab zu einem glatten Gel mixen. Dabei den Apfelsaft hinzufügen.

KAKAOSORBET
500 ml Wasser und den Zucker aufkochen lassen. Die Schokolade klein hacken und zusammen mit den restlichen Zutaten in den Sirup einrühren. Das Sorbet abkühlen lassen und in einer Eismaschine gefrieren.
Wer keine Eismaschine hat, gibt die Masse in eine Schüssel, stellt diese ins Eisfach und rührt alle 10 Minuten mit einem Schneebesen die Masse gut durch, bis die gewünschte Konsistenz erreicht ist.

FERTIGSTELLEN
Panna cotta, eingekochte Williamsbirne und das Kakaosorbet auf dem Teller anrichten und mit weißem Schokoladenmalto, einer dunklen Kakaohippe, Shisokresse und Birnengel dekorieren.

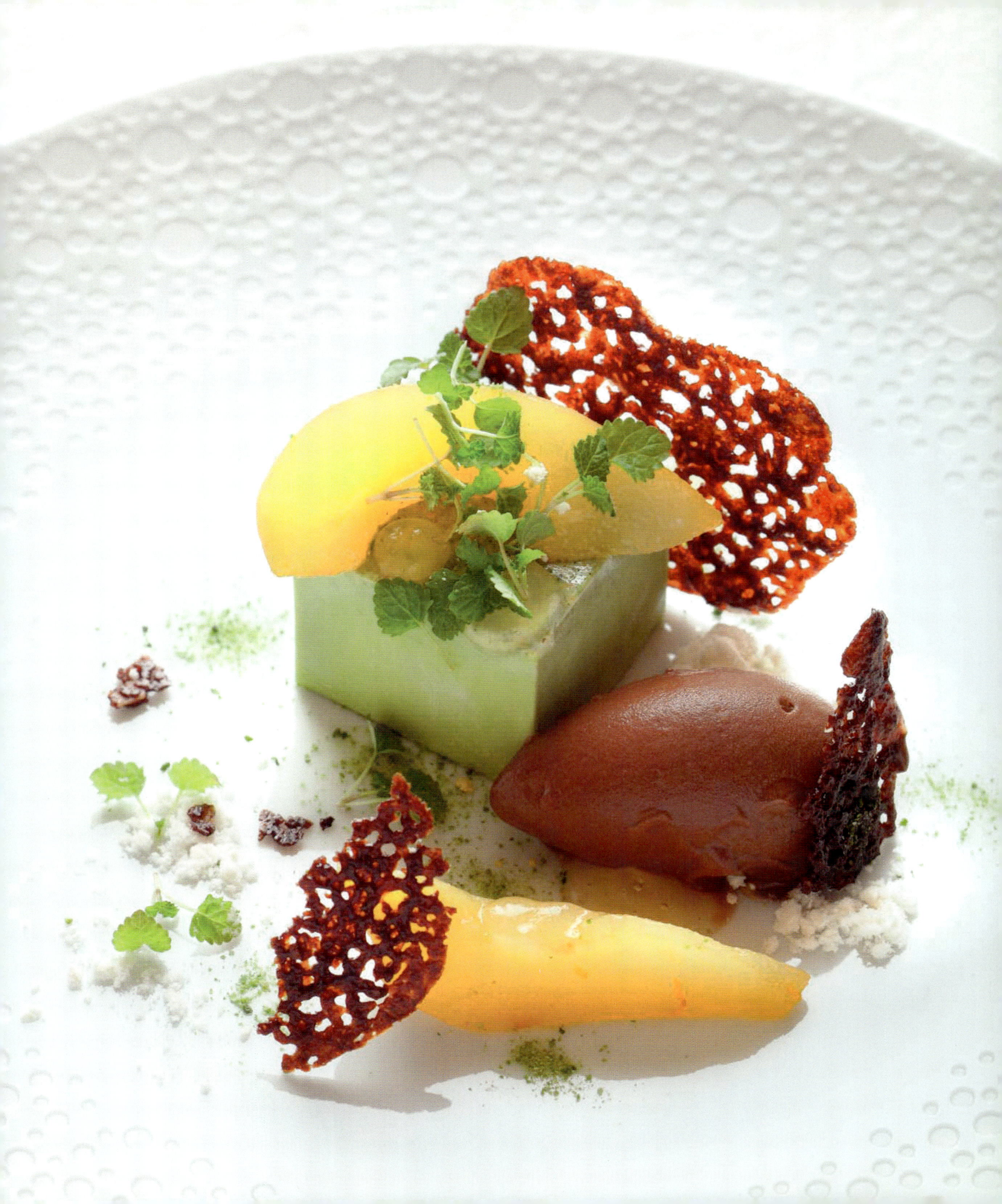

BITTERSCHOKOLADE HEISS.KALT.KNUSPER AUF PORTWEINFEIGE

FÜR 4 PERSONEN

LAUWARMER SCHOKOLADENKUCHEN
170 g Bitterschokolade (56 %)
170 g Butter
6 Eier
225 g Zucker
90 g Weizenmehl Type 405

AUSSERDEM
Butter für die Förmchen

SCHOKOLADENHIPPEN
40 g zimmerwarme, weiche Butter
100 g Zucker
4 EL Orangensaft
15 g Weizenmehl Type 405
15 g Kakao
15 g gehackte Mandeln
35 g gemahlene Mandeln

NOUGAT-SCHOKOLADEN-PARFAIT
40 g Zucker
50 g Eigelb
Mark von 1 Vanilleschote
50 g Nougat
25 g Bitterschokolade (72 %)
40 g Milchschokolade
2 EL alter Rum
2 EL Orangenlikör
250 g Sahne

PORTWEINFEIGE
4 Feigen
30 g Zucker
4 EL Portwein
100 ml Rotwein
Orangensaft

FERTIGSTELLEN
4 frische Feigen
Minze
Waldbeermacarons (Rezept 198)

LAUWARMER SCHOKOLADENKUCHEN
Die Schokolade und die Butter klein schneiden und in eine Schüssel geben. Diese über einem Wasserbad auf 50 °C erwärmen. In der Zwischenzeit Eier, Zucker und Mehl miteinander vermengen und mit dem Pürierstab durchmixen. Zum Schluss die Schokolade und die Eiermasse untermixen. Den Teig 1 Stunde ruhen lassen.
Den Backofen auf 180 °C vorheizen.
Vier Metallringe (6 cm Ø) ausbuttern und den Teig einfüllen. Im heißen Ofen 10–12 Minuten halbfertig backen.

SCHOKOLADENHIPPEN
Die Butter und den Zucker schaumig rühren und nach und nach den Orangensaft hinzufügen. Anschließend Mehl, Kakao und Mandeln nach und nach unterrühren. Den Teig über Nacht ruhen lassen.
Den Backofen auf 180 °C vorheizen.
Den Teig mit einer Palette auf eine Silikon-Backmatte aufstreichen und die Hippen im heißen Ofen etwa 10 Minuten backen. Abkühlen lassen, bis die Hippen knusprig sind.

NOUGAT-SCHOKOLADEN-PARFAIT
Zuerst den Zucker in 25 ml Wasser aufkochen lassen. Das Eigelb zusammen mit dem heißen Läuterzucker vermengen, das Vanillemark hinzufügen und die Masse kräftig aufschlagen. Nougat und Schokolade zusammen schmelzen lassen und an die Eiermasse geben. Langsam kalt rühren. Den Rum und den Orangenlikör angießen. Die Sahne halbsteif schlagen und unterheben. Die Masse in Förmchen füllen und gefrieren.

PORTWEINFEIGE
Die Feigen schälen. Den Zucker in einem Topf karamellisieren lassen und mit Portwein und ein wenig Orangensaft ablöschen. Den Rotwein angießen und die Flüssigkeit auf die Hälfte reduzieren. Die reduzierte Marinade über die Feigen gießen. Die Feigen etwa 1 Tag ziehen lassen.

FERTIGSTELLEN
Die Portweinfeige auf den Dessertteller geben und platt drücken. Den Schokokuchen daraufsetzen. Die Hippe darüberlegen und mit dem Parfait krönen. Mit einer frischen Feige, Minze und einem Waldbeermacaron dekorieren.

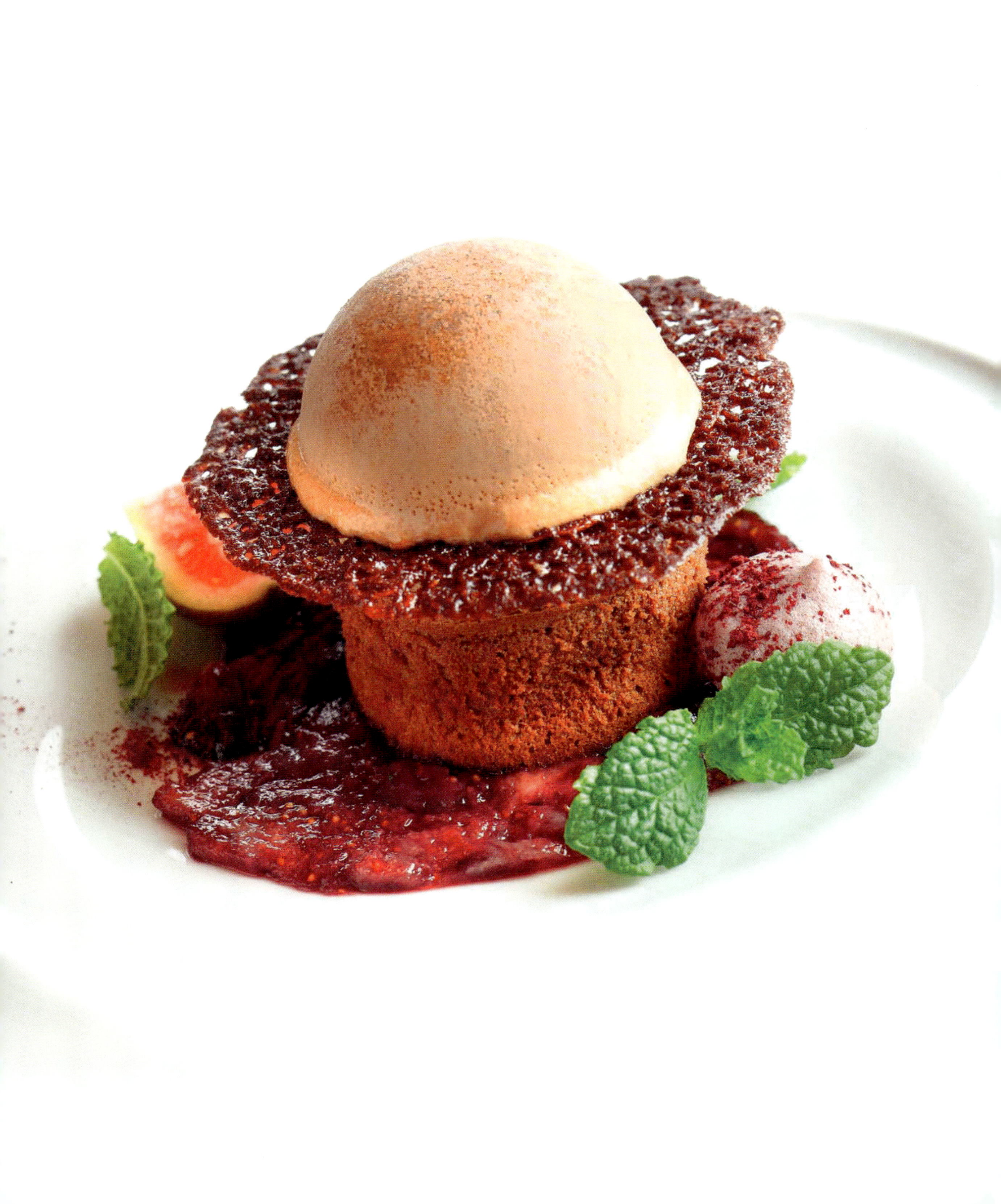

OFFENER STRUDEL MIT BIRNE, APFEL UND QUITTE UND GRANNY-SMITH-SORBET

FÜR 4 PERSONEN

STRUDEL
6 große Filoteigblätter
1 Ei
40 g zerlassene Butter
Puderzucker

FÜLLUNG
2 grüne Äpfel
1 Apfelquitte
1 rote Williamsbirne
40 g Rosinen
50 g Zucker
30 g Butter
2 EL naturtrüber Apfelsaft
30 g gehackte Mandeln
Abrieb von 1 Biozitrone
4 EL alter brauner Rum
Mark von 1 Vanilleschote
1 Msp Zimtpulver
2 EL Honig

GRANNY-SMITH-SORBET
60 g Glukosesirup
500 g Püree vom Granny-Smith-Apfel
(ersatzweise ungesüßtes Apfelpüree)
150 g Zucker
Saft von 1 Zitrone
40 ml Apfelschnaps,
im Eichenfass gereift

FERTIGSTELLEN
Vanillesauce (Rezept Seite 198)
Quittenmark (Rezept Seite 199)
Schafgarbe

STRUDEL
Den Backofen auf 160 °C vorheizen.
Je drei große Filoteigblätter mit dem verquirlten Ei bepinseln und zusammenkleben. Aus den beiden Teigplatten je vier Rechtecke à 4 x 7 cm zurechtschneiden. Jedes Blatt mit Butter bestreichen und mit viel Puderzucker bestäuben. Die Blätter über eine halbrunde Kuchenform (Rehrücken) legen. Im heißen Ofen 4 Minuten knusprig backen.
Für die Füllung Äpfel, Quitte und Birne schälen, in Viertel schneiden und das Kerngehäuse jeweils entfernen. Das Fruchtfleisch jeweils in kleine Würfel schneiden. Die Rosinen hacken. Den Zucker in einer Pfanne karamellisieren. Die Butter dazugeben und mit dem Apfelsaft ablöschen. Apfel-, Quitten- und Birnenwürfel, Rosinen und gehackte Mandeln hinzufügen und durchschwenken. Zum Schluss die Füllung mit ein wenig Zitronenabrieb, Rum, Vanillemark, Zimt und Honig abschmecken und so lange kochen lassen, bis die Masse erneut beginnt, zu karamellisieren.

GRANNY-SMITH-SORBET
Den Glukosesirup in einer Sauteuse mit etwas Apfelpüree auflösen und den Zucker einrühren. Die Masse mit dem Zitronensaft und dem Apfelschnaps abschmecken. Anschließend in einer Eismaschine gefrieren.
Wer keine Eismaschine hat, gibt die Masse in eine Schüssel, stellt diese ins Eisfach und rührt alle 10 Minuten mit einem Schneebesen die Masse gut durch, bis die gewünschte Konsistenz erreicht ist.

FERTIGSTELLEN
Den Strudel auf den Dessertteller geben und Reste der Füllung und das Sorbet danebenlegen. Mit Vanillesauce, Quittenmark und Schafgarbe dekorieren.

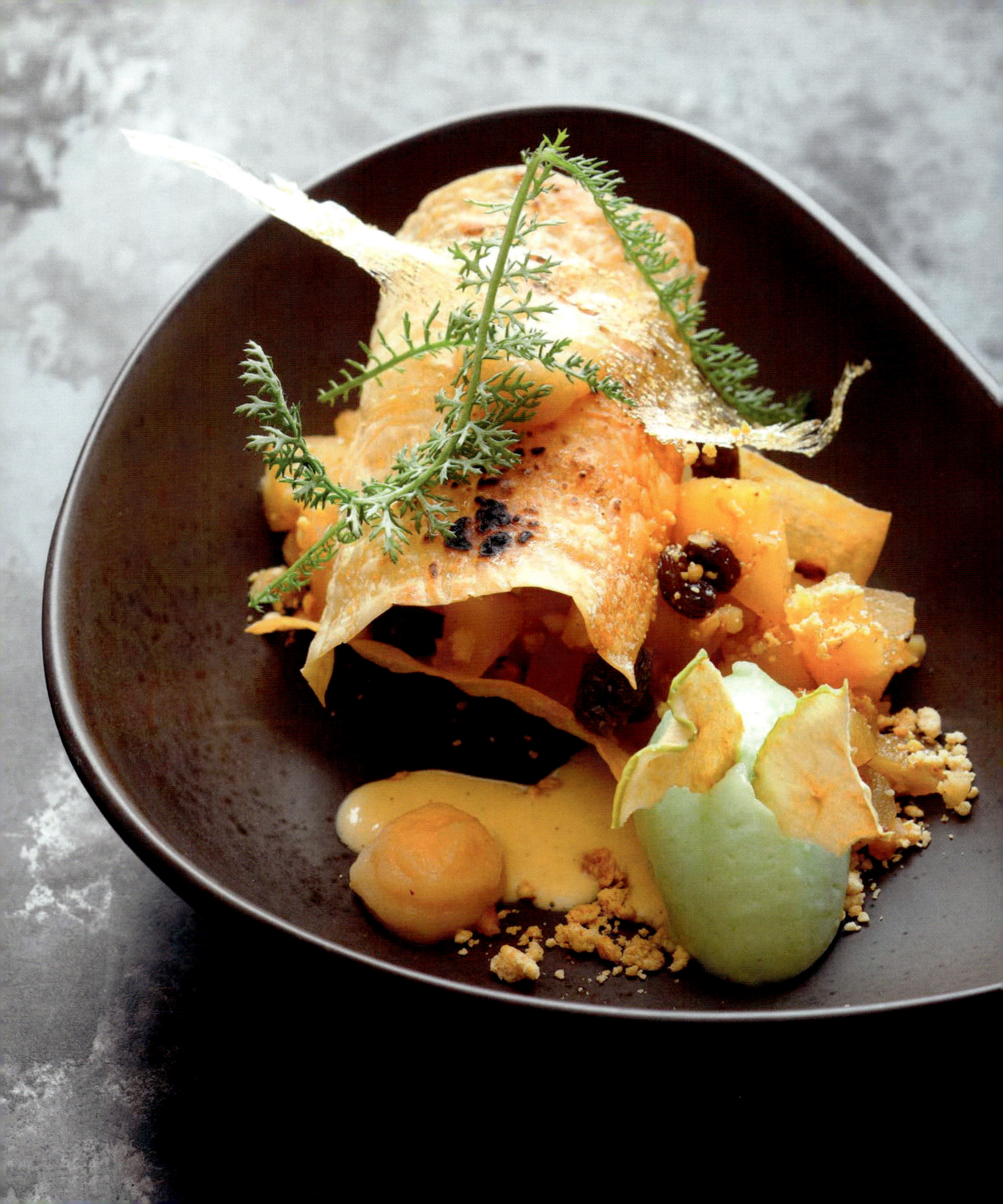

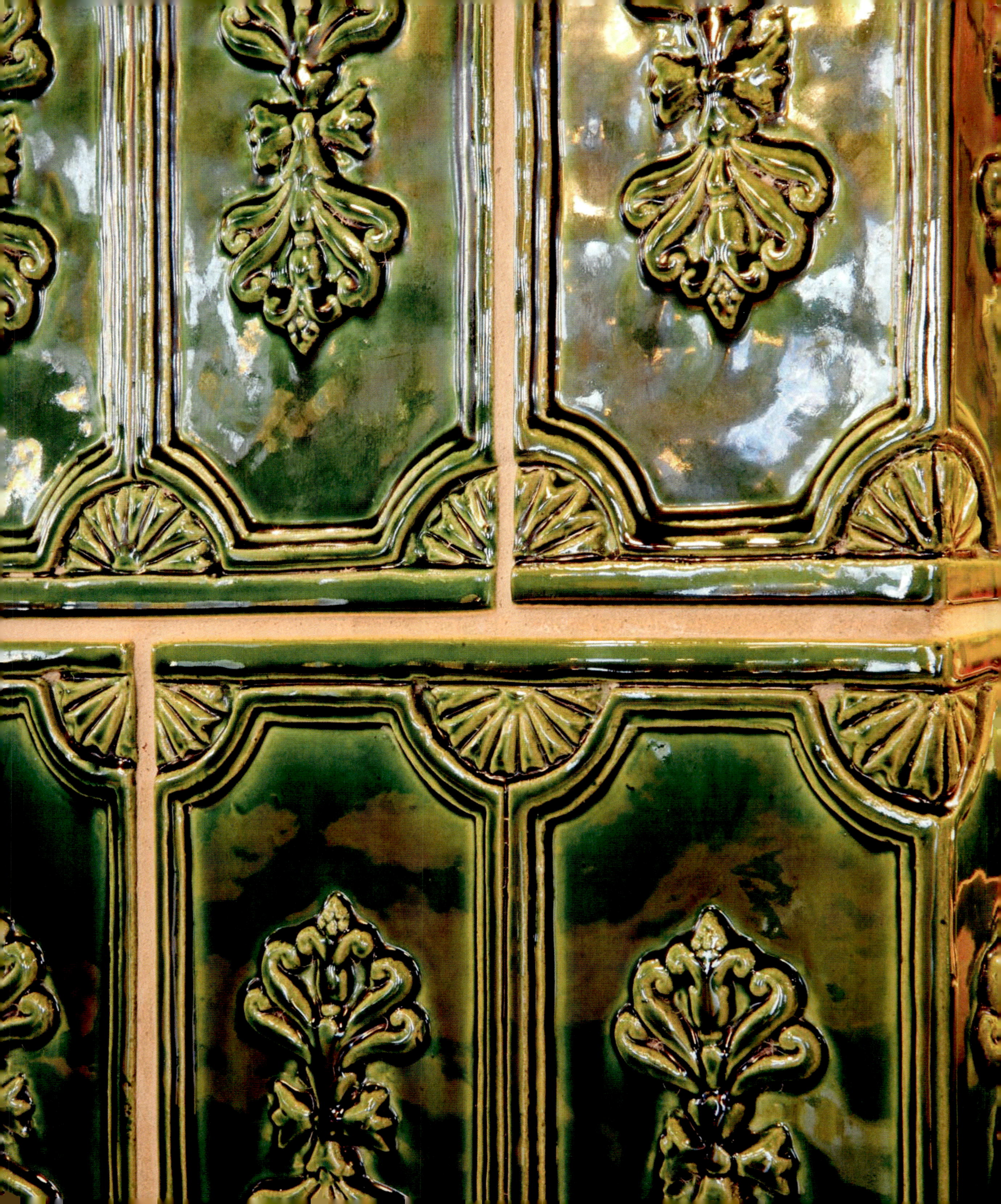

KIRTA IN PLEISKIRCHEN
Meine Festtagsrezepte

SCHAUMSUPPE VON KÜRBISSEN
MIT HENDLCROQUETTES UND KÜRBISKERNMALTO

BAYERISCHE ENTE MIT SERVIETTENKNÖDERLN UND BLAUKRAUT

RAGOUT VOM PLEISKIRCHNER REH MIT SCHWAMMERLN
UND ERDÄPFEL-SPECK-WECKERLN

ZANDERFILET MIT SPECK, SCHWARZEN LINSEN
UND ROTWEINESSIGJUS

VOGERLSALAT IN NUSSVINAIGRETTE MIT ENTENLEBER,
SPECK UND DATTELN

SCHAUMSUPPE VON KÜRBISSEN MIT HENDLCROQUETTES UND KÜRBISKERNMALTO

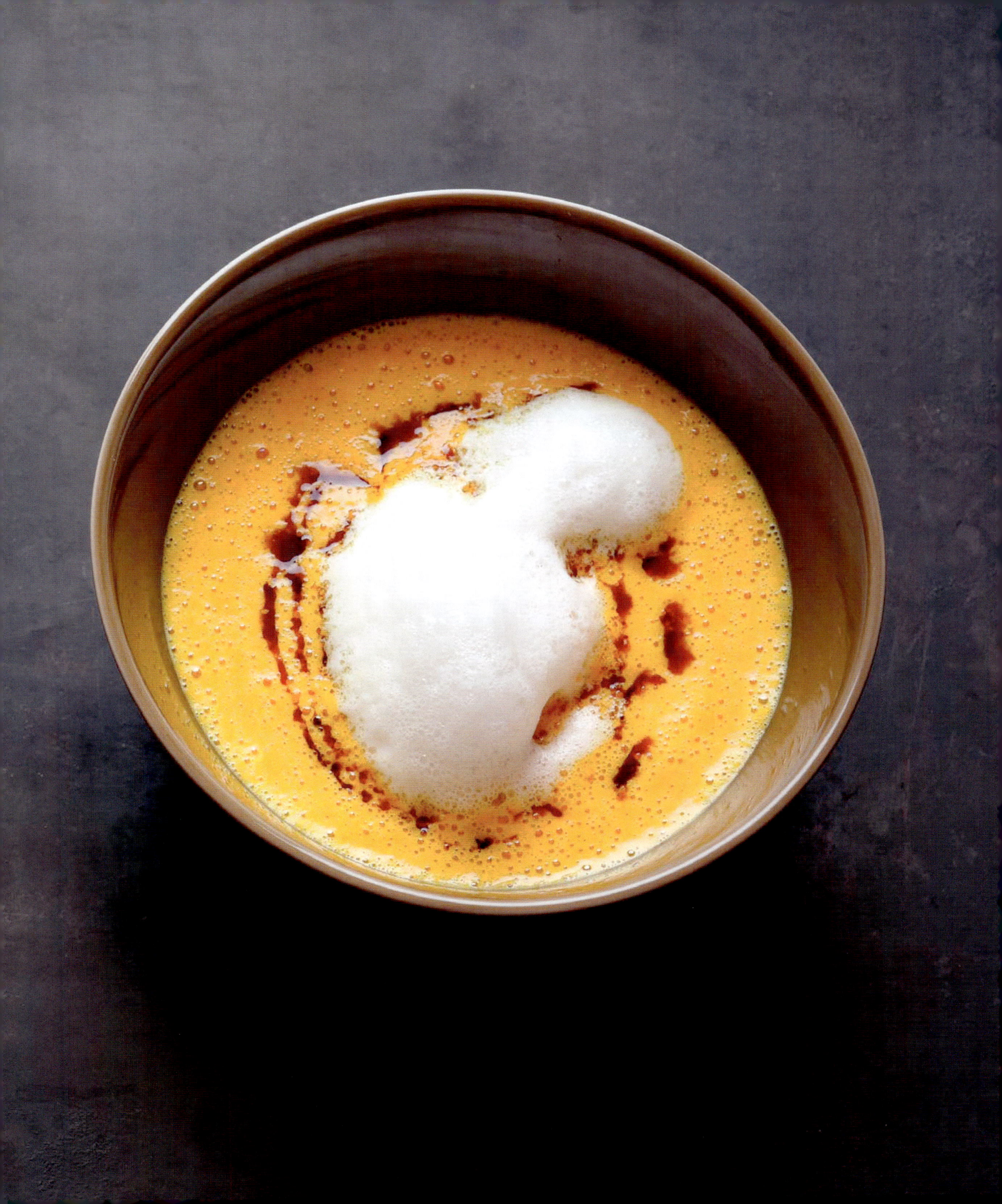

SCHAUMSUPPE VON KÜRBISSEN MIT HENDLCROQUETTES UND KÜRBISKERNMALTO

FÜR 4 PERSONEN

GEFLÜGELFOND
80 g Röstgemüse aus zwei Teilen Karotten und Knollensellerie und einem Teil Schalotten
1 Lauchzwiebel
3 Hühnerkeulen à 200 g
100 ml Weißwein
5 Wacholderbeeren
2 Lorbeerblätter
½ TL Senfsaat
3 Petersilienstängel
Salz und frisch gemahlener schwarzer Pfeffer

CROQUETTES
50 g Butter
40 g Weizenmehl Type 405
80 ml Geflügelfond (s. oben)
80 g Sahne
1 Ei
2 EL fein gehackte Petersilie
Salz
Muskatnuss, frisch gerieben

ZUM PANIEREN
1 Ei
50 g Weizenmehl Type 405
70 g Semmelbrösel, gemixt mit 20 g Petersilienblättern

SCHAUMSUPPE VON KÜRBISSEN
200 g Hokkaidokürbis
100 g Muskatkürbis
1 kleine Zwiebel
1 EL Sesamöl
100 g Butter
100 ml Orangensaft, frisch gepresst
100 ml Weißwein
800 ml Geflügelfond (s. oben)
100 g Crème fraîche
200 g Sahne
fruchtig-milder Curry
Zucker
Cayennepfeffer
Salz und frisch gemahlener schwarzer Pfeffer

KÜRBISKERNMALTO
50 ml Kürbiskernöl
15 g Maltodextrin
Salz

FERTIGSTELLEN
Kürbiskernöl
Milchschaum
Kürbiskerne, geröstet
Kerbelblättchen

GEFLÜGELFOND
Das Röstgemüse schälen und in kleine Würfel schneiden. Die Lauchzwiebel waschen und klein schneiden. Hühnerkeulen, Gemüse, Weißwein, Gewürze sowie Petersilienstängel und Lauchzwiebeln in einen großen Topf füllen. So viel kaltes Wasser angießen, dass alles gut bedeckt ist. Das Ganze zum Kochen bringen. Anschließend die Temperatur so weit reduzieren, dass der Fond ca. 1 ½ Stunden leise köchelt. Dabei immer wieder abschmecken.
Anschließend die Hühnerkeulen herausnehmen und von Haut und Knochen befreien. Das Fleisch klein schneiden. Den Fond durch ein Sieb passieren und beiseitestellen, ebenso das Gemüse.

CROQUETTES
Für die Mehlschwitze die Butter in einem kleinen Topf zerlassen und aufschäumen lassen. Das Mehl einrühren. Geflügelfond und Sahne angießen und rühren, bis eine sämige Konsistenz erreicht ist. Kräftig mit Salz und Muskat würzen. Das beiseitegestellte Hühnerfleisch und Gemüse hinzufügen. Das Ei einrühren und die Masse kräftig kochen lassen. Nochmals abschmecken und die Petersilie dazugeben. Die Croquettesmasse abkühlen lassen.
Danach kleine Croquettes formen und in Ei, Mehl und Semmelbröseln panieren. Im heißen Öl in einer großen Pfanne ausbacken. Herausnehmen und auf Küchenpapier abtropfen lassen.

SCHAUMSUPPE VON KÜRBISSEN
Den Hokkaidokürbis waschen und in Würfel schneiden. Den Muskatkürbis schälen und in Würfel schneiden. Die Zwiebel schälen und fein hacken.
Sesamöl in einem Topf erhitzen, die Butter hinzufügen und aufschäumen lassen. Die Kürbiswürfel und die Zwiebeln anschwitzen. Nach kurzer Zeit bereits mit Salz, Pfeffer, Zucker und Cayennepfeffer sowie einer Prise Curry würzen.
Das Gemüse so lange schwitzen, bis es breiig ist. Anschließend mit Orangensaft und Weißwein ablöschen. Die Kürbismasse auf die Hälfte reduzieren und mit dem Geflügelfond auffüllen. Die Suppe kräftig kochen und nach Bedarf etwas reduzieren lassen. Crème fraîche und Sahne hinzufügen. Nicht mehr kochen lassen.
Die Suppe in einem Mixer fein pürieren und anschließend durch ein Sieb passieren. Vor dem Anrichten kräftig abschmecken und mit dem Pürierstab schaumig mixen.

KÜRBISKERNMALTO
Kürbiskernöl und Maltodextrin verrühren und mit einer Prise Salz würzen. Das Malto in einer Pfanne ohne Fett rösten.

FERTIGSTELLEN
Die Suppe in einen tiefen Teller geben. Mit Kürbiskernöl beträufeln und mit Milchschaum krönen. Die Croquettes auf einem flachen Teller anrichten und mit Kürbiskernmalto, Kürbiskernen und Kerbel dekorieren.

RINDSSUPPE

KIRTA IN PLEISKIRCHEN

BAYERISCHE ENTE MIT SERVIETTENKNÖDERLN UND BLAUKRAUT

FÜR 4 PERSONEN

GESCHMORTE ENTE
1 Ente (ca. 2,8 kg), küchenfertig
2 Zwiebeln
1 Apfel
1 Karotte
2 EL Sonnenblumenöl
1 EL Tomatenmark
2 EL roter Portwein
60 ml Rotwein
Orangensaft, frisch gepresst
Apfelsaft
1 ½ l Entenfond
(oder Kalbsjus; Rezepte Seite 193 bzw. 194)
10 Wacholderbeeren
2 Lorbeerblätter
1 Rosmarinzweig
2 EL Preiselbeeren
40–50 g Mehlbutter (Rezept Seite 194)
Salz und frisch gemahlener
schwarzer Pfeffer

FÜLLUNG
1 Apfel
1 Zwiebel
1 TL fein gehackte Petersilie
½ TL fein gehackter Majoran
Salz und frisch gemahlener
schwarzer Pfeffer

GESCHMORTE ENTE

Den Backofen auf 140 °C vorheizen.

Zuerst die Halsknochen der Ente entfernen und die Flügel abschneiden, beiseitestellen. Eventuell den Hals entfernen.

Für die Füllung den Apfel waschen, in Viertel schneiden, entkernen und in grobe Würfel schneiden. Die Zwiebel schälen und ebenfalls in grobe Würfel schneiden. Äpfel und Zwiebeln mit den Kräutern vermengen und mit Salz und Pfeffer würzen. Die Ente damit füllen.

Nun die Keulenbeinchen mit Küchengarn zusammenbinden und die Ente kräftig mit Salz und Pfeffer würzen.

Zum Schmoren zuerst die Zwiebeln schälen und in grobe Würfel schneiden. Den Apfel waschen, in Viertel schneiden und entkernen, die Karotte schälen und beides ebenfalls in grobe Würfel schneiden. Das Gemüse und das Öl mit Hals und Flügelknochen in einen großen Bräter geben. Die Ente mit der Keulenseite daraufsetzen und ein wenig kaltes Wasser angießen. Den Bräter auf die untere Schiene des heißen Ofens schieben und die Ente ca. 1 ½ Stunden garen. Dabei die Ente immer wieder auf die jeweils andere Keulenseite wenden und mit Schmorsaft übergießen. Erst in der letzten ½ Stunde auf den Rücken setzen. Wenn die Ente weich ist, auf ein kaltes Backofengitter legen und im temperaturreduzierten Ofen (80 °C) ruhen lassen.

Für die Sauce das Bratfett aus dem Bräter abgießen. Den Bräter auf die Herdplatte setzen. Das Tomatenmark in den Bräter geben und rösten. Anschließend mit Rotwein und Portwein ablöschen. Die Flüssigkeit so lange reduzieren lassen, bis sie glänzt. Orangensaft, Apfelsaft und Entenfond (oder Kalbsjus) angießen. Mit Salz und Pfeffer kräftig würzen und Wacholderbeeren, Lorbeerblätter und den Rosmarinzweig hinzufügen. Die Preiselbeeren einrühren. Die Sauce kräftig kochen lassen und mit der Mehlbutter binden. Weitere 15 Minuten köcheln lassen.

Nun den Backofen auf 180 °C Oberhitze vorheizen.

Brust und Keulen von der Ente ablösen. Das Entenfleisch in eine ofenfeste Pfanne legen und im heißen Ofen knusprig backen. Danach die Sauce im Bräter durch ein Sieb passieren und nochmals abschmecken.

Fortsetzung auf der nächsten Doppelseite

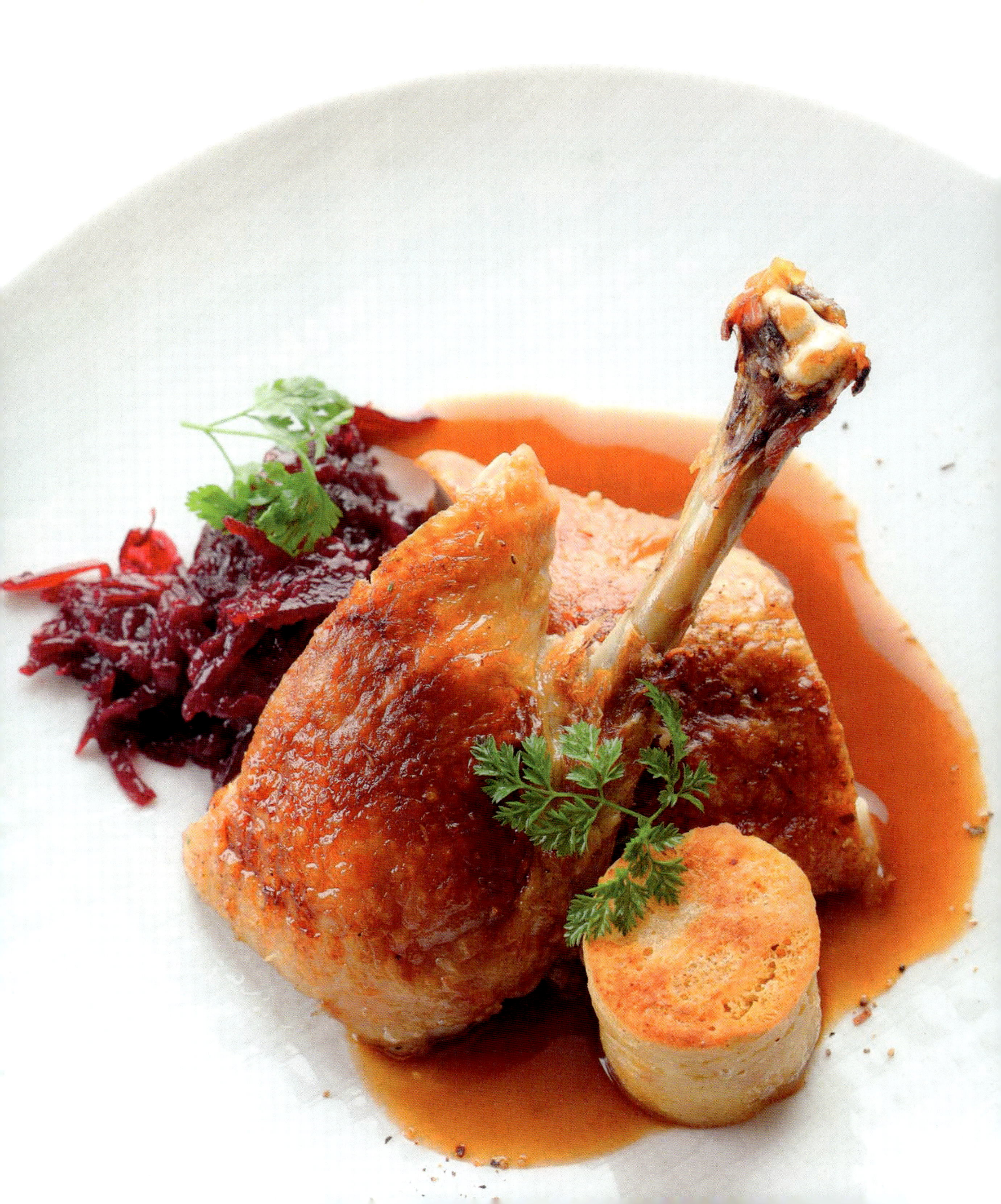

BLAUKRAUT
2 Äpfel
800 g Blaukraut
60 g Zucker
2 EL Sonnenblumenöl
30 ml Aceto balsamico, 12 Jahre gereift
50 ml Orangensaft
zzgl. ein wenig zum Abschmecken
250 ml Rotwein
250 ml roter Portwein
70 g Honig
80 g Preiselbeeren
Zitronensaft
120 g Butter
1 Msp Quatre épices
Salz und frisch gemahlener
schwarzer Pfeffer

SERVIETTENKNÖDERL
500 g Toastbrot
3 Eier
250 g Topfen
250 ml Milch
1 EL Butter
Muskatnuss, frisch gerieben
Cayennepfeffer
Salz und frisch gemahlener
schwarzer Pfeffer

FERTIGSTELLEN
Kerbelblättchen

BLAUKRAUT

Die Äpfel schälen, in Viertel schneiden und entkernen. Das Fruchtfleisch reiben. Vom Blaukraut die äußeren unschönen Blätter entfernen. Den Kohlkopf in Viertel schneiden, den Strunk herausschneiden und die Kohlblätter in feine Streifen schneiden. Mit Salz, 1 Esslöffel Zucker und Sonnenblumenöl verkneten und 3 Stunden ziehen lassen.

Den restlichen Zucker in einen Topf geben und bei mittlerer Hitze goldgelb karamellisieren lassen. Mit Aceto balsamico, Orangensaft, Rotwein und Portwein ablöschen und etwas einkochen lassen. Sobald die Flüssigkeit reduziert ist, Honig, Preiselbeeren, den geriebenen Apfel und das Blaukraut hinzufügen.

Das Gemüse zum Kochen bringen und mit Salz, Pfeffer, Quatre épices, Orangen- und Zitronensaft abschmecken. Das Kraut 1 Stunde weich dünsten, dabei immer wieder rühren. Nach Bedarf nochmals nachwürzen. Kurz bevor das Kraut weich ist, die Butter unterrühren und nochmals abschmecken.

Das Kraut vor dem Servieren abseits des Herds ein paar Minuten ziehen lassen.

SERVIETTENKNÖDERL

Das Toastbrot entrinden und in Würfel schneiden. Die Eier trennen. Topfen und Eigelbe in einer Schüssel miteinander verrühren. Die kalte Milch über das Toastbrot geben und kurz einweichen. Die Topfenmasse dazugeben, miteinander vermengen und mit den Gewürzen kräftig abschmecken. Anschließend die Eiweiße zu steifem Schnee schlagen und unterheben.

Die Masse zu einer Rolle formen und zuerst in Klarsichtfolie und danach in Alufolie einschlagen. Über einem Wasserbad knapp unter dem Siedepunkt ca. 40 Minuten garen. Vor dem Servieren die Rolle in Scheiben schneiden und diese von beiden Seiten in der Butter anbraten.

FERTIGSTELLEN

Die Sauce als Spiegel auf den Teller geben und die Ente, das Blaukraut und die Serviettenknöderl darauf anrichten. Mit Kerbel dekorieren.

SCHÖNHEIT DER NATUR:
BLAUKRAUT

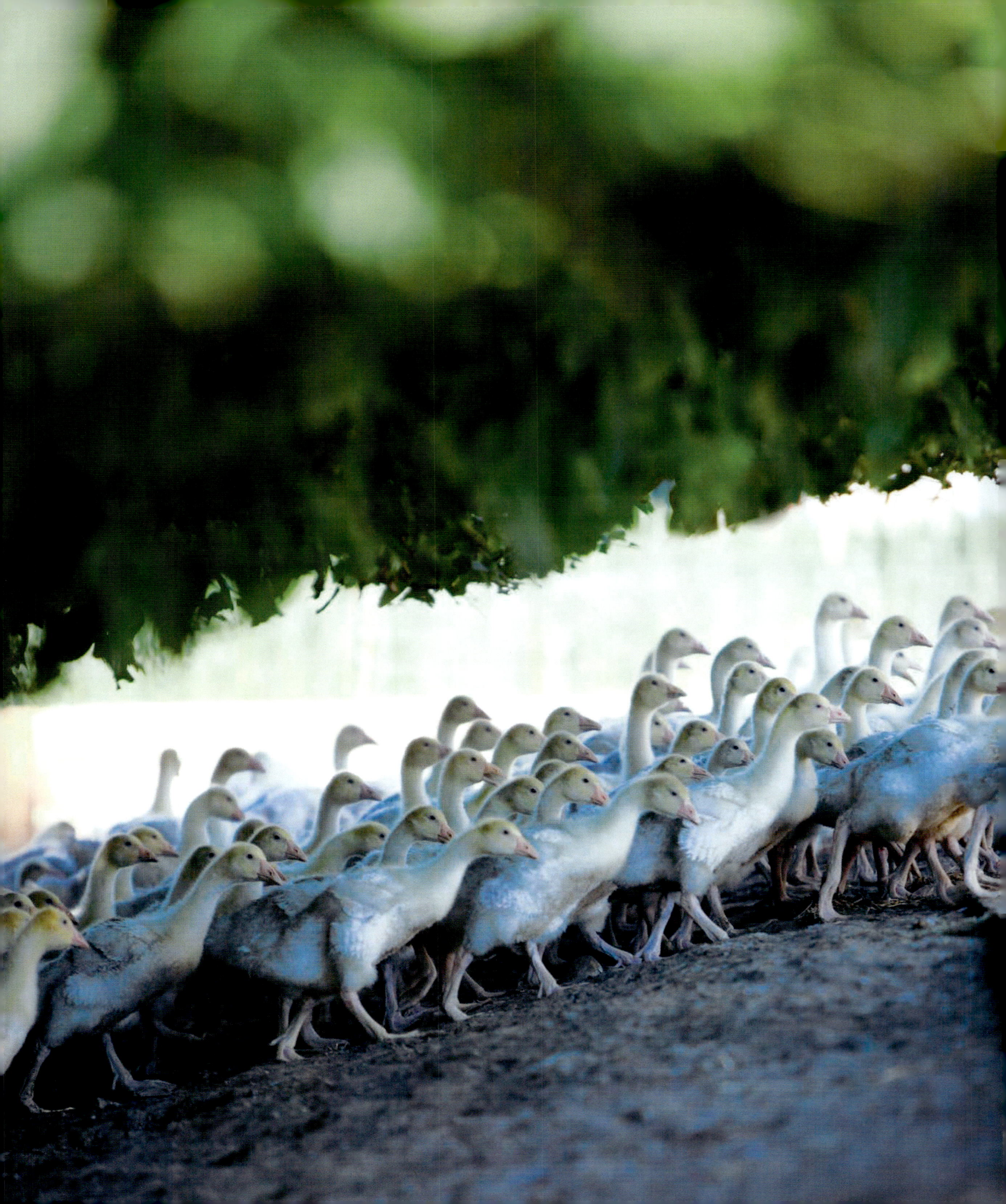

ICH LIEBE GEFLÜGEL, BESONDERS ENTEN. SIE SIND EBENSO WIE GÄNSE UND HENDL AUS MEINER KÜCHE NICHT WEGZUDENKEN. ALS GLÜCKLICHE FÜGUNG EMPFINDE ICH, DASS DER GEFLÜGELHOF DER FAMILIE LUGEDER QUASI BEI MIR UM DIE ECKE IST.

Die traditionelle bayerische Küche ist zuallererst eine deftig-bäuerliche Fleischküche – vor allem mit Enten, Gänsen und Hendln.

Die Lugeders beliefern viele Gourmetrestaurants und vermarkten ihr exzellentes Geflügel in fast ganz Nieder- und halb Oberbayern direkt. Mit Leidenschaft und Verantwortungsbewusstsein führen sie ihren Geflügelhof heute bereits in der dritten Generation. Gänse und Enten leben eigentlich ausschließlich im Freien, auf weitläufigen Wiesen rund um den Hof.

Es ist schon ein besonderes Gefühl, Geflügel von „dahoam" zu beziehen. Wenn man mit eigenen Augen sieht, wie die Tiere aufgezogen und in der hofeigenen Schlachterei stressfrei getötet werden, dann erklärt sich die große Qualität und der feine Fleischgeschmack von selbst. Jedes Jahr verarbeite ich zwischen September und Januar allein 700 bis 800 Enten vom Lugeder-Hof. Dazu Holzlandhendl (Bressehuhn), Maishendl, Gänse, Gänseklein, Geflügelinnereien, Wachteln und Wachteleier.

RAGOUT VOM PLEISKIRCHNER REH MIT SCHWAMMERLN UND ERDÄPFEL-SPECK-WECKERLN

FÜR 4 PERSONEN

REHRAGOUT
1 kg Edelgulasch vom Reh (Schulter und Keule)
2 kleine Zwiebeln
1 Karotte
200 g Knollensellerie
2 EL Sonnenblumenöl
2 EL Tomatenmark
200 ml Rotwein
150 ml roter Portwein
1,2 l Geflügelfond (Rezept Seite 192)
100 ml Orangensaft
2 Lorbeerblätter
3 EL Preiselbeeren
50 g Butter
70 g Schwarzbrot, gewürfelt
2 Thymianzweige
Mole
Salz und frisch gemahlener schwarzer Pfeffer

SCHWAMMERL
10 kleine Steinpilze (ersatzweise kleine Kräuterseitlinge)
25 kleine Pfifferlinge
10 Shiitakepilze
1 Schalotte
2 EL Sonnenblumenöl
20 g Butter
20 g doppelgriffiges Mehl (z. B. Wiener Grießler)
2 EL Weißwein
200 g Sahne
50 g Sauerrahm
Cayennepfeffer
fein gehackte Petersilie
Zitronensaft
Salz und frisch gemahlener schwarzer Pfeffer

ERDÄPFEL-SPECK-WECKERL
150–180 g festkochende Kartoffeln
150–200 g grobes Salz
300 g Weizenmehl Type 405
125 g lauwarme Milch
20 g Zucker
15 g Hefe
25 g Ghee (Rezept Seite 188)
15 g Salz
½ TL fein gehackter Majoran
45 g gebratene Speckwürfel

FERTIGSTELLEN
Schnittlauchröllchen
knuspriger Buchweizen

REHRAGOUT
Das Fleisch vorbereiten und in mundgerechte Würfel schneiden. Die Zwiebeln schälen und fein hacken. Die Karotte und den Sellerie schälen und in kleine Würfel schneiden.
Die Fleischwürfel mit Mole, Salz und Pfeffer würzen. Das Öl in einem Topf erhitzen und das Fleisch kräftig anbraten. Zwiebeln, Karotten und Sellerie zugeben und mitrösten lassen. Das Tomatenmark einrühren und ebenfalls rösten. Anschließend nacheinander mehrmals mit dem Rotwein und Portwein ablöschen. Mit dem Geflügelfond und dem Orangensaft auffüllen. Lorbeerblätter, Preiselbeeren, Butter und die Brotwürfel einrühren. Das Gulasch ein erstes Mal abschmecken und anschließend 1 ½ Stunden schmoren. Kurz bevor das Fleisch weich ist, die Thymianzweige einlegen. Zum Schluss das Ragout nochmals abschmecken.

SCHWAMMERL
Die Steinpilze putzen und zerkleinern. Die Pfifferlinge putzen. Die Shiitakepilze in Viertel schneiden. Die Schalotte schälen und fein hacken.
Das Öl in einer Pfanne erhitzen und die Schalotten glasig anschwitzen. Die Pilze zugeben und mitschwitzen lassen. Nach kurzer Zeit die Butter hinzufügen und die Pilze mit Salz, Pfeffer und Cayennepfeffer würzen. Mit dem Mehl bestäuben. Kurz weiterschwitzen lassen und anschließend mit Weißwein, Sahne und Sauerrahm ablöschen. Die Pilze kräftig kochen und fein abschmecken. Zum Schluss Petersilie und ein wenig Zitronensaft zufügen.

ERDÄPFEL-SPECK-WECKERL
Den Backofen auf 170 °C vorheizen.
Die Kartoffeln sorgfältig waschen, trocken tupfen und auf ein mit grobem Salz bedecktes Blech geben. Im heißen Ofen 1 Stunde garen.
Das Mehl in eine Schüssel sieben und eine Mulde formen. Die Milch mit Zucker und Hefe verrühren, in die Mehlmulde einrühren und einen Vorteig (bayerisch Dampferl) herstellen. Diesen Vorteig an einem warmen und zugfreien Ort zugedeckt etwa 20 Minuten gehen lassen.
In der Zwischenzeit die Ofenkartoffeln pellen und durch die Kartoffelpresse drücken. Anschließend Ghee und die durchgedrückten Kartoffeln mit dem Vorteig und dem Mehl verkneten und nochmals an einem warmen Ort gehen lassen, bis der Teig das doppelte Volumen erreicht hat. Danach Salz, Majoran und die Speckwürfel einkneten und aus der Masse kleine Weckerl formen.
Den Backofen auf 140 °C vorheizen.
Ein Backblech mit Backpapier auslegen. Die Weckerl daraufsetzen und nochmals 10 Minuten gehen lassen. Anschließend im heißen Ofen etwa 30 Minuten backen.

FERTIGSTELLEN
Das Rehragout mit den Schwammerln und dem Erdäpfel-Speck-Weckerl auf dem Teller anrichten und mit Schnittlauchröllchen und knusprigem Buchweizen dekorieren.

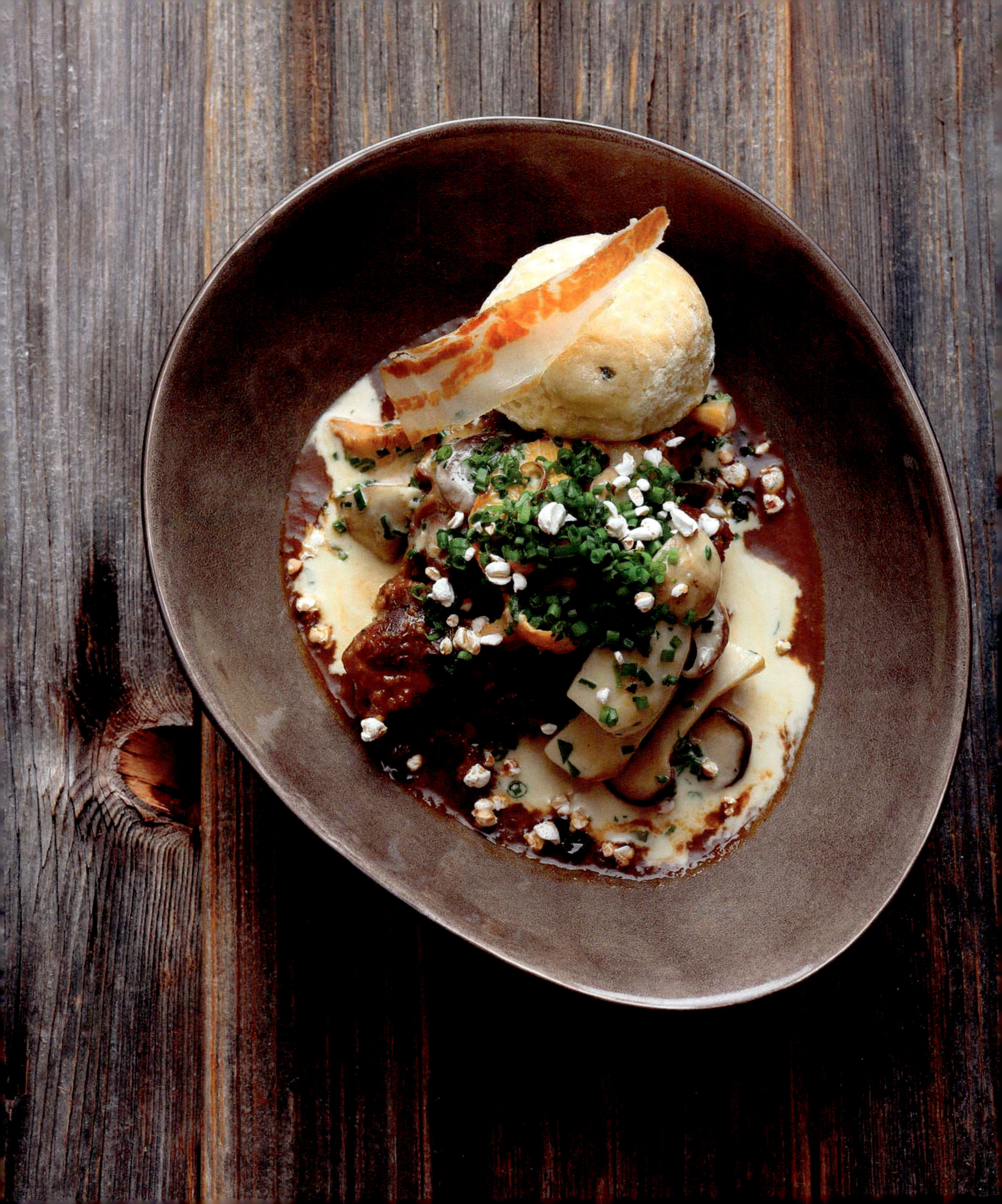

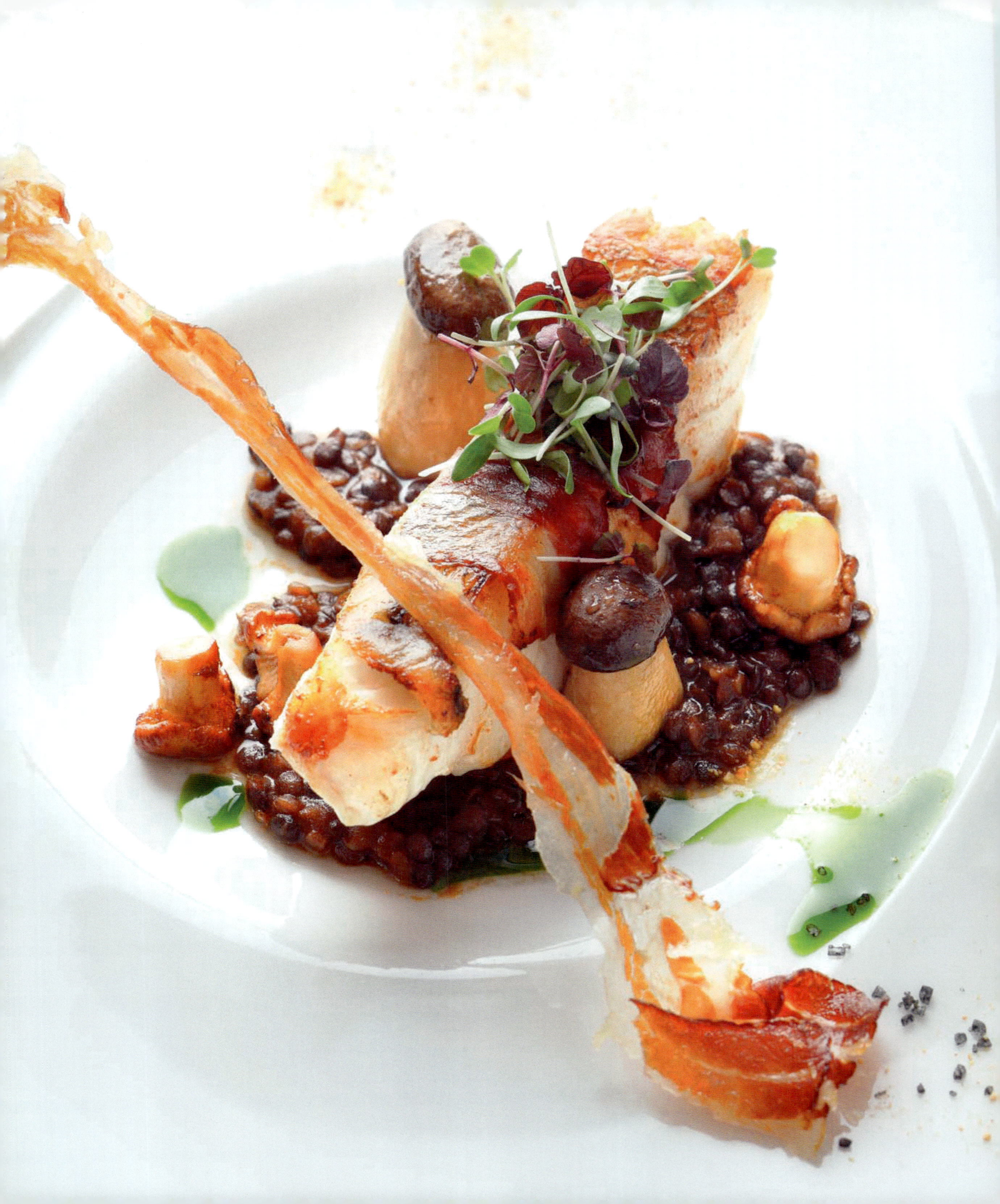

ZANDERFILET MIT SPECK, SCHWARZEN LINSEN UND ROTWEINESSIGJUS

FÜR 4 PERSONEN

ZANDERFILET
4 Zanderfilets à 90 g, mit Haut, ohne Gräten
8 Scheiben leicht geräucherter Bauchspeck
1 EL Rapsöl
30 g Butter
1 Lorbeerblatt
2–3 Kubebenpfefferkörner
Senfsaat
Salz und frisch gemahlener schwarzer Pfeffer

ROTWEINESSIGJUS
20 g Butter
20 g Honig
½ TL Johannisbeergelee
3 EL Rotweinessig (Topqualität)
2 EL Rotwein
100 ml Kalbsjus (Rezept Seite 194)
1 Thymianzweig
30 g kalte Butter
1 EL Olivenöl
Salz und frisch gemahlener schwarzer Pfeffer

GEBRATENE SCHWAMMERL
120 g Pilze (Kräuterseitlinge, Steinpilze, Champignons, Pfifferlinge o. Ä.)
1 EL Sonnenblumenöl
30 g Butter
1 Prise Cayennepfeffer
Zitronensaft
Salz und frisch gemahlener schwarzer Pfeffer

SCHWARZE LINSEN
100 g Belugalinsen
1 Schalotte
20 g Speck
20 g Knollensellerie
1 EL Rapsöl
1 TL Tomatenmark
1 EL Honig
3 EL roter Portwein
300 ml Geflügelfond (Rezept Seite 192)
1 Lorbeerblatt
40 g kalte Butter
1 EL Aceto balsamico, 12 Jahre gereift
Salz und frisch gemahlener schwarzer Pfeffer

FERTIGSTELLEN
Speckchips
Daikonkresse
Petersilienöl (Rezept Seite 189)

ZANDERFILET
Die Zanderfilets mit Salz und Pfeffer würzen. Anschließend mit jeweils zwei Speckscheiben umwickeln.
Das Rapsöl in einer Pfanne erhitzen und die Zanderfilets auf der Hautseite langsam knusprig anbraten. Kurz vor dem Wenden die Butter und die Gewürze hinzufügen. Anschließend die Filets wenden und mit der Gewürzbutter beträufeln. Ziehen lassen, bis die Fische glasig sind. Nach Bedarf nochmals ein wenig salzen.

ROTWEINESSIGJUS
Butter, Honig und Johannisbeergelee in einer Pfanne karamellisieren lassen. Mit Rotweinessig und Rotwein ablöschen und einkochen lassen. Mit Kalbsjus auffüllen. Den Thymianzweig einlegen und auf die Hälfte reduzieren. Die Sauce mit kalter Butter und Olivenöl montieren und mit Salz und Pfeffer würzen.

GEBRATENE SCHWAMMERL
Zuerst die Pilze putzen und mit einem feuchten Tuch abreiben. Das Sonnenblumenöl in einer Pfanne erhitzen und die Pilze darin 3–4 Minuten braten. Die Butter hinzufügen. Die Pilze mit Salz, Pfeffer, Cayennepfeffer und Zitronensaft würzen und in der Pfanne kräftig durchschwenken.

SCHWARZE LINSEN
Die Belugalinsen in einem Sieb mit kaltem Wasser waschen. Die Schalotte schälen und fein hacken. Den Speck in Würfel schneiden. Den Sellerie schälen und ebenfalls in Würfel schneiden.
Das Rapsöl in einem Topf erhitzen und Schalotten, Sellerie und Speck anschwitzen. Die Linsen zugeben, leicht mit Salz und Pfeffer würzen und mitschwitzen lassen. Nach kurzer Zeit Tomatenmark und Honig zugeben und die Linsen nun kräftig rösten, bis das Linsengemüse eine goldbraune Farbe nimmt. Mit Portwein und Geflügelfond auffüllen und das Lorbeerblatt zugeben. Nun das Ganze ca. 45 Minuten köcheln lassen. Kurz bevor die Linsen fertig sind, Butter und Aceto balsamico zugeben und mit Salz und Pfeffer abschmecken. Die Linsen fertig garen und cremig rühren.

FERTIGSTELLEN
Ein wenig Rotweinessigjus auf den Teller ziehen und nacheinander die Linsen und das Zanderfilet daraufgeben. Mit den Pilzen umlegen und mit Speckchip und Daikonkresse dekorieren. Mit Petersilienöl beträufeln.

VOGERLSALAT IN NUSSVINAIGRETTE MIT ENTENLEBER, SPECK UND DATTELN

FÜR 4 PERSONEN

NUSSDRESSING
1 Schalotte
2 EL natives Sonnenblumenöl
50 g Walnüsse
20 g Erdnüsse
20 g Honig
1 TL Senf
Saft von ½ Orange
1 EL Himbeeressig
1 EL Aceto balsamico, 12 Jahre gereift
2 EL Weißweinessig
50 ml Walnussöl
2 EL Erdnussöl
80 ml Geflügelfond (Rezept Seite 192)
Schnittlauchröllchen
fein gehackte Petersilie
Salz und frisch gemahlener schwarzer Pfeffer

VOGERLSALAT
½ Boskopapfel
40 g Knollensellerie
200–250 g Feldsalat
grobes Meersalz

GEBRATENE ENTENLEBER UND DATTELN
1 EL Sonnenblumenöl
12 kleine Entenlebern
8 Scheiben Speck
8 Datteln
1 TL Honig
10 g Butter
1 EL Himbeeressig
gehackte Erdnüsse
Mole
Meersalz und frisch gemahlener schwarzer Pfeffer

FERTIGSTELLEN
Mini-Amaranthblätter
Apfelchips
Speckröllchen
Veilchenblüten

NUSSDRESSING
Die Schalotte schälen und fein hacken. In Salzwasser blanchieren. Das Sonnenblumenöl in einer Pfanne erhitzen und die Nüsse rösten, beiseitestellen. Die Schalotten mit Honig, Senf, Orangensaft und den Essigen verrühren. Nach und nach die beiden Ölsorten langsam einarbeiten. Das Dressing mit dem Geflügelfond verdünnen und mit Salz und Pfeffer würzen. Kurz vor dem Anrichten die Nüsse und die Kräuter einrühren.

VOGERLSALAT
Den Apfel waschen (nicht schälen!), in Viertel schneiden, entkernen und das Fruchtfleisch in kleine Würfel schneiden. Den Sellerie schälen, in kleine Würfel schneiden und in Salzwasser blanchieren. Den Feldsalat verlesen, putzen, waschen und trocken schleudern. Den Salat mit den Apfel- und Selleriewürfeln vermengen und mit Meersalz und dem Nussdressing marinieren.

GEBRATENE ENTENLEBER UND DATTELN
Das Sonnenblumenöl in einer Pfanne erhitzen. Die Entenlebern mit Meersalz, Pfeffer und Mole würzen. Zuerst den Speck in der Pfanne knusprig braten, herausnehmen und auf Küchenpapier abtropfen. Nun die Datteln halbieren und den Kern entfernen. Die Lebern mit den Datteln in die Pfanne geben und scharf anbraten. Nach kurzer Zeit Honig und Butter zugeben und kräftig durchschwenken. Danach mit Himbeeressig ablöschen und mit den Erdnüssen bestreuen.

FERTIGSTELLEN
Vogerlsalat, Entenleber und Datteln auf dem Teller anrichten und mit Mini-Amaranthblättern, Apfelchips, Speckröllchen und Veilchenblüten dekorieren.

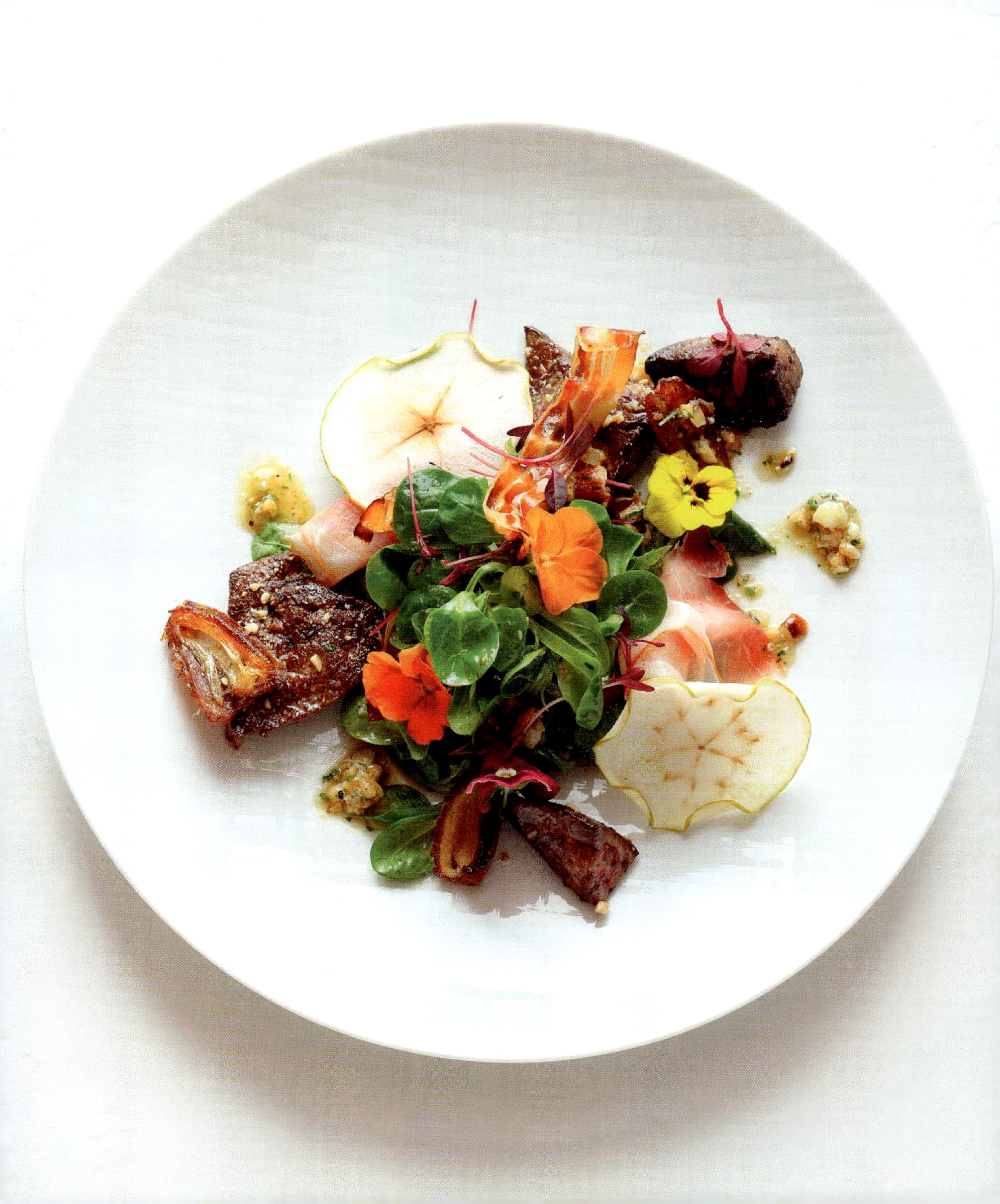

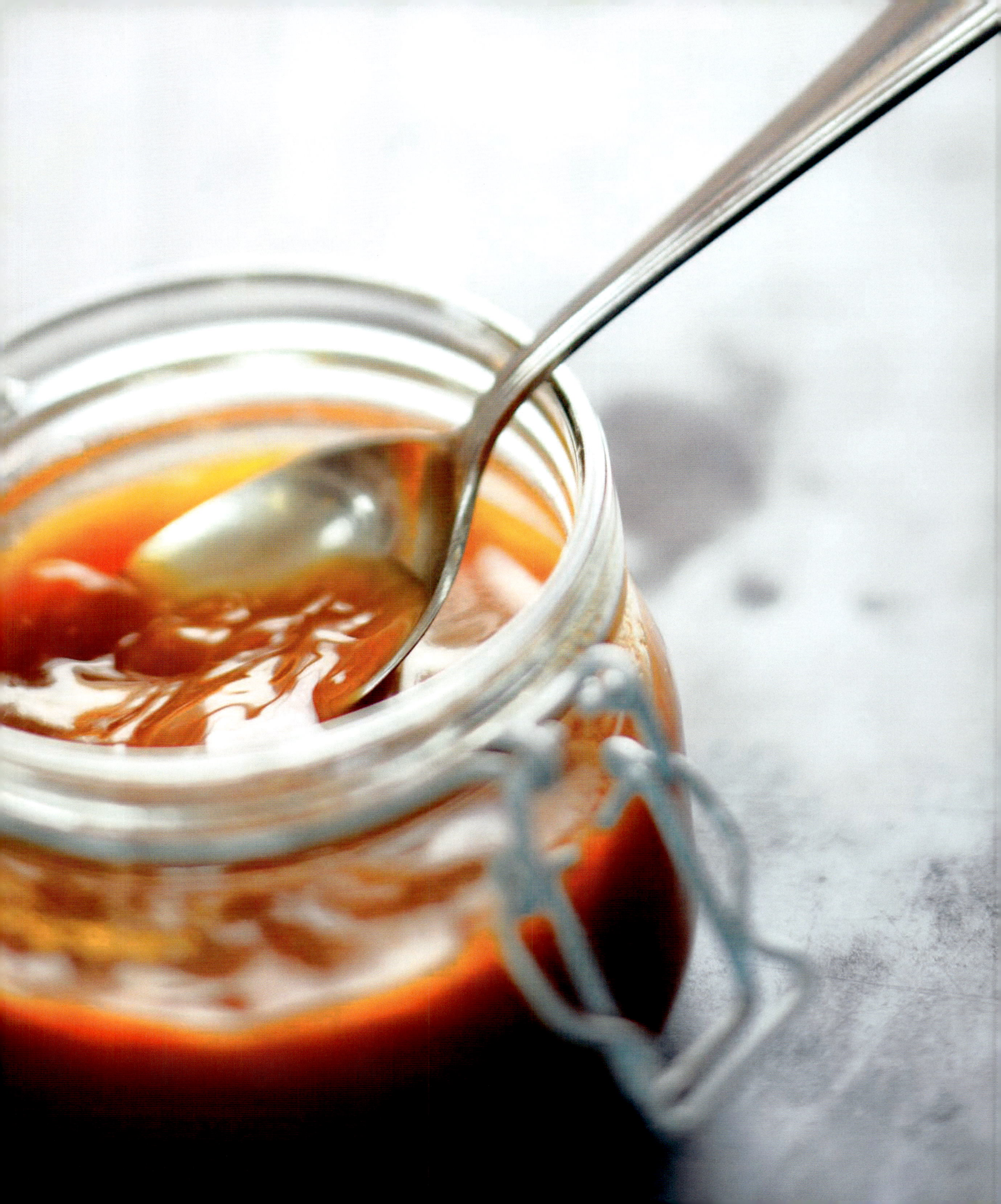

GRUNDREZEPTE

GEWÜRZE

ÖL

FONDS, SAUCEN & CO.

FÜR SÜSSES

GEWÜRZE

Für 800 g Gulaschfleisch

10 g Kümmelsamen
50 g Meersalz
2 Lorbeerblätter
Abrieb von 1 Biozitrone
2 Knoblauchzehen

GULASCHGEWÜRZ

Zuerst den Kümmel in einer Pfanne ohne Fett etwa 1 Minute rösten. Anschließend die Samen aus der Pfanne nehmen, auf eine Arbeitsfläche geben und grob hacken. Den Kümmel mit Meersalz, Lorbeerblättern und Zitronenabrieb vermengen und in einem Weckglas aufbewahren. Bei Gebrauch die Knoblauchzehen schälen, fein hacken und untermengen.
Das Gewürz eignet sich für Szegediner Gulasch und Rindergulasch.

Für 1 Weckglas (150 ml)

80 g Wacholderbeeren
30 g schwarze Pfefferkörner
20 g Korianderkörner
5 g Fenchelsamen
5 g Pimentkörner
5 Lorbeerblätter
5 g Kreuzkümmelpulver
3 g Kardamompulver
10 g Kakao
10 g Meersalz

WILDGEWÜRZ

Die genannten Körner und Samen in einer Pfanne ohne Fett 1 Minute rösten. Anschließend alle Zutaten in einer Schüssel vermengen, in einem Mixer fein mixen und zur Aufbewahrung in ein Weckglas geben. Das Gewürz eignet sich sowohl für Schmorgerichte als auch für kurzgebratenes Wild.

Für 1 Weckglas (350 ml)

300 g Meersalz
6 Vanilleschotenhälften, ausgekratzt und getrocknet
10 weiße Pfefferkörner

VANILLESALZ

Die genannten Zutaten in einem Mixer fein mixen.
Das Vanillesalz eignet sich für helles Fleisch und Meeresfisch, besonders gut für Hummer und Flusskrebse.

Ergibt ca. 200 g

70 g Petersilienblätter
20 g Basilikumblätter
10 g Minzeblätter
10 g Korianderblätter
1–2 Sardellenfilets
20 g Kapern
1 TL körniger Senf
(vorzugsweise Pommery)
1 EL Rotweinessig
80 ml natives Olivenöl extra
Abrieb von 1 Biozitrone
Meersalz und frisch gemahlener schwarzer Pfeffer

KRÄUTERSALSA

Sämtliche Kräuter sowie die Sardellenfilets und Kapern fein hacken, miteinander verrühren. Anschließend mit Senf, Essig, Olivenöl, Zitronenabrieb sowie Meersalz und Pfeffer abschmecken.
Die Salsa kann 7 Tage in einem Weckglas aufbewahrt werden. Am besten das Glas mit Alufolie umwickeln, damit sich die Farbe der Salsa nicht verändert.

Für 1 Weckglas (350 ml)

500 g Butter
10 g Himalayasalz

GHEE

Die Butter bei niedriger Hitze etwa 10–12 Stunden leicht simmern lassen. Bei diesem Prozess setzt sich die Molke ab. Das Salz hinzufügen und vorsichtig rühren. Anschließend die Butter durch ein Tuch passieren.
Ghee, das sich für jegliche Art von Gemüse sowie Fleisch und Fisch eignet, vorzugsweise in kleinen Gläsern aufbewahren, da die Menge, die zumeist für ein Gericht benötigt wird, häufig klein ist. Ghee ist gut für jegliches Gemüse sowie für Fisch und Fleisch verwendbar.

ÖL

Für 3 Weckgläser (à 150 ml)

450 ml natives Olivenöl extra
25 g Madras-Curry
5 g Meersalz
5 Kubebenpfefferkörner

CURRYÖL

Das Olivenöl in einem Stieltopf auf 30 °C erwärmen. Danach in ein Weckglas füllen, die restlichen Zutaten hinzufügen und das Ganze sorgfältig verrühren. Das Glas verschließen und das Öl im Kühlschrank 3 Wochen ziehen lassen.

Das Öl ist danach weitere 3 Wochen haltbar. Es hat ein wunderbares Aroma, das in Marinaden vortrefflich zum Ausdruck kommt. Ebenso eignet es sich hervorragend, um einem Gericht durch das Beträufeln mit dem Öl besonderen Geschmack zu verleihen.

Für 2 Weckgläser (à 150 ml)

100 g Petersilie
300 ml Sonnenblumenöl
10 g Meersalz

PETERSILIENÖL

Die Petersilie in Salzwasser 2 Minuten kochen und danach in Eiswasser abschrecken. Anschließend die Petersilie aus dem Wasser nehmen und kräftig ausdrücken. Mit dem Sonnenblumenöl und dem Meersalz in einem Mixer fein mixen. Zum Schluss das Öl durch ein feines Sieb passieren.

Das Petersilienöl in einem lichtundurchlässigen Gefäß aufbewahren. Es eignet sich besonders zum Aromatisieren und Verfeinern eines Gerichts.

Für 1 Weckglas (200 ml)

200 ml natives Olivenöl extra
10 g Meersalz
3 Rosmarinzweige
15 schwarze Pfefferkörner

ROSMARINÖL

Die genannten Zutaten in ein Weckglas geben und dieses verschließen. Das Öl 2 Wochen ziehen lassen. Anschließend hält es sich weitere 2 Wochen.

Rosmarinöl eignet sich perfekt für Lammgerichte und Rindersteaks.

Für 2 Weckgläser (à 150 ml)

300 ml natives Olivenöl extra
10 g Meersalz
2 Lorbeerblätter
½ Chilischote
2 Knoblauchzehen, geschält
1 Rosmarinzweig
1 Thymianzweig
2 Petersilienstängel
2 Korianderstängel
10 schwarze Pfefferkörner

KRÄUTER-KNOBLAUCH-ÖL

Die genannten Zutaten in ein Weckglas geben und dieses verschließen. Das Öl 2 Wochen ziehen lassen. Anschließend hält es sich weitere 2 Wochen.

Kräuter-Knoblauch-Öl ist ein Universalgewürz.

BACHSAIBLING MIT BUCHWEIZEN UND
FRISCHEM SPARGEL, IM WECKGLAS GEGART

GEMÜSEPULVER AUS SELLERIE,
ROTE BETE, KAROTTE,
URKAROTTE UND ERBSEN

FONDS, SAUCEN & CO.

Ergibt 4 Liter

1 Karotte
1 Stück Lauch
3 Zwiebeln
50 g Knollensellerie
1 Knoblauchzehe
Karkassen von 2 Hühnern
(ersatzweise 1 Suppenhuhn)
5 Pfefferkörner
5 Wacholderbeeren
2 Lorbeerblätter
4 EL Weißwein
1 Spritzer Zitronensaft
Salz und frisch gemahlener
schwarzer Pfeffer

GEFLÜGELFOND

Die Karotte schälen und in feine Scheiben schneiden. Den Lauch waschen und in Stücke schneiden. Die Zwiebeln und den Sellerie schälen und in Würfel schneiden. Die Knoblauchzehe schälen und andrücken.

Sämtliche Zutaten in einen mittelgroßen Topf geben, mit 4–5 l kaltem Wasser auffüllen und zum Kochen bringen. Die Hitze reduzieren und das Ganze anschließend etwa 30 Minuten köcheln lassen. Zum Schluss die Brühe durch ein feines Sieb passieren und nochmals abschmecken, jedoch dabei darauf achten, dass der Fond nicht zu würzig wird.

Ergibt ca. 5 Liter

2 Karotten
70 g Knollensellerie
50 g Lauch
4 Zwiebeln
200 g Rinderknochen
400 g Tafelspitz
(ersatzweise Rinderabschnitte mit Fett)
1 Knoblauchzehe
3–5 Petersilienstängel
2 Lorbeerblätter
8 Wacholderbeeren
12 Pfefferkörner
1 Prise Muskatnuss, frisch gerieben
Salz

RINDSSUPPE 1612

Die Karotten schälen und in Stücke schneiden. Den Sellerie schälen und in grobe Würfel schneiden. Den Lauch waschen und in Stücke schneiden. Eine Zwiebel schälen und fein hacken. Drei Zwiebeln quer halbieren und in einem großen Suppentopf ohne Fett mit der Schnittfläche nach unten schwärzen. Anschließend Knochen, Fleisch sowie Karotten, Sellerie und Lauch hinzufügen und mit 5 l eiskaltem Wasser auffüllen. Langsam zum Sieden bringen.

Die Knoblauchzehe schälen und fein hacken. Sobald das Wasser siedet, die fein gehackte Zwiebel, Knoblauch, Petersilienstängel, Lorbeerblätter, Wacholderbeeren und Pfefferkörner sowie Muskat und Salz dazugeben. Das Fleisch langsam weich garen, dabei die Suppe immer wieder kosten und nach Bedarf abschmecken.

Das fertige Fleisch aus der Suppe nehmen und eventuell als Suppeneinlage verwenden. Zuletzt die Suppe durch ein feines Sieb passieren.

Ergibt 4 Liter

1 Zwiebel
2 Tomaten
1 Lauch
2 Karotten
1 Stück Knollensellerie
Abschnitte von 1 Fenchel
4 Schalotten, geschält
2 Knoblauchzehen, geschält
5–6 Petersilienstängel
10 schwarze Pfefferkörner
5 Wacholderbeeren
1 TL Fenchelsamen
2 EL natives Olivenöl
4 EL Weißwein
4 EL Sake
15 g Thymianblättchen
Zucker
Salz und frisch gemahlener
schwarzer Pfeffer

GEMÜSEFOND

Die Zwiebel quer halbieren und in einem großen Suppentopf ohne Fett mit der Schnittfläche nach unten schwärzen. Tomaten, Lauch, Karotten, Sellerie und Fenchel putzen und waschen, gegebenenfalls schälen und in Stücke schneiden. In einen Topf mit 5 l möglichst kaltem Wasser geben, die restlichen genannten Zutaten hinzufügen und langsam zum Kochen bringen. Die Temperatur reduzieren und den Fond etwa 2 Stunden langsam sieden lassen.

Während des Siedens den Fond immer wieder kosten und gegebenenfalls nochmals salzen. Zum Schluss den Fond durch ein Sieb passieren.

TOMATENSAUCE

Ergibt ca. 2 Liter

10 reife Tomaten
2 Schalotten
1 Knoblauchzehe
1 kleines Bund Basilikum (50 g)
2 EL Sonnenblumenöl
500 g geschälte Tomaten (Dose)
500 ml Tomatensaft
500 ml Geflügelfond (Rezept linke Seite)
1 kleines Stück Chilischote, entkernt
1 EL Aceto balsamico, 12 Jahre gereift
60 ml natives Olivenöl extra
15 g Butter
Cayennepfeffer
Zucker
Salz und frisch gemahlener schwarzer Pfeffer

Die Tomaten waschen, den Stielansatz entfernen und das Fruchtfleisch in Stücke schneiden. Die Schalotten schälen, halbieren und in Streifen schneiden. Die Knoblauchzehe schälen und durch die Knoblauchpresse drücken. Das Basilikum waschen und trocken schütteln. Die Blätter von den Stängeln zupfen.

Das Sonnenblumenöl in einem mittelgroßen Topf erhitzen und die Schalottenstreifen und den Knoblauch glasig anschwitzen. Die Tomatenstücke dazugeben und die Sauce mit Cayennepfeffer, Zucker, Salz und Pfeffer kräftig würzen. Die Tomaten einige Minuten anschwitzen. Anschließend die Sauce mit den geschälten Tomaten mit ihrer Flüssigkeit, Tomatensaft und Geflügelfond auffüllen und langsam zum Kochen bringen. Die Chilischote hinzufügen und einige Minuten köcheln lassen.

Nun Aceto balsamico, Basilikum und Olivenöl hinzufügen und etwa 20 Minuten köcheln lassen. Mit dem Stabmixer pürieren und anschließend durch ein grobes Sieb passieren. Die Sauce nochmals abschmecken und die Butter einmontieren.

BEURRE BLANC

Ergibt ca. 200 ml

2 Schalotten
100 ml trockener Weißwein (Riesling)
5 g Fenchelsamen
10 schwarze Pfefferkörner
3 Wacholderbeeren
4 EL Sahne
70 g kalte Butter, in kleine Würfel geschnitten
20 g Crème fraîche
100 ml Geflügelfond (Rezept linke Seite)
Salz

Die Schalotten schälen, halbieren und in Streifen schneiden. Den Weißwein mit den Schalottenstreifen und Gewürzen zum Kochen bringen und danach so weit reduzieren, bis fast keine Flüssigkeit mehr im Topf ist. Diese mit der Sahne aufkochen lassen und die Sauce mit der Butter und Crème fraîche montieren.

Anschließend den Geflügelfond angießen und das Ganze in einem Mixer kräftig durchmixen. Die Sauce durch ein Sieb passieren und mit einer Prise Salz abschmecken.

BRAUNER ENTENFOND

Ergibt ca. 1,2 Liter

2 Zwiebeln
2 Schalotten
1 Karotte
1 Apfel
40 g Knollensellerie
40 g Lauch
Karkassen von 1 Ente
2 EL Sonnenblumenöl
50 g Butter
2 EL Tomatenmark
120 ml Apfelsaft
100 ml Rotwein
750 ml Geflügelfond (Rezept linke Seite)
1 große mehligkochende Kartoffel
5 Wacholderbeeren
2 Lorbeerblätter
Saft von 1 Orange
Zucker
Salz und frisch gemahlener schwarzer Pfeffer

Zwiebeln, Schalotten, Karotte, Apfel und Sellerie schälen und in Würfel schneiden. Den Lauch waschen und in Stücke schneiden. Das Öl in einem Topf erhitzen. Die Butter hinzufügen und aufschäumen lassen. Die Karkassen in den Topf geben und anbraten. Leicht mit Salz, Pfeffer und Zucker würzen. Anschließend das Gemüse und die Äpfel mitrösten. Das Tomatenmark zugeben und ebenfalls mitrösten. Nun nacheinander mit 100 ml Apfelsaft und Rotwein ablöschen und einkochen lassen. Diesen Vorgang ein- bis zweimal wiederholen. Zum Schluss mit kaltem Geflügelfond (oder Wasser) auffüllen.

Die Kartoffel schälen und reiben. Wacholderbeeren, Lorbeerblätter und ein wenig von der geriebenen Kartoffel (zur Bindung, evtl. später nochmals wiederholen) zugeben. Den Topfinhalt langsam zum Kochen bringen. Anschließend die Temperatur reduzieren und das Ganze 1½ Stunden köcheln lassen.

In der Zwischenzeit den restlichen Apfelsaft und Orangensaft reduzieren. Zum Schluss den Topfinhalt durch ein Sieb passieren und mit der Saftreduktion sowie Salz, Pfeffer und Zucker kräftig abschmecken. Nach Belieben den Fond nochmals ein wenig einkochen lassen.

KALBSJUS

Ergibt 3 Liter

- 3 EL natives Sonnenblumenöl
- 300 g Kalbsabschnitte (Sehnen, Abschnittfleisch)
- 100 g Kalbsknochen, klein gehackt (beides beim Metzger vorbestellen)
- 100 g Röstgemüse aus zwei Teilen Karotten und Knollensellerie und einem Teil Zwiebeln
- 2 Lorbeerblätter
- 3 Wacholderbeeren
- 10 schwarze Pfefferkörner
- 100 g geschälte Tomaten (Dose)
- 60 g Butter
- 4 EL Madeira
- 100 ml Rotwein
- 50 g Mehlbutter (Rezept s. unten)
- 5–6 Petersilienstängel
- 1 Thymianzweig
- Zitronensaft, frisch gepresst
- Salz und frisch gemahlener schwarzer Pfeffer

Das Sonnenblumenöl in einem niedrigen, breiten Topf erhitzen und Abschnitte sowie Knochen scharf anbraten. Das Bratgut kräftig rösten, das Röstgemüse zugeben und mitrösten lassen. Kräftig mit Salz und Pfeffer würzen und Lorbeerblätter, Wacholderbeeren und Pfefferkörner dazugeben.

Weiter kräftig rösten und das Ganze Farbe nehmen lassen. Mit den geschälten Tomaten ablöschen. Unter Rühren weitergaren und die Butter hinzufügen. Anschließend Madeira und Rotwein angießen und mit einem großen Eiswürfel und 4 l Wasser auffüllen.

Bei mittlerer Hitze langsam zum Kochen bringen.

Während die Sauce aufkocht, mit Salz und Pfeffer abschmecken und bis zum Fertigstellen immer wieder erneut abschmecken, um ein optimales Ergebnis zu erzielen.

Die Kalbsjus etwa 1 ½ Stunden köcheln lassen. Nach der Hälfte der Zeit die Jus mit der Mehlbutter binden. Kurz vor dem Passieren die Petersilienstängel und den Thymianzweig hinzufügen und etwa 15 Minuten mitköcheln lassen. Danach die Jus durch ein Spitzsieb und anschließend durch ein Haarnetz passieren.

Zum Schluss die Kalbsjus ein letztes Mal mit Salz und Pfeffer sowie Zitronensaft abschmecken.

MEHLBUTTER

Ergibt 190 g bzw. reicht zum Binden von 5 l Sauce

- 100 g zimmerwarme, weiche Butter
- 90 g Weizenmehl Type 405
- Salz

Die Butter in einem Rührgerät schaumig schlagen. Nach und nach das Mehl dazugeben und mit einer kleinen Prise Salz würzen.

Die Mehlbutter zuerst in Klarsichtfolie, anschließend in Alufolie einwickeln und bis zum Gebrauch im Kühlschrank aufbewahren.

OLIVENÖLHOLLANDAISE

Für 6 Portionen

- 3 Eigelb
- 1 TL Estragonsenf
- 2 EL Geflügel- oder Gemüsefond (Rezept Seite 192)
- 60 ml Weißwein
- 4 EL weißer Portwein
- 80 ml natives Olivenöl extra
- 75 g Butter, zerlassen
- Zitronensaft
- Salz
- Cayennepfeffer

Die Eigelbe, Senf, einen Spritzer Zitronensaft, Geflügel- oder Gemüsefond, Weißwein und Portwein mit einem Schneebesen in einer Schlagschüssel kräftig verschlagen. Die Schüssel auf ein Wasserbad setzen und die Eiermasse bei etwa 80–85 °C sämig aufschlagen. Anschließend das Olivenöl und die zerlassene Butter einarbeiten.

Die Sauce mit Salz, Cayennepfeffer und eventuell weiterem Zitronensaft würzen. Danach in einen Siphon füllen. Den Siphon fest verschließen und zwei Kapseln aufschrauben.

MEINE MAYONNAISE

Ergibt ca. 200 g

- 2 Eigelb
- 1 TL Estragonsenf
- 100 ml natives Sonnenblumenöl
- 1 EL natives Olivenöl extra
- 1 EL Crème fraîche nach Belieben
- 10 g Salz
- Zitronensaft
- frisch gemahlener schwarzer Pfeffer

Bei diesem Rezept ist es wichtig, dass alle Zutaten mit Ausnahme der Crème fraîche dieselbe Temperatur haben.

Die Eigelbe mit einem kleinen Spritzer Zitronensaft und dem Senf verrühren. Anschließend langsam unter ständigem Rühren die beiden Ölsorten hinzufügen.

Zum Schluss die Mayonnaise mit dem Salz und Pfeffer würzen und nach Belieben mit Crème fraîche verfeinern.

HONIGVINAIGRETTE

Ergibt 400 ml

70 g Honig
4 EL weißer Balsamessig
Abrieb und Saft von 1 Biolimette
25 g Sweet-Chili-Sauce
½ TL mittelscharfer Senf
100 ml Sesamöl
4 EL natives Olivenöl
100 ml Mineralwasser mit Kohlensäure
½ Chilischote, entkernt
1 Scheibe Ingwer, geschält
2 Korianderstängel
Salz und frisch gemahlener schwarzer Pfeffer

Honig, weißer Balsamessig, Limettenabrieb und -saft, Sweet-Chili-Sauce und Senf in einer Schüssel glatt rühren. Beide Ölsorten unter ständigem Rühren hinzufügen. Anschließend das Dressing mit dem Mineralwasser verdünnen.

Zum Schluss die Marinade mit Salz und Pfeffer würzen und mit der Chilischote, Ingwer und dem Koriandergrün 5 Stunden im Kühlschrank ziehen lassen. Danach durch ein Sieb passieren.

In ein Weckglas gefüllt, hält sich das Honigdressing im Kühlschrank etwa zehn Tage.

MEIN HAUSDRESSING

Ergibt 400 ml

100 ml Madeira
35 g Salz
40 g Zucker
15 g Speisestärke
2 EL Estragonsenf
4 EL Rotweinessig
2 EL Himbeeressig
1 TL Sojasauce
60 ml natives Sonnenblumenöl
4 EL natives Rapsöl
60 ml natives Olivenöl
Piment d´Espelette
frisch gemahlener schwarzer Pfeffer

Madeira in einem kleinen Topf auf die Hälfte reduzieren. Dann 100 ml Wasser angießen und mit Salz, Zucker, Pfeffer und Piment d´Espelette würzen. Die Speisestärke mit 1 Esslöffel Wasser anrühren. Das Ganze zum Kochen bringen und mit der Stärke binden. Die Marinade abkühlen lassen und zuerst den Senf einrühren. Anschließend nacheinander die Essige, die Sojasauce und die drei Ölsorten hinzufügen.

In ein Weckglas gefüllt, hält sich das Dressing im Kühlschrank 3 Wochen. Vor dem Gebrauch das Dressing gut aufrühren oder schütteln, damit es die gewünschte Konsistenz wieder erhält.

PICKELFOND

Ergibt 500 ml

80 ml Gurkenessig
2 EL Weißweinessig
50 g brauner Zucker
20 g Salz
1 TL Senfsaat
5 Kubebenpfefferkörner
5 g frischer Estragon
5 Lorbeerblätter
½ Langer Pfeffer, frisch gerieben
2 dünne Scheiben frischer Meerrettich
3 EL natives Rapsöl
1 EL natives Olivenöl extra

Die genannten Zutaten und 500 ml Wasser in einem Topf aufkochen lassen. Noch heiß in ein sauberes Weckglas füllen und 5 Tage ziehen lassen.

Ergibt 200 g

150 g Sauerrahm
100 g Crème fraîche
1 EL natives Rapsöl
2 EL Mineralwasser
5 g Salz
Cayennepfeffer
frisch gemahlener schwarzer Pfeffer
Zitronensaft

SAUERRAHMSAUCE

Die genannten Zutaten in einen Messbecher geben und mit dem Pürierstab kräftig durchmixen. Zum Schluss mit ein wenig Zitronensaft abschmecken.

Ergibt 1 Weckglas (1 l)

1 Schalotte
1 Knoblauchzehe
5 Scheiben Biozitrone, hauchdünn geschnitten
500 g Datteltomaten
3 EL natives Olivenöl extra
50 g Zucker
10 g Gelierzucker
30 ml Weißweinessig
1 EL Salz
1 EL in feine Streifen geschnittene Basilikumblätter
1 Lorbeerblatt
5 g Koriandersamen, gestoßen
5 g Kubebenpfeffer, gestoßen

GARTENTOMATENMARMELADE

Die Schalotte schälen, halbieren und in Streifen schneiden. Die Knoblauchzehe schälen und fein hacken. Die Zitronenscheiben und die Tomaten in Viertel schneiden.

Das Olivenöl in einem Topf erhitzen und die Schalotten sowie den Knoblauch glasig anschwitzen. Nach kurzer Zeit sämtliche restlichen Zutaten zugeben und das Ganze zu einer süßsauren Marmelade kochen.

ROTE BETE IM SUD

FÜR SÜSSES

Ergibt 500 ml

500 g Zucker
500 g Wasser

ZUCKERSIRUP | LÄUTERZUCKER
Zucker und Wasser zusammen aufkochen lassen. Den Sirup abkühlen lassen und in einer Glasflasche aufbewahren.

Für 4 Portionen

150 g Sahne
60 ml Milch
Mark von 1 Vanilleschote
3 Eigelb
40 g Zucker
1 EL alter Rum
Salz

VANILLESAUCE
Sahne und Milch mit einer Prise Salz, Vanillemark und der Schote aufkochen lassen. Die Eigelbe und den Zucker cremig rühren. Die Eigelbmasse und die heiße Sahne miteinander verrühren. Die Vanillesauce auf 80 °C aufschlagen und anschließend durch ein Sieb passieren. Zum Schluss mit dem Rum verfeinern.

Für 1 Backblech

100 g naturtrüber Apfelsaft
15 g Puderzucker
25 g Eiweißpulver
15 g Yopol

JOGHURTBRUCH | JOGHURTMACARONS
Den Backofen auf 60 °C vorheizen.
Die genannten Zutaten in einer Küchenmaschine zu einer cremigen Eiweißmasse aufschlagen. Die Masse auf eine Silikon-Backmatte streichen und im warmen Ofen oder in einem Dörrgerät trocknen. Alternativ mit dem Spritzbeutel kleine Macarons aufspritzen und diese trocknen.

Für 1 Backblech bzw. ergibt ca. 60 kleine Macarons

25 g Himbeerpüree
100 ml Kirschsaft
45 g Eiweißpulver
45 g Zucker
1 Spritzer Himbeerschnaps

WALDBEERMACARONS
Den Backofen auf 60 °C vorheizen.
Die genannten Zutaten in einer Küchenmaschine zu einer cremigen Eiweißmasse aufschlagen. Danach die Masse in einen Spritzbeutel füllen und kleine Macarons auf eine Silikon-Backmatte spritzen. Anschließend 10 Stunden im warmen Ofen oder alternativ in einem Dörrgerät trocknen.

Ergibt 400 g

70 g Kürbiskerne
100 g zimmerwarme, weiche Butter
10 g Vanillezucker
50 g Zucker
1 Eigelb
1 EL Kürbiskernöl
150 g Weizenmehl Type 405

KÜRBISKERNCRUMBLE
Den Backofen auf 150 °C vorheizen.
Die Kürbiskerne in einem Mörser zerstoßen und in einer Pfanne ohne Fett rösten.
Butter, Vanillezucker und Zucker schaumig schlagen. Nach und nach Eigelb, Kürbiskernöl und Mehl dazugeben. Zum Schluss die Kürbiskerne unterziehen.
Den Teig auf ein mit Backpapier ausgelegtes Blech bröseln und im heißen Ofen 8 Minuten backen.
Den Crumble in einer wiederverschließbaren Plastikbox aufbewahren.

BITTERSCHOKOLADENCRUMBLE

Ergibt 400 g bzw. für 10 Portionen

- 100 g zimmerwarme, weiche Butter
- 100 g brauner Zucker
- 100 g gemahlene Mandeln
- 80 g Weizenmehl Type 405
- 20 g Butter
- 20 g Kakao
- 1 Prise Salz

Den Backofen auf 160 °C vorheizen.
Die Butter und den braunen Zucker in einer Küchenmaschine schaumig schlagen. Die restlichen Zutaten unterrühren. Den Teig 20 Minuten ruhen lassen. Anschließend den Crumble auf ein mit Backpapier ausgelegtes Blech bröseln und im heißen Ofen 10 Minuten backen.
Den Crumble in einer wiederverschließbaren Box aufbewahren.

SCHOKOLADENMALTO

Ergibt ca. 50 g

- 25 g Schokolade (weiß oder dunkel)
- 35 g Malto

Die Schokolade in einer Schüssel über einem Wasserbad schmelzen. Danach die Schüssel vom Wasserbad nehmen und das Malto einrühren, bis ein feines Pulver entsteht. Das Pulver in einer Pfanne rösten. Zum Aufbewahren vorzugsweise in ein Weckglas füllen.

KAKAOHIPPEN

Ergibt 25 Stück

- 40 g zimmerwarme, weiche Butter
- 100 g Zucker
- 40 ml Orangensaft
- 15 g Weizenmehl Type 405
- 15 g Kakao
- 15 g gehackte Mandeln
- 35 g gemahlene Mandeln

Den Backofen auf 180 °C vorheizen.
Butter und Zucker mit dem Handrührgerät schaumig rühren und nach und nach den Orangensaft hinzufügen. Nun Mehl, Kakao und Mandeln nach und nach unterheben. Den Teig 10 Stunden ruhen lassen. Danach den Teig auf eine Silikon-Backmatte aufstreichen und im heißen Ofen 10 Minuten backen.

QUITTENMARK

Ergibt ca. 400 g

- 4 Quitten
- 1 Apfel
- 80 g Zucker
- 250 ml Apfelsaft
- 20 ml Apfelbalsamico
- Abrieb von 1 Biozitrone
- 20 g Butter
- 1 Prise Zimtpulver

Die Quitten halbieren, in Spalten schneiden, schälen und das Kerngehäuse großzügig entfernen. Das Fruchtfleisch in Würfel schneiden. Den Apfel schälen, in Viertel schneiden, entkernen und in Würfel schneiden.
Die Quitten- und Apfelwürfel zusammen mit den restlichen genannten Zutaten in einen Topf geben und 1 Stunde weich dünsten. Anschließend mit dem Stabmixer pürieren. Das Püree bis zum Gebrauch kalt stellen.

SÜSSE BRÖSEL

Ergibt 300 g

- Mark von 1 Vanilleschote
- 80 g Puderzucker
- 70 g Butter
- Abrieb von je 1 Biozitrone und -orange

Den Backofen auf 140 °C vorheizen.
Vanillemark sowie die restlichen genannten Zutaten auf ein Blech geben und miteinander vermengen. Im heißen Ofen 25 Minuten rösten. Die Brösel in einer wiederverschließbaren Plastikbox aufbewahren.

ANHANG

GLOSSAR

ACETO BALSAMICO
Eingekochter Traubenmost, der in Kombination mit Essigbakterien über Jahre hinweg in Fässern verschiedener Holzarten zum Verdunsten gebracht wird. Aceto balsamico di Modena hat einen kräftigen, holzbetonten Geschmack. Beeindruckend ist seine Ausgewogenheit in Säure und Süße. Beim Einkauf ist darauf zu achten, dass auf dem Etikett „Aceto balsamico di Modena" als eine „Geschützte geografische Angabe (g. g. A.)" steht. Balsamico allein ist nicht geschützt und kann von jedem Essig-Hersteller verwendet werden.

AGAR-AGAR
ist das älteste Geliermittel pflanzlicher Herkunft. Es ist geschmacksneutral und kann daher für süße und herzhafte Speisen verwendet werden. Die Gelierkraft ist deutlich stärker als bei tierischer Gelatine.

BAHARAT
Eine arabische Gewürzmischung. Sie verleiht Couscous, Fleisch und Geflügel eine orientalische Note. Ihre Hauptbestandteile sind Koriander, Nelken, Kardamom, Muskatnuss, Kreuzkümmel, Pfeffer und Zimt.

BASIC TEXTUR
ist ein rein pflanzlicher, farb- und geschmacksneutraler Texturgeber, der nur aus Wasser und Zitrusfasern besteht. Basic Textur erhält den natürlichen Geschmack der Zutaten. Im Online-Handel erhältlich.

BLANCHIEREN
Frz: blanchir – weiß machen, reinigen. Beim Blanchieren (Brühen) wird das rohe Gemüse/Obst kurzfristig in kochendem (Salz-)Wasser „gereinigt". Dabei werden Enzyme auf der Oberfläche zerstört und Mikroorganismen abgetötet. Durch das Blanchieren werden Farbveränderungen und Vitaminverluste verhindert. Der praktische Nutzen: Die Haut von Tomaten, Pfirsichen, Mandeln u. a. lässt sich nach dem Blanchieren leicht lösen. Nach dem Blanchieren sollte man die Lebensmittel sofort in Eiswasser abschrecken, damit sie ihre frische Farbe nicht verlieren.

BRONZEFENCHEL
Unterart des Fenchels, dessen zarte rostrote bis bronzefarbene Blätter einen schönen Kontrast zu anderen Gartenpflanzen bilden. Der Geschmack des Bronzefenchels ist ähnlich dem Dill und erinnert an Anis.

CIPOLLINE BORETTANE
Aus Italien stammende Minizwiebeln, die auch unter dem Namen Schaschlik- oder Grillzwiebeln im Handel sind. Sie sind flacher und im Aroma dezenter als Schalotten.

FARINA TIPO 00
Italienische Hartweizenmehlsorte, die für Pasta, Pizza und Kuchen empfohlen wird. Der Teig wird sehr elastisch.

KETJAP MANIS
Eine indonesische süßliche Sojasauce von sämiger Konsistenz.

KNOBLAUCH, SCHWARZER
Fermentierter Knoblauch. Im Feinkost- und Online-Handel erhältlich.

KUBEBENPFEFFER
Der in Indonesien beheimatete Pfeffer ist die „Heilpflanze des Jahres 2016". Die kugeligen Früchte geben vor allem Gerichten aus der indonesischen und nordafrikanischen Küche die entsprechend bitter-scharfe Würze.

LECITHIN-PULVER
Ein trockenes, daher leicht zu mischendes Produkt, das als Emulgator in Lebensmitteln einsetzbar ist, für die Körper und cremige Eigenschaften wichtig sind.

MALTODEXTRIN
Ein aus Stärke hergestelltes und sprühgetrocknetes geschmacksneutrales Pulver, das in der Küche zur Stabilisierung von Schäumen verwendet wird, da es die Bildung von Eiskristallen oder das Auskristallisieren von Zuckern verhindert. Im Online-Handel erhältlich.

MIMOLETTE
Kugelförmiger Hartkäse aus Kuhmilch mit mindestens 40 % Fett i. Tr., der vor allem in den Nordprovinzen Frankreichs hergestellt wird. Der Mimolette wird vielfältig verwendet. In reifem Zustand eignet er sich gut zum Reiben.

MISOPASTE
Eine Sojapaste, die eine der Säulen der japanischen Küche ist und ihren Gerichten aromatische Würze verleiht. Doch nicht nur das. Misopaste soll gesund sein. Sie enthält viel Eiweiß, Eisen und B-Vitamine.

MOLE
In Mexiko wird der Begriff heute für eine Vielzahl von Saucen auf Basis von verschiedenen Arten von Chilis und Gewürzen verwendet. Diese Saucen sind teilweise sehr unterschiedlich. Die bekanntesten kommen aus den mexikanischen Bundesstaaten Puebla oder Oaxaca, in denen man sieben verschiedene Mole-Varianten kennt. Mole ist ein Gewürz und besteht üblicherweise aus etwa 35 verschiedenen Zutaten, darunter Chilis, Gewürze, Nüsse und ungesüßte Schokolade. Je nach Rezept kann eine Mole aber auch aus bis zu 75 verschiedenen Zutaten bestehen.

NUSSBUTTER
Butter, die man zum Schmelzen bringt, bis sie eine goldbraune Farbe annimmt. Die Flüssigkeit wird dann durch ein Passiertuch gegeben und kann entsprechend weiterverwendet werden.

PANKOMEHL
Ein aus der japanischen Küche stammendes Paniermehl, das aus einem krustenlosen Weißbrot hergestellt wird. Es ist unseren normalen Semmelbröseln vorzuziehen, da es lockerer und luftiger ist.

PFEFFER, LANGER
Ähnlich wie schwarzer Pfeffer, ist jedoch schärfer und schmeckt leicht süß.

PIED DE MOUTON
Ein beliebter Würzpilz, der auch unter seinem deutschen Namen Semmelstoppelpilz angeboten wird. Vor allem jüngere Exemplare eignen sich zur Verwendung in der Küche.

PIMENT D'ESPELETTE
Ein aus der Gegend um Espelette östlich von Biarritz in Frankreich stammendes Gewürz: süß und gleichzeitig scharf.

PIMENTÓN DE LA VERA
Spanisches Gewürzpulver, für das Chilischoten, die in der Region La Vera (Extremadura) gedeihen, über Steineichenholz geräuchert werden. Von dem roten, feinen Chilipulver werden zwei Sorten hergestellt: mild (dulce) und scharf (picante). Das Gewürz eignet sich sowohl für vegetarische Gerichte als auch für Lamm, Zicklein sowie Fisch und Meeresfrüchte.

PROESPUMA
ist eine Produktentwicklung für die Molekularküche und speziell für kalte Espumas und Schäume gedacht, desgleichen für Cocktail- und Longdrink-Schaum-Toppings. ProEspuma enthält die Gelier- und Verdickungsmittel Carrageen und Guarkernmehl.

SYLTER ROYAL
ist eine Zuchtauster, die in Aquakulturen in der Blidselbucht im Lister Wattenmeer innerhalb von drei Jahren großgezogen wird. Sie ist die einzige in Deutschland produzierte Auster. Gourmets lieben ihren zart-nussigen Geschmack.

TOMATENPULVER
Ein Gemüseerzeugnis, das aus getrockneten Tomaten ohne jegliche Zugabe von Gewürzen, Aromen oder eines Geschmacksverstärkers hergestellt wird. Dazu schneidet man Tomaten in Filets und trocknet die Tomatenfilets 6–7 Stunden in einem Dörrgerät. Anschließend werden die getrockneten Tomatenfilets fein gemahlen.

VERJUS
Ein saurer Saft (frz. vert jus, grüner Saft), der erzeugt wird, indem man unreife Trauben auspresst. Verjus eignet sich für die Küche als Ersatz für Essig oder Zitrone. Er schmeckt jedoch deutlich milder als Essig.

XANTHAN
Ein Lebensmittelzusatzstoff, der als Geliermittel, Bindemittel und Füllstoff eingesetzt wird.

YOPOL
Ein im Online-Handel erhältliches Joghurtpulver, das dann zur Verwendung kommt, wenn sich frischer Joghurt für die Herstellung von Speisen nicht anbietet.

ZUR ROSE ABZIEHEN
bezeichnet das schnelle Einrühren von heißer Milch in eine Eierschaummasse, die mit einem Kochlöffel so lange gerührt wird, bis sie bindet. Die richtige Konsistenz ist dann erreicht, wenn sich auf dem mit der Masse überzogenen Löffelrücken beim Daraufblasen die Form einer Rose bildet.

MEINE PRODUZENTEN

ALZTALER HOFMOLKEREI
Franz Obereisenbuchner
Hutlehen 44
84518 Garching/Alz
www.alztaler-hofmolkerei.de

GEFLÜGELHOF LUGEDER
Ludwig & Andreas Lugeder
Neuerding 1
84568 Pleiskirchen
www.gefluegelhof-lugeder.de

MANFRED AUER
Gemüsebauer
Oberrohrbach
84494 Niederbergkirchen
Telefon 08635/524

FISCHZUCHT BUCHMÜHLE
Walter Höllerich
Telefon 08633/7476

HUBERWIRT
Josef Huber
Hofmark 3
84568 Pleiskirchen
www.huber-wirt.de

GUTSHOF POLTING
Franz Riederer von Paar
84389 Postmünster
www.gutshof-polting.de

BYODO NATURKOST
Andrea Sonnberger & Michael Moßbacher
Leisederstrasse 2
84453 Mühldorf am Inn
www.byodo.de

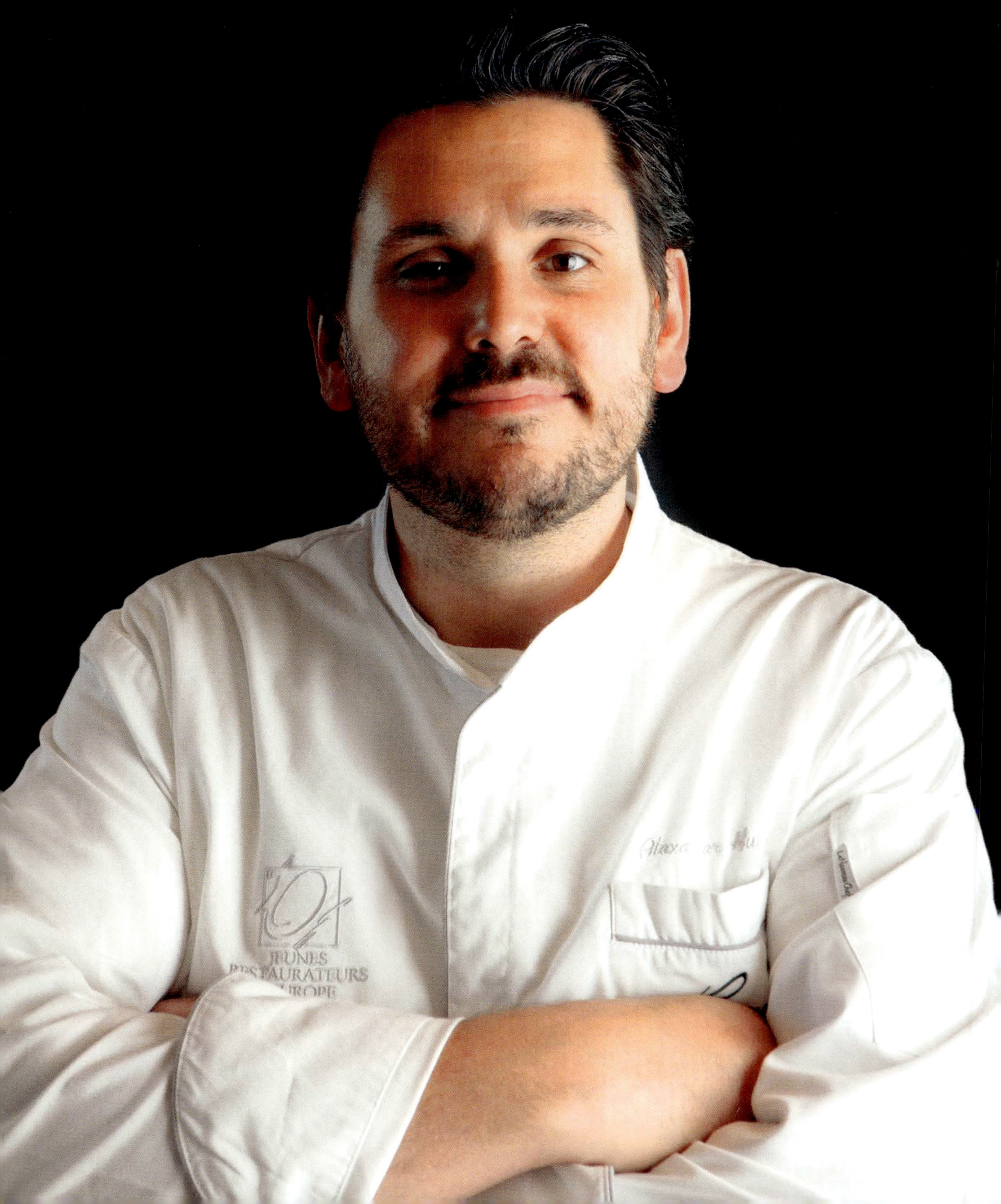
JEUNES

EIN TRAUM WURDE WAHR. DAS BUCH IST FERTIG.
DIE UNTERSTÜTZUNG VIELER MENSCHEN IST UNBEZAHLBAR.
ES BLEIBT MIR SOMIT NUR ZU SAGEN:

DANKE!

Innigen Dank schulde ich meiner Familie:
Sandra, Lilli, Ole und meinen Eltern.
**Ihr seid die wichtigsten Menschen für mich. Danke,
dass ihr immer für mich da seid. Ich liebe Euch.**

Tausend Dank meinem Team.
Ihr macht einen tollen Job. Danke, dass ihr mir stets den Rücken freihaltet.
Besonderen Dank Souschef Maximilian Hofmeier und Restaurantleiterin Kerstin Zauner.

Dank der gesamten Mannschaft:
den Köchen: Thomas Schwarzbauer, Maxi Stadler und Ann Kristin Breuer;
dem Service: Christa Larasser, Petra Mittermeier und Marianne Schemmer;
den fleißigen und unentbehrlichen Helferinnen: Anne Aigner, Rose Hausberger, Helga Mösl und Helga Wagner.

Dank meinen Lieferanten:
Franz Obereisenbuchner (Alztaler Hofmolkerei)
Manfred Auer und Familie (Auer Gemüse)
Franz Riederer von Paar (Poltinger Lamm)
Walter Höllerich (Fischzucht Buchmühle)
Andrea Sonnberger und Michael Mossbacher (Byodo Naturkost)
Andreas Lugeder (Geflügel Lugeder)

Außerdem danke ich:
Harald Rüssel für seine einleitenden Worte und seine guten Ratschläge zu jeder Zeit.
Ria Lottermoser und Mathias Neubauer, die dieses außergewöhnlich schöne Buch
auf den Weg gebracht und gestaltet haben.
Thomas Hauffe, der so mutig war, als Rheinländer ein Buch über den bayerischen Huberwirt
ins Programm der Edition Fackelträger zu nehmen.

Und ich danke meinen Freunden
für ihre ununterbrochene Unterstützung und die zahlreichen Tipps:

Andi und Christl Döllerer, Thomas und Andrea Steiner Thomas Dorfer, Alexander Dressel,
Michael Philipp, Richard Rauch, Anton Schmaus und Robert Zeller,
den Jeunes Restaurateurs d`Europe, Sektion Deutschland

Wolfgang Huber und Familie
Franz und Irma Schmölz

Johannes Hirsch, Thomas Jansel, Bernhard Ott, Hans Reisetbauer
Uwe Schiefer, Christian Stahl
(Danke für den guten „Stoff" während der Produktion)
Michael May
Peter Serra, Rosenthal
Lucia Neudecker, Byodo Naturkost
Stefanie Kühn und Rolf Strobach, Bayerisches Fernsehen, „Wir in Bayern",
sowie dem gesamten Team von „Wir in Bayern"

Last but not least danke ich meinen alten Chefs und Wegbegleitern:
Hans Haas, Jean-Luc Garnier,
Bernhard Hauser und Hermann Döllerer,
Oliver Ruthardt und Claus-Peter Lumpp,
Konrad Schwarz und Markus Kaufmann

REGISTER

Beef Tatar 1612 / **38**
Bergkäse, eingelegter, mit weißen Zwiebeln und Rosinen / **20**
Bitterschokolade Heiß.Kalt.Knusper auf Portweinfeige / **164**
Blutwurstgröstl / **72**
Böfflamott mit Erdäpfel-Rosinen-Kücherln, Karotten und Schmorzwieberln / **74**
Bries, gebackenes, Milzwurst und Wiener Schnitzel mit Erdäpfel-Gurken-Salat / **47**

Donauwaller mit Petersilienwurzel, Birne und Radicchio / **136**

Ente, bayerische, mit Serviettenknöderln und Blaukraut / **174**

Forelle Müllerin / **36**
Forellensuppe mit Curry, Orangen und Karotten / **54**
Formidable! Brownie von der Bitterschokolade
mit Erdnusseis und Passionsfruchtsorbet / **128**

Heidelbeer-Topfen-Tarte mit Rosmarin-Mandel-Eis / **130**
Hirschrücken mit Sellerie und schwarzer Nuss / **142**
Huchen, lauwarmer, mit Petersilienpüree,
grünem Apfel und Holunderblütenmarinade / **118**

Kalbskotelett mit Kraut und Rüben / **102**
Knöderl und Gefrorenes vom Topfen mit Marillenröster / **160**
Knusperspargel mit Morcheln, grüner Sauce und Kräutersalat / **92**

Lachsforelle mit Sauerrahmmousse, grünem Apfel und Honigvinaigrette / **56**
Lammschulter mit Bärlauchgraupen, Schmortomaten und Mozzarella / **98**

Maibowle, meine / **124**
Maishenderlbrust mit schwarzem Knoblauch, Chinakohl und Nussbutterschaum / **96**
Mamas Rindsrouladen mit Erdäpfel-Senf-Püree und Wurzelgemüse / **48**
Maultaschen von Zander und Erdäpfeln mit Spinatsalat und Senfsauce / **62**

Panna cotta von Pistazien und süßer Sahne mit Williamsbirne und Kakaosorbet / **162**
Pasta mit weißem Spargel, Gambas und Bries / **88**

Ragout vom Pleiskirchner Reh mit Schwammerln und Erdäpfel-Speck-Weckerln / **180**
Ravioli von Gemüse und niederbayerischem Reh mit Kürbis und Senfeis / **151**
Rehpflanzerl mit Schwammerln und Schnittlauchsauce / **32**
Risotto aus Buchweizen, Mimolette und Steinpilzen mit wildem Brokkoli / **106**
Rotbarbe mit Schwarzer Quinoa, Tellerzwieberln und Artischockenpüree / **108**

Saiblingsfilet, in Kräutern gebeizt, mit Alztaler Ricotta,
Wildkräutern und Radieserln / **120**
Sashimi von der Forelle mit Rettich und Gurken / **22**
Schaumsuppe von der Petersilie „Grün-Weiß" / **28**
Schaumsuppe von Erdäpfeln und Sellerie mit Entenpflanzerln
und Englisch Sellerie / **78**
Schaumsuppe von Kürbissen mit Hendlcroquettes und Kürbiskernmalto / **170/172**
Scheiterhaufen vom Rhabarber mit Erdbeer-Joghurt-Eis / **126**
Seeforelle, lauwarme, im Kräuterfond mit Reherln und grünem Spargel / **90**
Selektion Poltinger Lamm mit Wachauer Marille, Klee und Kerndln / **114**
Spanferkelrücken mit Leber und Erdäpfelgulasch / **50**
Steinköhler auf Erbsenpüree mit Haselnussmilch und Eiszapfenradi / **66**
Strammer Max vom Saibling / **27**

Strudel, offener, mit Birne, Apfel und Quitte und Granny-Smith-Sorbet / **166**
Suppe von Rote Bete, Apfel und Zweigeltessig mit lauwarmem Kabeljau / **154**
Sylter Royal, gebackene, und Krabbensalat mit eingesalzener Gurke und Pumpernickelerde / **69**
Szegediner Gulasch vom Schweineschopf mit Petersilienkartoffeln und Sauerrahmschaum / **81**

Tascherl, knusprige, vom Bauernhendl mit Mango, Kukuruz und Purple-Curry-Sauce / **146**
Tomatenfisch / **18**
Topfenschmarrn mit Rotweinzwetschgen / **159**

Vogerlsalat in Nussvinaigrette mit Entenleber, Speck und Datteln / **184**

Waldmeistersüppchen mit Sloeberry Gin, Erdbeeren und grünem Teesorbet / **124**
Welsfilet Esterhazy mit Rösterdäpfeln, Krensauce und feinem Gemüse / **84**

Zanderfilet mit Speck, schwarzen Linsen und Rotweinessigjus / **163**
Ziegenfrischkäsemousse mit Basilikum und Herzkirschen / **133**

GRUNDREZEPTE

Beurre blanc / **193**
Bitterschokoladencrumble / **199**
Brösel, süße / **199**
Curryöl / **189**
Entenfond, brauner / **193**
Gartentomatenmarmelade / **196**
Geflügelfond / **192**
Gemüsefond / **192**
Ghee / **188**
Gulaschgewürz / **188**
Hausdressing / **195**
Honigvinaigrette / **195**
Joghurtbruch / **198**
Joghurtmacarons s. Joghurtbruch / **198**
Kakaohippen / **199**
Kalbsjus / **194**
Kräuter-Knoblauch-Öl / **189**
Kräutersalsa / **188**
Kürbiskerncrumble / **198**
Läuterzucker s. Zuckersirup / **198**
Mayonnaise / **194**
Mehlbutter / **194**
Olivenölhollandaise / **194**
Petersilienöl / **189**
Pickelfond / **195**
Quittenmark / **199**
Rindssuppe 1612 / **192**
Rosmarinöl / **189**
Sauerrahmsauce / **196**
Schokoladenmalto / **199**
Tomatensauce / **193**
Vanillesalz / **188**
Vanillesauce / **198**
Waldbeermacarons / **198**
Wildgewürz / **188**
Zuckersirup / **198**

DER ELFTE HUBERWIRT
ALEXANDER HUBER

ist der jüngste Spross einer 400 Jahre alten Familiendynastie im bayerischen Holzland. Nach seiner Ausbildung bei angesehenen Köchen in Deutschland und in Österreich übernahm er 2006 den elterlichen Huberwirt. Er ist Mitglied der Jeunes Restaurateurs d'Europe. 2013 rückte er in den Kreis der Sterneköche auf.

DER FOTOGRAF
MATHIAS NEUBAUER

lebt und arbeitet mit seiner Familie im hessischen Seligenstadt. Seiner Lehre zum Lithografen folgten Meisterschule und verschiedene Anstellungen in grafischen Betrieben. Seit 1998 arbeitet er als freischaffender Grafiker und Fotograf im eigenen Atelier für Unternehmen im In- und Ausland. Zu seinen Kunden zählen Sterneköche sowie Buch- und Magazinverlage. In seiner Eigenschaft als Foodfotograf entstanden viele preisgekrönte kulinarische Bücher.

© 2016 Fackelträger Verlag GmbH, Köln
Emil-Hoffmann-Straße 1
D-50996 Köln

Alle Rechte der Verbreitung, auch durch Film, Funk, Fernsehen, fotomechanische Wiedergabe, Tonträger aller Art, auszugsweisen Nachdruck oder Einspeicherung und Rückgewinnung in Datenverarbeitungsanlagen aller Art, sind vorbehalten.
Die Inhalte dieses Buches sind von Autor und Verlag sorgfältig erwogen und geprüft, dennoch kann eine Garantie nicht übernommen werden. Eine Haftung von Autor und Verlag für Personen-, Sach- und Vermögensschäden ist ausgeschlossen.

Idee, Konzeption, Lektorat und
Projektmanagement: Ria Lottermoser
Visuelle Gesamtgestaltung, Satz und Layout:
Mathias Neubauer

Gesamtherstellung:
Fackelträger Verlag GmbH, Köln

ISBN: 978-3-7716-4656-1
Printed in EU/Poland

www.fackeltraeger-verlag.de

Edition Fackelträger